목회상담학

신학과 심리학의 학문간 대화를 위한 미학적 도전

목회상담학

신학과 심리학의 학문간 대화를 위한 미학적 도전

초판 1쇄 인쇄 | 2025년 2월 26일
초판 1쇄 발행 | 2025년 3월 4일

지은이 이상억
펴낸이 김운용
펴낸곳 장로회신학대학교 출판부

등록 제1979-2호
주소 (우)04965 서울시 광진구 광장로5길 25-1(광장동)
전화 02-450-0795
팩스 02-450-0797
이메일 ptpress@puts.ac.kr
홈페이지 http://www.puts.ac.kr

값 20,000원
ISBN 978-89-7369-499-0 93230

Pastoral Counseling

An Aesthetic Challenge for Interdisciplinary Dialogue between Theology and Psychology

이상억 지음

목회상담학

신학과 심리학의 학문간 대화를 위한 미학적 도전

장로회신학대학교출판부

프롤로그

제가 참 좋아하고 사랑하는 우리 학교, 장로회신학대학교! 때로 학교 언덕길을 올라가며 가수 양희은의 노래, "내 어린 날의 학교"를 흥얼거리곤 합니다. "미루나무 따라 큰길 따라, 하늘에 흘러가는 구름 따라, 시냇물을 따라 한참을 가면 …" 그런 우리 학교 신학대학원 재학시절 성서학 공부가 좋았습니다. 히브리어와 헬라어를 배우며 성경을 원어로 읽는다는 기쁨과 재미가 쏠쏠했기 때문입니다. 그러다 신대원 졸업 후, 전임전도사로 목회를 시작하며 새신자 교구와 청년부를 섬기게 되었습니다. 새신자 심방을 위해 서울 경기 전역을 돌아다니고, 이른 나이에 직장을 다니는 청년들과 시간을 보내다 교회로 돌아오면 어김없이 한밤중이었습니다.

늦은 밤, 예배당 입구 근처를 불안하게 서성이던 한 아기엄마를 만났던 적이 있었습니다. 낡은 포대기 안의 아가는 곤히 잠들어 있었지만, 형클어진 머리와 불그스레한 뺨, 슬리퍼 차림에 안절부절못하는 행색을 보니 급하게 집을 도망 나온 것이 분명해 보였습니다. 이른 봄, 쌀쌀한 밤이었기에 오들오들 떠는 아기엄마를 외면할 수 없었습니다. 새신자 부서실에서 따뜻한 차를 대접하며 찬찬히 아기엄마를 보니 가정폭력 피해가 여실해 보였습니다. 경찰의 도움은 필요 없다며 한사코 신고를 거절하는 아기엄마를 위해 할 수 있는 일은 딱히 없었습니다. 밤이 늦었으니 혹 원한다면 사무실 소파에서 자고 가도 된다고 했습니다. 엄마를 위해 컵라면과 과자, 간식 캐비닛을 열어 먹을 것을 꺼낸 뒤, 아가를 위해서는 임시방편이지만 보리차와 물티슈를 챙겨주었습니다. 연신 고개를 조아리는 아기엄마를 뒤로 하고 사택으로 가는 발걸음이 먹먹했습니다.

이른 새벽, 아가와 엄마가 걱정되어 사무실에 갔지만 … 이미 떠난 후였습니다. 깔끔하게 정리된 사무실, 그리고 "고맙습니다. 정말 고맙습니다"가 적힌 포스트잇 한 장. 마음이 참 아팠습니다. 이 일은 제게 큰 이정표가 되었습니다. 도망칠 도피성과 같은 교회, 안전한 집과 같은 교회, 눈물나는 인생살이에서도 잔치할 줄 아는[잠 15:15] 하나님의 나라 교회공동체를 이 땅에 실현하는 것. 이것을 제가 받은 소명의 응답인 사명으로 삼자 싶었습니다. 목회(기독교)상담은 그렇게 제게 찾아왔습니다.

미국에서 좋은 선생님들을 만났습니다. 도널드 캡스[Donald E. Capps], 로버트 다익스트라[Robert C. Dykstra], 데보라 헌싱어[Deborah van Deusen Hunsinger], 그리고 아비가일 에반스[Abigail Rian Evans] 선생님. 이분들의 사랑을 잊을 수 없습니다. 박사 논문 매 장[章]이 마무리될 때마다 밥을 사주시며 유머와 사랑으로 격려해 주셨던, 지금은 천국에 계신 사랑하는 캡스 선생님, 미국에서 둘째가 태어났을 때 가난한 외국인 유학생을 위해 아기용품과 먹을 것을 바리바리 싸 들고 오셨던 츤데레[ツンデレ] 다익스트라 선생님, 목회상담가라면 늘 기도해야 한다며 아침마다 페퍼민트 차와 묵상을 함께 나눴던 따뜻한 헌싱어 선생님, 프린스턴 클럽에서 친구라고 소개해 주시며 전적인 신뢰와 믿

음으로 아껴주셨던 멋쟁이 에반스 선생님. 좋은 울타리와 공간이 되어준 선생님들 덕에 목회상담이 무엇인지, 또 어떻게 목회상담을 해야 하는지를 알게 되었습니다. 목회상담가라면 이렇게 살아야 한다며 삶으로 보여주신 이정표와 같은 선생님들을 생각하며 저도 그 뒤를 좇아갑니다. 어림도 없다는 생각이 들지만, 그래도 좋은 선생이 되려고 노력합니다.

유학을 마친 후 귀국 두 달도 지나지 않은 2004년 9월, 우리 학교에서 가르치는 일을 시작했습니다. 비정년 전임 초빙교수로 첫 학기부터 많은 수업을 담당해야 했기에 무척 힘들었습니다. 하지만 학생들을 만나며 참 행복했습니다. 학생들과 함께 즐거워하고 함께 울며, 목회상담을 통해 모든 사람이 모든 사람을 기뻐하고, 모든 사람이 모든 사람을 즐거이 여기는, 그래서 모든 사람이 모든 사람의 이야기를 가치 있게 듣는 세상을 만들자며 '목회상담나라'를 외쳤습니다. 그렇게 20년이 흘렀습니다.

그동안 참 많은 선배, 동료, 제자들을 만났습니다. '목회상담하기'를 실천하며 '아름다운 목회美牧'를 마음에 둔 동지들을 만나며 때로 울고 때로 웃었습니다. 아름다운 하나님 나라 공동체로서 교회를 세우자며 함께 공부했습니다. 목회상담가의 정체성과 자세로 목양과 목회를 이룬다는 것이 무엇인지를 고민하며 연구했습니다. 더불어 세미나와 강연, 학회와 협회, 각종 협의회의 일을 하며 목회상담이 일반상담의 아류가 아님을, 또 그 자체로 이론적 체계와 방법론을 가진 단단한 학문으로써 목회상담임을 알리고

자 애써왔습니다. 여전히 건강한 상담사 양성을 위한 법제화의 길은 험하지만, 이 일들을 통해 목회상담의 입지를 굳건히 세우고자 합니다.

이 책은 이렇게 태어났습니다. 무엇이 목회상담인가? 왜 목회상담을 하며, 또 어떻게 목회상담을 해야 하는가? 특히 목회상담학이라는 학문 체계는 어떻게 가능한가? 또 목회상담가라면 어떻게 살아야 하며, 자신을 어떻게 관리할 수 있는가? 그리고 목회상담가의 마음으로 목양과 목회를 이끈다는 것은 무엇이며 또 어떻게 할 수 있는가? 이 질문들에 답을 하고자 합니다. 그동안 공부하고 가르쳐 온 '목회상담학'이라는 거창한 제목에 대한 '정답'은 아니지만 '하나의 답변'을 제시하고자 합니다. 여기에는 저의 삶과 철학이, 또 제가 고백하는 신앙과 신학이 담겨 있습니다. 책을 쓰며 이것이 하나의 잣대가 되어 '너는 그렇게 살고 있는가?'라며 무수한 질문을 저에게 했습니다. 때로 부끄럽고 때로 마음이 무너졌지만, 그럼에도 '이렇게 살겠습니다'라는 다짐을 담았습니다.

이 책은 전공 서적이며 전문 서적입니다. 따라서 제가 그동안 주장해 온 '미학적 목회상담학'이 무엇인지, 이를 어떻게 실현할 수 있는지를 담았습니다. 대학원에 재학 중인 전공생들을 위해 집필하며, '이들도 나처럼'이라는 생각에, 전공생 각자가 자신의 목회상담학을 세우는 학문 간 대화와 융합으로서 '학제성interdisciplinarity'을 정립할 수 있도록 책을 구성하였습니다.

　더 나아가 우리 학교 신학대학원생들을 위한 전공 교재로서 기능할 수 있도록, 장신 신학에 기초한 목회상담이 무엇인지, 또 목회상담가로서 자신을 관리하는 방법은 무엇인지에 대해 구체적인 방향을 제시하고 이를 목회에 적용할 수 있도록 글을 썼습니다. 특히 책의 각 장을 구성하는데 그동안 집필한 논문들이 중요한 학문적 베이스이기에, 각 장의 마지막에는 참고 논문으로 소개하며 이와 함께 이 책을 읽는 전공생들이 함께 읽었으면 좋겠다 싶은 책과 논문을 소개했습니다. 모쪼록 이 책을 접하는 모든 이들이 저와 함께 '하나님 나라'로서 '목회상담 나라'를 위해 살아갈 수 있기를 바랍니다. 저도 이 책에 쓴 대로 살기 위해 기도하며 노력하겠습니다.

목 차

제 I 장.

목회상담에 대한 사유^{pensées}

1. '집짓기^{homemaking}'로서 목회상담

목회상담은 '집짓기^{homemaking}'이다.[1] 이 집은 천국을 바라는 사람들이 지금 이곳에서 실현하고자 하는 '하나님의 나라^{the kingdom of God}'이다. 하나님의 나라는 삼위일체 하나님께서 다스리시는 세상이다.[2] 하나님께서는 세상을 창조하셨고^{창 1:1} 또 사랑하신다^{요 3:16}. 그렇기에 온 우주 만물은 그의 사랑 안에 존재한다. 그러나 이러한 진리를 깨닫고 체험하는 것은 불가능하다. 죄로 인해 하나님의 사랑을 지각하고 감각할 수 없기 때문이다. 그러므로 목회상담은 죄성으로 마비된 감각을 깨고 하나님의 사랑을 인식할 수 있도록 이끄는 '하나님 나라 짓기^{building up the Kingdom of God}' 운동이다.

하나님은 사랑이며^{요일 4:8-16} 긍휼이시다^{시 145:8-9}. 사랑과 긍휼의 하나님께서 통치하는 집과 같은 처소^{處所}로서 하나님의 나라는 안전함^{safety}과 안정성^{stability}, 그리고 의미^{significance}가 세워지고 보장되는 공간이다.

하나님께서 살아계시며^{시18:46} 우리와 함께하시는^{마 1:23} 공간이기에 '안전함'을 느낄 수 있다. 더불어 하나님은 우리를 치유하시고 회복시키시는 하나님이시다^{출 15:26; 말 4:2}. 집을 나간 탕자라 할지라도 아버지께 돌아오면 아들로 복권되고 회복되듯^{눅 15:21-24}, 하나님은 언제나 우리를 하나님의 자녀로 부르시고 인정하신다. 그렇기에 하나님 나라에는 언제나 보장된 '안정성', 즉 '탄력성^{resilience}'이 존재한다. 더 나아가 바로 이 안전함과 안정성은 우리가 '의미' 있는 존재라는 깨달음으로 확장된다. 창조주 하나님의 사랑, 십자가와 부활을 통해 나타난 예수 그리스도의 은혜, 보혜사 성령 하나님의 교통하심^{κοινωνία}이 폐부 깊숙한 곳까지 전해지는 감동으로 우리가 의미 있는 존재임을 깨닫게 하기 때문이다. 그래서 하나님의 사랑 안에 부정되는 존재가 있을 수 없다는 사실을 알게 된다. 모든 사람이 모든 사람을 귀하게 여길 수 있게 된다. 모든 사람이 모든 사람을 기뻐해야 하는 이유를 발견하며, 모든 사람이 모든 사람의 이야기를 가치 있게 듣는 것의 의미를 알게 되는 것이다. 이 땅에서 아직 이루어지지 않은not yet 하나님 나라를, 벌써 이루어진already 하나님 나라로 인정하며, 현실에 매몰되어 절망하는 것이 아니라, 그 절망스러운 현실에서도 감탄과 감동을 살아낼 줄 알게 되는 것이다. 이것이 바로 목회상담의 존재 이유이며, '목회상담하기doing pastoral counseling'의 목적이다.[3]

목회상담을 통해 이 세상을 하나님의 나라로 살아낸다는 일련의 과정은 결코 쉬운 일이 아니다. 먼저, 하나님의 나라를 상상 속 유토피아utopia로 이해하려는 인간적인 욕구와 끊임없는 투쟁을 벌여야 하기 때문이다. 또한 유토피아적 하나님 나라를 세우려는 욕심으로 인해, 세상을 죄악시하고 터부시하는 환원론적인 왜곡된 판단과 기독교인들만이 옳다는 폭력적인 생각, 즉 힘에 대한 탐욕과 싸워야 하기 때문이다.

물론 기독교 신앙은 배타적이다. 당연하다. 예수 그리스도만이 구원에 이르는 유일한 길이기 때문이다행 15:11. 그러나 배타적인 진리를 판단과 정죄의 수단으로, 또 폭력적으로 사용해서는 안 된다. 사실 예수님께서 "내가 곧 길이요 진리요 생명요 14:6"임을 선언하는 순간, 우리는 이분법의 굴레에 빠질 수밖에 없다. '길이요, 진리요, 생명이신 예수님께 속해 있는가?' 혹은 '그렇지 않은가?'를 생각할 수밖에 없기 때문이다. 이러한 생각은 세상을 진영 논리의 함정에 빠지게 한다. 예수께 속한 세상은 선한 세상, 그렇지 못한 세상은 악한 세상이라는 구도가 형성되기 때문이다. 내 편과 네 편이 나뉘고 아군과 적군의 구분이 생긴다. 그러나 바로 이러한 이분법의 굴레를 벗어나게 하신 분이 바로 예수 그리스도이다. 그는 "내가 곧 길이요 진리요 생명"을 말씀하신 후 십자가의 참혹한 고통을 받으시고 죽으셨다. 십자가에서 희생을 에베소서 2장 12-18절은 이분법의 해체, 즉 너와 나, 적과 아군, 남과 우리를 화해로 이끄시며 구원의 긍휼로 초대하시는 하나님의 사랑이라고 증거하고 있다.

> 그 때에 너희는 그리스도 밖에 있었고, 이스라엘 나라 밖의 사람이라. 약속의 언약들에 대하여는 외인이요 세상에서 소망이 없고 하나님도 없는 자이더니, 이제는 전에 멀리 있던 너희가 그리스도 예수 안에서 그리스도의 피로 가까워졌느니라. 그는 우리의 화평이신지라. 둘로 하나를 만드사 원수 된 것 곧 중간에 막힌 담을 자기 육체로 허시고, 법조문으로 된 계명의 율법을 폐하셨으니, 이는 이 둘로 자기 안에서 한 새 사람을 지어 화평하게 하시고, 또 십자가로 이 둘을 한 몸으로 하나님과 화목하게 하려 하심이라. 원수 된 것을 십자가로 소멸하시고, 또 오셔서 먼 데 있는 너희에게 평안을 전하시고 가까운 데 있는 자들에게 평안을 전하셨으니, 이는 그로 말미암아 우리 둘이 한 성령 안에서 아버지께 나아감을 얻게 하려 하심이라개역개정. 엡 2:12-18.

진리를 말하는 사람은, 또 진리 안에 살고자 하는 사람은 희생해야 한다. 그것을 예수께서 가르치신 것이다. 그래야 진리 선언이 자칫 폭력적으로 비화하고 왜곡되는 것을 방지할 수 있기 때문이다. 그러므로 그리스도인은 언제나 자신을 쳐서 복종케 해야 한다고전 9:27.

성경은 우리에게 인내와 용서, 긍휼을 가르치고 있다. 하나님께서는 안타까움으로 우리의 돌이킴, 회개를 기다리신다고 성경은 말한다벧후 3:8-9. 그러나 우리는 욕심과 욕구에 기인한 편향성을 가질 수밖에 없는 실존이다. 즉 힘^{power}에 대한 편향성을 가질 수밖에 없는 존재이다. 그래서 하나님의 나라를 세우고자 하면서도 무소불위無所不爲의 힘을 원하고, 그 힘의 결집을 위해 안간힘을 다한다. 하나님이 통치하시는 세상을 만들자고 외치면서도, 힘에 대한 세속적인 동경을 놓지 못하는 것이다. 이 때문에 진리를 구하고 말하면서도 아이러니하게 폭력성을 나타내는 것이다.

우리에겐 근원적이고 필연적인 한계와 약함이 있다. 그러니 우리는 힘을 원한다. 안전과 안정성, 그리고 의미를 그 힘에서 찾고자 한다. 그러나 이는 하나님의 나라에서 말하는 것들과 무척 다르다. 생각해 보라. 누군가 힘을 갖고자 하면 할수록, 힘을 가질 생각조차 하지 못하는, 혹은 적은 힘마저 빼앗긴 이들은 상대적 취약성을 느낄 수밖에 없다. 가뜩이나 취약한데 엎친 데 덮친 것 같은 한계와 약함을 느낄 수밖에 없는 것이다. 이것을 폭력이라 말한다. 비록 힘을 가진 자가 스스로 '나는 아무 일도 하지 않았다'라고 주장할지라도, 그에게 힘이 집중되어 있다는 사실만으로도 다른 이들에겐 폭력적으로 나타날 수 있기 때문이다.[4]

물론 힘에 대한 동경과 염원, 그로 인한 우월 추구 경향 자체를 비난할 수는 없다. 우리에게 한계가 있고, 그 한계로 인한 콤플렉스는 때로 우리를 움직이게 하는 동인動因이 되기 때문이다. 그래서 우리는 다양한 문명을 발달시킨다. 과학 문명을 구가하며 다양한 편의와 편리시설을 발전시킨다. 되도록 우리가 약하지 않다는 것을 증명하고자 한다. '생生에 대한 욕구' 즉 살아남고자 하는 욕구는 살아있는 모든 존재에겐 당연하고 마땅한 것은 아닐까. 그렇기에 우리는 힘을 추앙한다. 돈, 건강, 명예를 서로 격려한다. 심지어 기독 신앙에서조차 힘을 간구한다. "능력과 승리를 주옵소서", "머리가 되고 꼬리가 되지 않게 하옵소서."

앞서 밝힌 대로 힘에 대한 동경과 염원은 살아있는 인간의 자연스러운 인간성이기에 그 자체에 대한 비난은 조심해야 한다. 더욱이 '힘'이라는 단어에 가치중립적인 특성이 있음을 잊어서도 안 된다. 힘을 바르게 사용하면 자신은 물론 이웃과 공동체를 살릴 수 있기 때문이다. 하지만 역으로 힘 조절에 실패하면 폭력적으로 나타나기도 하고, 폭력 그 자체가 되어 버리기도 한다. 그러므로 힘에 대한 욕구를 가진 실존임을 인정하고, 힘에 대한 동경이 욕심과 욕구에 함몰되지 않도록 자신을 반추反芻하며, 하나님 앞에 서야 한다출 10:3. 하나님 앞에서 자신을 투명하고 진솔하게 세우는 것이다.

일생 살며 한 장도 쓰기 싫어하는 반성문을 작가 이철환은 한 권의 책으로 엮었다. 그리고 이렇게 말했다. "진실한 사람이 되고 싶었으나, 나는 진실한 사람이 될 수 없었다. 해야 할 것을 하지 않았고, 하지 말아야 할 것을 했기 때문이다. 어둠을 지켜야 할 때, 나는 빛으로 걸어 나갔다. 빛을 지켜야 할 때, 나는 어둠 속으로 걸어 나갔다."[5] 드러내기 싫은 자아의 한계를 드러내는 것은 힘의 상실을 느끼게 한다. 스스로 아무 것도 아니라는 자괴감을 갖게 한다. 인생의 낙오자, 패배자라는 생각도 든다. 그러니 죽고 싶은 것이다. 그러나 기독 신앙에서 말하는 '영적 내관spiritual introspection' 즉 '회개repentance'에는 신비가 있다. 분명 회개는 뼈아픈 것이다. 죽음과 같은 절망을 맛보기 때문이다. 그러나 그것만이 아니다. 여전한 죄악과 죄성으로 괴로울지라도 자신을 하나님 앞에 순전하게 드러내면 설명할 수 없는 하늘의 평안을 경험한다. 하나님의 긍휼과 칭의justification의 은총이라는 신비를 경험하기 때문이다. 하지만 이 평안은 단순히 정갈하고 편안한 마음만을 말하는 것은 아니다. "어찌할꼬?"행 2:37라는 실존적 한계가 드러나는 부끄러움과 함께, 믿음과 회복을 위한 실천적 행위가 잇대어지기 때문이다행 2:38-42.

그러므로 자신을 쳐서 복종케 하며 그리스도 십자가의 희생에 참여하는 진리 선언은, 배타적 기독 신앙의 한계로서 이분법의 함정을 넘어, 전

세계 인류를 화해와 회복, 치유와 구원으로 인도하는 매개로서 기능하게
될 것이다. 힘을 동경하는 힘없는 실존임을 진솔하게 수용하며, 힘 있는 하
나님 앞에서 힘없는 이들끼리 보듬고 감탄하며 모든 사람이 모든 사람을
기뻐하는 세상을 이루고자 하는 것, 이것이 목회상담이다. 그렇기에 목회
상담의 영역에는 가난하거나, 헐벗거나, 배우지 못하거나, 건강치 못하거
나 상관치 않는 환대가 있다. 모든 이들을 벗이라 여기며 모든 상황을 즐거
워하는 것이다^{합 3:17-19}.

2. 미학적 요청으로서 목회상담

미학^{美學}은 아름다움에 관한 철학적 탐구이다. 동서양을 막론하고 아
름다움에 대한 탐구는 오랜 역사가 있다. 플라톤과 아리스토텔레스의 고대
철학에서부터 현대의 분석미학에 이르기까지 수많은 논의와 다양한 관점
에서 아름다움은 탐구 되어왔다. 특히 중세 시대의 어거스틴^{Aurelius Augustinus}
은 추醜를, 미美를 이해하도록 도와 조화로움에 이르도록 하는 한 요인이라
고 보았기에, 아름다움에 대한 탐구는 추함에 대한 탐구로까지 확장되었
다. 더 나아가 자연미에서 진일보한 인공미에 대한 탐구까지 예술의 전 분
야로 확장되었고, 이에 따라 아름다움에 대한 탐구의 범주는 다양한 가지
로 뻗어나가게 되었다.

아름다움, 그 자체에 대한 탐구에 집중하는 순수미^{purity of beauty}와 이
상미^{ideal beauty}, 쾌와 불쾌 사이에서, 혹은 아름다움과 추함 사이에서 미적인
것에 대한 논의를 확장하여 아름다움의 개성에 집중하는 특성미^{beauty of traits},
인간의 감성과 영성의 조화와 균형에 집중하는 우아미^{elegance}, 장엄함과 위
대함에 대한 내면적 인식을 찾는 숭고미^{sublime beauty}, 인간존재의 본질과 숙

명을 파헤치는 비극미tragic beauty와 인간의 숙명인 존재론적 중압감에서 해방과 자유를 얻게 하는 희극미comic beauty 등, 미학의 다양한 범주는 아름다움이 무엇인가에 대한 다양한 해석을 가능하게 함과 동시에, 아름다움의 대상을 현실적 실체만이 아니라 추상적이며 상징적인 측면으로 확장할 수 있는 근거를 마련하게 했다.[6] 그래서 미학을, 우리가 살아가며 만나는 모든 것에 대한 섬세한 탐구라고, 혹은 모든 것이야말로 탐구되어 마땅한 아름다운 가치를 지닌 것임을 깨닫게 하는 학문이라고 말할 수 있는 것이다.[7]

　　　상담은 내담자가 가진 아름다움을 회복할 수 있도록 돕고, 그 아름다움을 유지할 수 있도록 지지하는 미학에 기초한 활동이다. 특히 목회상담이 그러하다. 사람을 우연과 경험의 결과라 말하지 않고, 창조주 하나님의 치밀한 계획과 무한한 사랑 안에 있는 존재라고 생각하기 때문이다. 비록 상처와 아픔이 가득한 사람이라 할지라도 하나님께서 바라시는 순수미와 특성미를 지녔으며, 또 비극미와 희극미를 넘나드는 인생이지만, 그 안에서 우아미와 숭고미를 유지하고 회복할 가능성을 가진 존재라고 믿기 때문이다. 신학적 언어로 말하자면, 하나님에 의해 회복되고 유지되고 이끌림을 받는 초월적 존재로서 가능성, 즉 실존적 존재 이상의 존재로서 가능성을 인정하는 신학적 인간론에 기초해 사람을 대하고 인식한다. 그래서 목회상담은 사람을 긍정적으로만 이해하지 않는다. 사람이 죄인이며, 그 죄성이 인간을 긍정할 수 없게 한다는 사실 역시 간과하지 않는다. 하지만 인간의 추함에도 불구하고 사람이 지닌 가치와 아름다움은 여전하다고 인식한다. 하나님께서 사람을 사랑하시기 때문이며요 3:16, 하나님께서 사람에게 희망을 두고 계시기 때문이라고 여기기 때문이다창 1:26-28.[8] 그러므로 목회상담에 있어 사람특히 상처와 고통 안에 있는 내담자에 대한 미학적 이해는 하나님을 그 근거에 둔다고 말할 수 있다. 불쾌와 상처, 고통과 절망, 슬픔과 불안을 호소하며 죄의식 속에서 자신을 부정하며 자신을 추하게 여기는 사람을 만나며 아름다움을, 즉 하나님께서 그를 창조하시고 택정하셨다는 내재적이며 선언적 가치를 찾고 발현시킬 수 있도록 도울 수 있어야 하기 때문이다.

그러므로 목회상담은 심미적이며 미학적인 신학 활동이다. 그래서 초월적이며 상징적인 특징을 드러낸다. 그렇다고 해서 인간 경험을 도외시하지 않는다. 경험하는 모든 것들에 대한 실존적-현실적 인식에 기반을 두기 때문이다. 그러나 거기에 머물지도 않는다. 다시 말해, 현실 문제 해결에 매몰되지 않는다. 이것을 뛰어넘어 '향유' 혹은 '인식appreciation'할 줄 알며 '낭만'에 이를 줄도 안다.[9] 고요한 마음으로 실존의 현실과 현상을 관찰하며 영원히 변하지 않는 진리에 대해 사색할 줄 알기에, 노발리스Friedrich von Hardenberg가 낭만화romanticization에 대해 정의한 것처럼 "저급한 것에서 숭고한 의미를, 일상적인 것에서 비밀스러운 외양을, 잘 알려지지 않은 것에 품위를, 유한한 것에 무한한 가상을 부여"할 줄 아는 것이다.[10] 이러한 점에서 목회상담을, 인간 실존으로서 내담자의 현실적 문제를 만나, 그 문제를 '낭만화'하며, 내담자의 삶의 현실에 '함께함mitmenschlichkeit'을 이루는 실천적 돌봄 활동으로 이해할 수 있다.[11] 즉 아파하는 이들과 함께 울고 함께 웃는다. 즐거워하는 이들과 함께 진심으로 즐거워하며 서로 마음을 같이 하고 오히려 낮은데 처하며 스스로 지혜 있는 체하지 않는다롬 12:15-16. 실존의 현실 문제, 그 한가운데에서 오히려 아름다움을 찾으며 의미와 가치, 품위와 숭고를 발견할 줄 아는 것이다.

사실 목회상담에 대한 이러한 미학적 이해는 목회상담의 현장에서 목회상담가로 하여금 탈진에 이를 수밖에 없게 할 것이다. 문제와 함께 찾아온 내담자를 정확하게 분석하고 빠르게 진단하여 내담자의 주 호소 문제를 조속히 해결해야 상담자의 에너지 소비를 줄일 수 있기 때문이다. 게다가 구조화에 실패한 상담으로 상담 자체를 비과학적으로 만들어 버린다는 불만을 제기하게 할 수도 있다. 목회상담을 '객관화'에 실패한 부족한 상담 방법론이라며 목회상담의 비효율성과 비합리성을 지적할 수 있기 때문이다. 그러나 목회상담가는 내담자의 문제를 제거하거나 없애는 사람이 아니다. 내담자라는 사람을 만나는 사람이다. 즉 조금 먼저 고통과 친해진 인간 실존이 고통과 더불어 살 수 없다고 여기는 인간 실존을 고통스러운 현실에서 만나며 하나님을 바라는 존재인 것이다. 고통 속에서 낭만화를 이루며 고통의 심미성을 발견하고자 하는 사람인 것이다. 그러니 목회상담은 문제를 처리하고 없애는 일련의 과정이 아니다. 문제를 겪는 인간 실존의 전인성holism과 통전성integrity의 회복을 위해 만나고 함께하고자 하는 미학적 활동이다. 이를 통해 문제를 문제라고 여기지 않게 되는 또 다른 방식의 해결이라는 '해결의 심미성'을 찾고자 하는 활동이다. 그렇기에 이성과 합리, 현실을 추앙하는 객관주의와 효율과 과학을 따지는 사람들의 관점에서 목회상담가는 어쩌면 뜬구름을 잡고자 뛰어다니는 '바보'와 같다.

동네 골목길
담벼락에 쓰인
커다란 낙서, 바보

어릴 적 바보는
아주 큰 욕인 줄 알았다

어른이 되어서야
바보가 욕이 아니란 걸 알게 되었다
바보는 순수의 이음동의어

모든 것이 돈으로 저울질 되는 오늘날

돈도 안 되는 일을 하는 사람들

바보

그 바보들 틈에서 노는 것이

마냥 즐겁다.[12]

시인 이문조는 그의 시, "바보들"에서 '바보'를 재해석했다. 인간의
가치를 평가절하하는 단어, '바보'를 '인식 appreciation'하며 낭만화한 시인은
바보를 가치와 초월성의 의미를 담은 아름다운 인물로 묘사한다. 현실의
뼈아픈 고통을 회피한 듯 외면하는 사람이 아니라, 고통의 한가운데 위치
한 실존임을 잊지 않으면서도 고고한 아름다움을 찾고 만들어 가는 인물
로 해석하고 있기 때문이다.

그렇다. 목회상담은 분명 바보 같은 짓이다. 한계와 고통에도 사람
을 만나고자 한다. 그 사람이 처한 한계와 고통에 담긴 심미적 의미를 찾고
자 한다. 치료와 회복을 단지 문제 해결과 예전으로 돌아간다는 뜻으로 받
아들이지 않는다. 오히려 치료와 회복을 생각하게 한 현실의 한계에 주목
하고, 무엇을 치료해야 하는지, 또 무엇을 되찾아야 하는지, 무엇으로부터
돌이켜 무엇을 향해 나아가야 하는지, 다차원적인 해석의 지평 아래에서
하나님과 사람을 발견하고자 한다. 즉, 과거 상태로 복귀하거나 회귀한다
는 1차원적 해석에서, 지평이 넓어진 해석의 문을 열고, 치료와 회복에 담
긴 본질적인 심미성을 발견하고자 하는 것이다. 결국 인간 실존으로서 '실
존 됨'의 의미를 깨달으며 고통의 역설로서 '모든 순간이 다 꽃봉오리'임을
지향하고자 하는 것이다. 마치 정현종의 시처럼 말이다.

나는 가끔 후회한다

그때 그 일이

노다지였을지도 모르는데

그때 그 사람이

그때 그 물건이

노다지였을지도 모르는데

더 열심히 말을 걸고

더 열심히 귀 기울이고

더 열심히 사랑할 것을

반벙어리처럼

귀머거리처럼

보내지는 않았는가

우두커니처럼

더 열심히 그 순간을

사랑할 것을

모든 순간이 다아

꽃봉오리인 것을 …[13]

    삶의 문제가 깊어지면 삶이 싫어진다. 문제를 쳐다보기도 싫고 생각하기도 싫다. 당면한 문제가 인생의 굴레처럼 여겨져 그저 자신을 옥죄는 나쁜 것으로만 여기게 된다. 그런데 시를 통해 시인은 문제라 여긴 그 시간도, 아니 문제 그 자체도 인생의 노다지였으며 꽃봉오리였다는 사실을 깨닫는다. 그리고 문제 때문에 자신이 고통스러웠던 것이 아니라 문제를 문제라고 여기며 문제를 비난했던 자신 때문이었음을 성찰한다. 그래서 모든 순간이 다 꽃봉오리라며 삶의 모든 것에 대한 심미적 회복을 선언했던 것이다.

더 나아가 그는 자신의 또 다른 시, "작은 국화분 하나"에서 존재론적 현실에 담긴 부정성否定性에 대한 심미적 회복을 이렇게 노래했다.

> 용달차가 작은 국화분 하나를 싣고 간다.
> (동그마니)
> 아니다 모시고 간다
> 용달차가 작은 국화분 하나를 모시고 간다.
> 용달차가 이쁘다.
> (용달차가 저렇게 이쁠 수도 있다)
> 기사도 이쁘다.[14]

시인 정현종은 낡고 오래된 용달차와 그 용달차를 몰고 가는 깊은 주름에 노쇠한 기사를 일순간 아름답게 만드는 국화분 하나에 우리의 시선을 집중시킨다. 그리고 국화분과 정말 어울릴 것 같지 않은 용달차와 기사를 하나의 작품과 같은 예술성으로 '예쁘다'라고 인식하게 한다. 국화분 하나의 힘을 말하기도 하지만, 용달차와 기사를 '어울리지 않는 어울림'이라는 '부정negation의 변형transformation'을 일깨우는 것이다.

시인의 시관詩觀처럼 목회상담의 심미적이며 미학적인 관점은 단순한 긍정주의나 낙관주의의 그것과 전혀 다르다. 오히려 예상할 수 없고 예견할 수 없는 삶의 혼돈 속에서 깊은 공포와 불안을 경험하면서도 창조성에 접근하고자 하는 변형과 낭만화의 과정으로서 목회상담을 바라보는 것이다. 그래서 인간 실존의 절망에 참여하면서도 희망을 잃지 않는다.[15] 오히려 내담자의 손을 잡고 실존의 삶을 재해석하며 재구조화하며 인간 실존의 부정에서 변형의 경험을 위해 애쓰는 것이다.

노파심에 또다시 강조하고자 하는 것이 하나 있다. 앞서 '바보'라는 시구에서 주목한 것처럼, 심미적인 해석과 희망을 잃지 않기 위해 목회상담가는 롤로 메이Rollo May가 주장한 "성스러운 광기"의 늪에 빠지지 않도록 조심해야 한다는 것이다.[16] 존 번연John Bunyan이나 요한 클리마쿠스Joannes Climacus와 같은 영성가들처럼, 시 한 편을 쓰기 위해 스스로 삶의 바닥까지 내려가는 시인들처럼, 두 다리가 후들거리는 현재를 살면서도 현재를 비관하거나 회피하지 않아야 하기에, 또 살아냄의 용기를 발휘해야 하기에, 목회상담은 성스러우나 광기 어린, 즉 모순과 역설이 가져다주는 혼란을 고스란히 살아내는 장場이어야 한다.[17] 그러나 생각해 보라. 이 얼마나 무서운 경험인가! 언제 떨어질지 모르는 외줄을 타는 듯, 목회상담의 전 과정에 있어 창조적 깨달음을 위해 무서운 전율을 온몸으로 받아들여야 한다는 사실, 그리고 깨달아 획득한 창조성에 여전히 묻어있는 실존의 무의미와 다투어야 한다는 사실은 목회상담이 쉽지 않은 과정임을 말하는 것이다.

실존주의는 20세기의 위대한 예술과 문학과 철학의 모습으로 사물을 있는 그대로 대면하고 무의미함의 불안을 표출하는 용기를 드러냈다. 절망의 창조적인 표현 속에 나타난 것은 창조적인 용기이다. 사르트르Sartre는 자신의 가장 강력한 작품 가운데 하나인 연극 "출구 없음No Exit"을 절망의 상황을 보여주는 고전적인 공식이라고 불렀다. 그러나 그 자신에게는 출구가 있었다. 그는 무의미함의 상황을 떠맡으면서 '출구 없음'이라고 말

할 수 있었다.[18]

분명 목회상담은 심미적이며 미학적 회복을 위한 선한 몸부림이다. 그러나 실존주의의 유산인 무의미나 허무의 함정과 사투를 벌여야 한다는 것에 대해 부정할 수 없다. 그래서일까? 시의 치유적 힘에 대해 역설한 류시화는 영적 힘을 지키기 위해, "모든 비본질적인 것과 불순물들을 다 태워버리는 불처럼 타오르는 눈"을 가져야 한다고 역설했다.[19] "육체적인 존재로서 우리가 영적인 체험을 하는 것이 아니라, 사실 우리는 영적인 존재이며, 이 지구 차원에서 육체적인 체험을 하고 있기에"[20] 투쟁하듯 심미적인 자세를 위해 고군분투해야 하는 것임을 기억해야 하는 것이다.

3. '삼자 대화[trialogue]'로서 목회상담

'집 짓기로서 목회상담'과 '미학적 요청으로서 목회상담'이라는 정의定義가 가능한 가장 근본적인 이유는 목회상담이 '삼자 대화로서 목회상담pastoral counseling driven by trialogue'이기 때문이다.

목회상담은 일반상담과 다르다. 일반상담, 즉 다양한 상담심리학의 이론들과 간학문적 담론interdisciplinary dialogue을 이루고 있으나 그 동류同流나 아류亞流는 아니다. 간학문적 담론이 '긴장성 tensionity'을 통한 '변형적 상승효과 transformational synergy'를 불러오기 때문이다. 이것은 기독교 세계관과 사회과학적 세계관이라는 서로 다른 관점과 정체성의 만남이 연금술alchemy과 같이 전혀 다른 방향과 결론에 이르게 하는 것과 같다. 다만 한 가지 주의할 점은, 언급한 '긴장성'은 대립이 아니라는 사실이다. 오히려 균형과 조화를 말하는 미적 표현임을 명심할 필요가 있다. 물론 긴장은 불편해 보인다. 어떤 힘의 대립을 말하기도 하기 때문이다. 하지만 언급하는 긴장은 성경이 말하는 신비와 잇대어 있다. 죽음과 생명[눅 9:24], 십자가와 구원[엡 2:14-22], 회개와 칭의稱義의 은총[눅 18:9-14], 평안과 칼[요 14:27; 마 10:34] 등, 성경이 말하는 긴장은 단순한 이분법적 구도가 아니다. 때문에, 어느 한쪽의 일방적인 우위를 말할 수 없다. 그렇다고 해서 어떤 동등한 균등을 말하는 것도 아니다. 마치 주후 451년 칼케돈의 결정과 같은 '비대칭적 질서asymmetrical order'처럼 이 긴장은 미학적이며 심미적이다.

이러한 목회상담의 학문적 긴장성tensionity, 다시 말해 '목회'와 '상담'이라는 관계성relationality은 목회상담의 전 과정에서 이루어지는 '삼자 대화trialogue'에서 더욱 분명한 유비analogy로 나타난다. 일반상담은 상담자와 내담자 사이의 양자two-party 관계 역학에 관심이 많다. 그래서 전문인으로서 상담자에게 큰 역할을 기대한다. 상담이론에 대한 해박한 지식과 임상 현장에서 발휘하는 효과적인 방법론, 그리고 치료의 과정에서 발생하는 예기치 못한 변수에 대처하는 경험과 노련함 등, 훈련된 상담자로서 자질이 얼마나 중요한지를 강조한다. 목회상담 역시 상담자의 자질을 중요하게 여긴다. 그러나 일반상담에서 중요하게 여기는 상담자의 자질에서 한 걸음 더 나아간다. 상담자와 내담자뿐만 아니라 하나님을 상담의 현장에 인정하는 '삼자three-party' 관계 역학을 목회상담은 말하기 때문이다.

더욱 엄밀하게 말하자면, 하나님을 치료와 치유, 변화와 변형의 모체matrix로 생각한다. 상담자가 미숙해도 된다거나 전문인으로서 훈련받지 않아도 된다는 말이 아니다. 오히려 그 반대다. 하나님을 상담에서 인정하기에, 상담자는 상담을 위해 더 많은 준비를 하거나 내담자를 더욱 진정성 있게 만나야 한다. 그러나 하나님 중심의, 하나님께서 이끄시는 상담이기에 자신을 내세우거나, 내담자를 잘 다루고 치료할 수 있다며 자신을 속이거나 기만할 수 없다. 아무리 상담 전문가라 할지라도 사람을 창조하신 하나님에 비할 수 없다는 사실을 잊지 않는 것이다. 숙련된 전문가인 상담자라 할지라도 그 역시 사람이다. 성경의 말씀대로 "시각장애인이 시각장애인을 인도하면 둘이 다 구덩이에 빠지게[마 15:14]"된다. 상담자로서 아무리 다양한 지식과 임상의 경험이 있다고 할지라도 사람을 창조하신 하나님의 사람에 대한 지식에 비하면 턱없이 부족하다. 그래서 목회상담가는 겸손할 수밖에 없다. 그 역시 상담의 전 과정 가운데 하나님 앞에 서 있는 존재여야 하기 때문이다.

이러한 이유로 목회상담가는 빠른 진단을 거부하고, 자신의 선입견과 경험에 연결된 판단을 중지하려[epoché] 애쓰며, 자신을 해체[deconstruction]하기 위해 노력해야 한다.[21] 자신을 깨뜨리는[self-negation] 것이다. 내담자 역시 마찬가지다. 상담자를 의지하며 그를 통한 회복을 바라는 것은 어불성설[語不成說]이다. 내담자인 자신의 주 호소 문제를 통해 하나님을 찾고 만나야 하기 때문이다. 더불어 목회상담의 현장에서 일하실 하나님을 어떤 특정 방식으로 제한해서는 안 된다. 엘리야의 생각을 완전히 초월하신 하나님께서는 하나님의 뜻과 방식으로 일하시며 함께 하실 것이기 때문이다[왕상 19:9-18].

목회상담의 이러한 특성은 요한복음 17장에서 드러나는 삼위일체 하나님의 연합으로서 '페리코레시스[περιχορησις]'라는 신비와 좋은 유비를 이룬다. 상호내주[mutual concession], 상호침투[interpenetration]로서 상담자-하나님-내담자 사이의 관계는 먼저 혼합될 수 없는 독자성 혹은 독립성을 갖는다. 목회상담가가 상담을 통해 내담자의 삶에 참여한다고 해서 그의 삶과 혼합될 수 없음은 분명하기 때문이다. 그러나 이는 단순한 동정이나 값싼 긍휼과 거리가 멀다. 독립적 존재인 상담자와 내담자이지만, 이 두 존재가 하나님으로부터 멀어지거나 분리될 수 없듯이, 일치하는 연합체로 서로의 삶에 '함께하기[mitmenschlich]' 때문이다. 동시에 인간 실존과 하나님의 관계가 지닌 초월적 신비와 같이, 목회상담가와 내담자의 관계는 '비대칭적 질서'로서 존재한다.[22] 함께 하나 함께 하지 않는, 떨어진 독립적 존재나 나뉠 수 없는, 동시에 이 둘 사이엔 실존으로서 무시할 수 없는 비대칭성이 있으나 질서와 조화가 있는 미학적 관계를 형성하기 때문이다.

바로 이러한 이유로 목회상담에는 일반상담에서 말하는 전이와 역전이의 함정에 빠질 이유가 없다. 하나님은 사람을 지으시고 그의 소유임에도 사람을 비인격적으로 대하지 않으셨다. 마틴 부버의 "나와 너ich und du"의 관계로 사람을 대하셨고 그에게 자유의지를 허락하셨다.[23] '돌아오라' 외치시는 하나님이시지만, 사람을 폭력적으로 대하지 않으셨다사 44:22, 46:3-4, 55:7; 렘 3:14, 25:5, 31:21; 호 14:1; 욜 2:12; 슥 1:3; 말 3:7; 요3:16. 그렇기에 성경은 하나님을 사랑하는 사람은 하나님의 사랑으로 서로를 사랑해야 한다고 권면한다요일4:7-12. 이러한 하나님의 사랑에 기초한 목회상담은 끊임없는 페리코레시스적 관계성 가운데 치유와 구원을 지향하지만, 목회상담에 참여하는 구성원 서로에 대해 구속과 억압, 속박의 사슬을 지우지 않는 자유와 기쁨의 관계로서 '삼자 대화'를 형성하는 연합을 이루는 것이다.[24]

특히 이 연합은 지지정신치료에서 말하는 지지의 개념으로서 '작업동맹working alliance'의 수준을 넘어선다. "지지적 관계는 단순한 친구 관계가 아니고, 그것은 치료자와 환자가 치료 목표에 도달하기 위해서 치료를 위한 태도와 각자의 역할 놀이-예를 들면, 도움을 주는 사람으로서 치료자와 도움을 받는 사람으로서 환자-를 함께 하는" 수준의 관계성을 넘어서기 때문이다.[25] 그래서 목회상담을 통한 삼자 대화의 연합을 치료 목표에 경도되는 작업동맹을 넘어선 '인격적인 페리코레시스로서 만남 형성'으로 생각할 수 있다. 그래서 목회상담은 치료라는 목적이 이끄는 딱딱함에서 벗어날 줄 안다. 오히려 본질을 생각한다. 하나님께서도 역사와 상황, 사람들의 모습에 따라 때로 그의 뜻을 돌이키셨다출 32:14; 시 106:45; 욘 3:10, 4:10-11. 사람들과 심미적이며 인격적인 관계 형성을 원하셨기 때문이다. 마찬가지로 목회상담을 통해 목회상담가는 내담자를 위한 치료 목표에 매몰되어서는 안 된다. 목회상담가 역시 목회상담을 통해 하나님과 내담자라는 사람을 만나야 하기 때문이다. 그렇기에 목회상담가는 도움을 주는 존재로서 기능해서는 안 된다. 그 역시 도움을 받아야 하는 실존이라는 사실을 직시해야 한다. 내담자도 마찬가지이다. 도움을 받는 존재로서만이 아니다. 오히려 자신의 고통을 통해 고통 속에서도 일하시는 하나님을 발견하고 고통에 담긴 하나님의 뜻을 찾는 깨달음과 지혜에 이르러야 하기 때문이다. 그러므로 목회상담이 형성하는 삼자 대화의 관계성은 비대칭적 질서를 견지하는 페리코레시스적이며 미학적인 연합을 일컫는다.

이러한 이유로 목회상담은 일반상담의 관점과는 판이한 세계관을 갖고 있다. 일반상담은 상담의 효율을 생각한다. 따라서 상담을 구조화한다. 내담자의 주 호소 문제를 파악하고 상담의 목표를 설정한다. 빠르고 정확한 진단을 통해 회기 당 목표를 설정하고, 이를 얼마만큼 잘 다루고 있는지를 상담의 성패 요인이라고 판단한다. 정확하고 빠른 처방과 치료를 누군들 싫어하겠는가. 객관적인 틀 안에서 치료가 이루어져야 과학적이거나 의학적이라고 생각할 수도 있기 때문이다. 게다가 상담자 역시 자본주의 체제 안에서 생존해야 하는 사람이기에 이러한 자세를 가졌다고 해서 나쁠 것은 없다. 유능한 상담자가 되어야 당장 상담센터의 운영이 가능하지 않겠는가. 사업가 혹은 행정가로서 상담자의 역할을 생각하지 않을 수 없기에 효율적 상담과 성공적인 결과를 갖는 것은, 때로 칭찬받아 마땅하다. 내담자에게 더 좋은 상담 환경을 제공할 수도 있고, 더욱 많은 인력과 다양한 방법들을 활용하여 광범위한 부분에서 상담 사역을 확장할 수 있으니 말이다. 그러나 목회상담은 세상이 생각하는 유능한 것과 거리가 있는 상담을 하거나, 그런 방향을 오히려 지향한다. 세상을 살아가는 관점과 자세가 다르기 때문이다. 유능한 치료자로서 상담자가 되기를 원하기도 하고, 크고 많은 상담 사역을 원하기도 한다. 사회과학에 기반을 둔, 준-의료인으로 좀 더 객관적인 방법론과 데이터로 내담자를 다루는 것도 필요하다고 생각한다. 그러나 그것만이 전부는 아니라고 생각한다. 효율, 경제, 과학, 유능함 등이 필요하고 중요함을 알지만, 그것에 복종하거나 함몰되어 마음을 빼앗기지는 않겠다는 세계관을 갖고 있기 때문이다.

그래서 목회상담은 때로 비효율적으로 나타난다. 구조화에 실패한 듯 여겨지고, 필요 이상으로 회기가 길어지거나, 회기 당 시간도 늘어나 비효율적으로 생각되기도 한다. 빠르고 정확한 진단을 내릴 수 있음에도 그 결정을 유보할 때도 많다. 내담자의 주 호소 문제를 해결하고 상담의 목표를 성취함을 상담 성패의 기준으로 생각하지 않는다. 오히려 모든 상담의 과정에 하나님을 인정하기에 궁극적인 것을 바라본다. 초월성에 대한 인식, 천국과 구원에 대한 담론을 중요하게 여긴다. 하나님께서 십자가의 고통을 통해 구원하신 사람이기에, 사람 그 자체에 대한 품위와 품격을 존중하는 상담의 목표를 갖는다. 이 때문에 목회상담은 뜬구름을 잡는 것처럼 여겨지기도 한다. 그런 목회상담가를 이상주의자라거나 허망한 환상에 사로잡힌 사람이라 부르기도 한다. 그러나 목회상담가는 순수를 지키는 사람이다. 아무것도 모르는 '순진'과 차원이 다른 '순수'는 알 것 다 안다. 손해본다는 것도, '바보' 같다는 비난을 듣게 된다는 것도 안다. 그러나 순수는 그렇게 살겠다는 용기이다. 이 용기에 기대어 '희망을 잃지 않겠다'라고 여기는 것이다. 이 순수를 지향하기에 목회상담가는 모두가 빨리 가려는 길을 천천히 간다. 대충 봐도 알 수 있다고 여기는 것들에 대해서도 찬찬히 바라본다. 재정 때문에 힘들 수도 있고, 쉬운 길을 돌아간다고 사람들의 핀잔을 들을 수도 있고, 능력이 없다고 오해받을 수도 있다. 그러나 목회상담가는 그런 세계관을 가진 사람이며, 그렇게 살아내는 사람이다. 그가 목회상담가이다. 그러니 목회상담의 길을 걷겠다는 사람들은 이현주의 "설명할 수 없는 나의 인생은" 시에 고개를 끄덕인다.

친구들이 나에게
너의 인생을 설명하라고 합니다
나는 아무 할 말이 없어서
거기에 찻잔이 있으면
찻잔을 만지고
슬픈 별이라도
떠 있는 밤이면 별을 쳐다볼 수 있는
작은 행운에 나의 몸을 숨깁니다

친구들은 나에게
너의 인생을 설명하라고 합니다만
걸어가도 제 자리요
가만있어도 이미 저만큼인걸

노을 비낀 잣나무 마른 가지에
마지막 울음 우는 산까치처럼
어쩌다가 다정한 눈물 한 방울
떨어뜨릴 수만 있으면
그것으로 나의 인생은 그만입니다

설명할 수 없는 나의 인생은
마침내 한 방울 눈물입니다[26]

4. 읽어 볼 책과 논문

이상억. 『꽃보다 아름다운 사람이야기』. 서울: 생명의 말씀사, 2009.

_____. "상담관계 형성을 위한 목회상담가의 자세." 『목회와 상담』 39 (2022. 11), 74-101.

_____. "치유에 대한 분석적-비평적 이해의 관점에서 바라본 목회상담의 정체성 연구." 『장신논단』 30 (2007. 12), 311-48.

정현종. 『사랑할 시간이 많지 않다』. 서울: 문학과 지성사, 2018.

Capps, Donald. "A Sympathetic World: William James' Significance for Pastoral Theology." *International Journal of Practical Theology* 4 (2000), 62-89.

_____. *Reframing: A New Method in Pastoral Care*. 김태형 역. 『재구조화: 관점의 변화를 이끄는 목회상담과 돌봄사역』. 대전: 엘도론, 2013.

May, Rollo. *The Courage to Create*. 안병무 역. 『창조와 용기』. 서울: 범우사, 1999.

Poling, James N. *The Abuse of Power: A Theological Problem*. Nashville: Abingdon Press, 1991.

Tillich, Paul. *The Courage to Be*. 차성구 역. 『존재의 용기』. 서울: 예영커뮤니케이션, 2004.

제 II 장.

목회상담가의 정체성

모든 상담의 본질은 만남에 있다. 절체절명의 상황에서 비접촉 상담을 할 수밖에 없다 할지라도, 만남 자체를 배제한 상담은 생각할 수 없다. 전자통신과 카메라, 컴퓨터 등의 온라인 디지털 매개물을 두고서라도 만남은 반드시 이루어져야 한다. 그러나 피상적이거나 일시적인 만남은 변화와 회복이라는 창조적 활동을 매개할 수 없음을 분명히 인식해야 한다. 그러니 매체를 통한 상담이라 할지라도 만남의 본질을 잊지 않는 것은 대단히 중요하다.

특히 목회상담이 그러하다. 그렇기에 목회상담에서 형성하는 만남은 인간 실존의 본질적 융합, 즉 '참여engagement/participation'와 '공감empathy/interpathy'을 통한 '주체-객체' 간 '상호-되기reciprocal becoming'라는 목적을 이룰 수 있어야 한다. 바로 그때 본질적 의미의 치유와 회복이라는 창조적 깨달음의 장場이 열리기 때문이다.[1] '나'라는 존재가 '타자the other'를 만나며 현실의 삶에 참여하고 실존의 한계를 공감하며 '상호-되기'를 이루어 간다는 것은 호혜적 신뢰와 믿음이 없다면 불가능하다. 이것은 하나님과 만남에서도 마찬가지이다. 어디에서나 어떤 상황에서건 일을 이루실 하나님이시지만, 하나님께서 일하시는 것을 분명하게 인식하게 하는 믿음은 인간 실존의 차원에서는 하나님의 창조 사역을 피부로 경험하게 하는 촉매제이다계 3:20. 그러므로 목회상담에서 '만남'이라는 호혜성에 기초한 융합을 이루며 '상호-되기'를 통한 창조적 깨달음으로서 지혜를 찾기 위한 목회상담가의 믿음은 아무리 강조해도 부족하다. 이를 통해 치료를 넘어선 치유와, 문제 해결을 넘어선 회복을 매개할 수 있기 때문이다. 그렇다면 목회상담가의 역할은 목회상담에 있어 대단히 핵심적이다. 이제 본 장章에서는 목회상담을 목회상담답게 이끄는 목회상담가의 정체성에 대해 살펴보고자 한다.

1. 불안을 '지향'하는 목회상담가

목회상담가는 안정성을 거절하고 자발적 불안을 지향하는 존재이다. 즉 목회상담가는 흔들리는 자신의 상황, 즉 내담자의 불안을 마주하며 안정을 추구하고자 하는 자연스러운 인간 본성의 욕구를 내려놓고, 오히려 불안을 자신 안에 끌어당기는 자발적이며 적극적인 '불안 지향'이라는 용기를 갖고자 한다.

사람에게는 인간이기에 가진 근원적인 한계가 있다. 따라서 전지전능하지 않다. 모든 일을 알 수도 없고 할 수도 없다. 한계를 가진 인간은 그래서 언제나 불안정하다. 그러니 불안을 경험한다는 것은 자명하다. 그러나 인간은 불안을 회피하거나 혹은 이미 극복한 듯 살아가려고 애쓴다. 그래서 안정성을 추구한다. 문제를 만나면 재빨리 해결하려 든다. 어떤 고통도 흔들림도 용납할 수 없다고 생각한다. 아니 어떤 종류의 불안도 허용할 수 없다는 듯, 난공불락의 요새와 같은 자신만의 영역을 만들고자 애를 쓰거나, 누구도 범접할 수 없는 자리와 힘을 탐낸다. 그런데 이러한 인간의 본성과 같은 '심리내적 욕구intrapsychical drive'를 거스르려 하는 사람이 있다. 그가 바로 목회상담가이다. 스스로 불안을 지향하려는 '자발적 불안 지향성'을 도모한다. 불안하고 좁은 길로, 흔들리는 험한 길로 가려고 한다.

그렇다면 왜 목회상담가는 자발적 불안 지향성을 가지려 하는가? 앞서 언급한 '상호-되기로서 만남'을 통한 본질적 의미의 치유와 회복에 이르고자 하기 때문이다.

상담의 초기, 참여와 공감을 통한 '상호-되기'의 만남이 이루어지기 전, 상담자-내담자 사이에서는 일종의 심리내적 줄다리기와 같은 역학$^{dy-namics}$이 발생할 때가 많다. 내사와 투사, 교묘한 투사적 동일시를 통한 전이-역전이의 심리적 현상이 종종 발생하기 때문이다. 정신역동이론의 관점에서 바라본다면 이는 분명 치료 과정의 일부일 수 있다. 심리내적 역학에 대한 상담자의 섬세한 자기분석과 대처가 있다면 말이다.

부연하여 설명하자면, 상담 과정에서 내담자는 자신의 어려움과 고통을 상담자에게 투사하고 전이하려는 심리 기제가 발동된다. 심지어 '당신도 나와 같은 처지라면 나처럼 될 수밖에 없을 거야!'라며 상담자를 설득하기 위해, 즉 자신의 심리 역학으로 끌어들이기 위해, 의식적으로 혹은 무의식적으로 노력한다. 그래서 상담자가 내담자의 주 호소 문제 해결을 위해 노력하는 모든 시도를 무위에 그치게 하려 애쓰기까지 한다. 이러한 내담자의 심리적 저항과 회피는 때로 상담자에 대한 반발과 폭언, 일탈적 행동으로 나타나 상담 자체를 이어가지 못하게 만든다. 이때 상담자가 느끼는 반응으로서 감정은 혼돈과 어둠, 답답함 그 자체이다. 마치 거대한 벽앞에 서 있는 듯 무거움을 느낀다. 도대체 무엇을 어떻게 해야 하는지 절망스러움마저 느끼게 된다. 그래서 상담자에게는 한 가지 자연스러운 욕구가발동한다. 내담자보다 더 큰 권위와 힘, 그리고 지혜를 자랑하고 싶어진다. '당신의 문제를 다른 사람들은 해결 못했어도 나는 할 수 있어'라며 자연스레 전이-역전이의 굴레에 발을 내딛게 되는 것이다. 때로 상담자 자신까지기만하며, 배운 대로, 혹은 그동안 축적한 임상 경험에 따라, 마치 아무 일도 아닌 듯 아무렇지도 않은 듯 내담자를 포용하려 노력한다. '원래 이런경험은 해야 하는 거야. 당신의 심리적 공격은 내게 아무런 영향을 주지 못해. 나는 당신보다 훨씬 더 힘이 세거든!' 상담자-내담자 상호 간 심리 내적줄다리기에서 승리하기 위해, 곧 상담을 성공적으로 이끌기 위해 상담자는 노력한다. 이때 상담자가 이 모든 심리내적 역동을 인지하며 이를 상담에 활용하여 내담자를 단지 억제하려고 하지 않는다면, 더 나아가 내담자의 심리 기제를 변화를 위한 매개로 사용할 수 있다면, 정신역동이론에서는 이를 치료를 위한 울타리와 공간을 형성하는 것이라고 말하기도 한다.

　　그러나 목회상담가는 이때 자신의 심리 내부에서 벌어지는 욕구를 직면하며 오히려 불안을 지향하겠다고 생각해야 한다. 상담자-내담자 사이의 줄다리기에서 맞잡은 한쪽 줄 끝을 놓는 것이다. 다양한 심리학의 이론과 수많은 임상의 경험을 내려놓는 것이다. 머릿속에 자신도 모르게 그려지는 내담자의 주 호소 문제 해결을 위한 로드맵, 진단과 처방을 위한 시도를 멈추고 도리어 내담자와 같은 캄캄함을 경험하는 자발적 불안에 참여하는 것이다. 어쩌면 이는 상담의 구조화와 빠른 진단과 효율적인 처방을 말하며 내담자의 불안한 현실과 주 호소 문제를 해결하고자 하는 일반상담의 영역에서는 도저히 이해할 수 없는 일일 것이다. 그런데 목회상담가는 이것을 회복과 치유를 위한 첫걸음으로 생각한다. 창조를 위한 혼란, 치유를 위한 고통으로 생각하기 때문이다.[2]

　　목회상담가의 자발적 불안에로의 참여는 목회상담이 삼자 대화의 상담, 다시 말해 하나님이 이끄시는 상담이 되어야 함을 잘 알고 있기 때문이다. 바로 이러한 점에서 하인츠 코헛 Heinz Kohut 의 전이치료 transference-focused therapy 와 다르다. 삼자 대화로서 목회상담임을 잘 알고 있는 목회상담가는 창조주 하나님께서 일하실 수 있는 여지와 공간을 마련한다. 즉 불안과 혼돈이라는 상황에서 하나님을 구하고자 하는 것이다.[3] 그러나 한 가지 기억할 것은, 이는 어떤 기적을 바라는 기복주의나 신비주의를 갈망하는 것이 아니다. 하나님은 정답이다 요 14:6. 그래서 사람들은 하나님께서 우리에게 답을 주실 것이라고 기대한다. 단번에 해결해 주시거나 문제를 없애 주실 것으로 생각하는 것이다. 물론 하나님께서는 우리의 이러한 염원을 신비하고 기적적인 방법으로 이루시기도 하실 것이다. 그러나 우리의 메시아, 성자 그리스도는 우리와 '함께하기mitmenshlich' 위해 이 땅에 오셨다.

> 마침내 예수님이 오셨습니다. 당시 사람들은 말했습니다. "저 사람이 메시아야!" 그래서 과연 무슨 일이 생겼습니까? 어떻게 되었습니까? 여기도 불행, 저기도 불행, 모든 곳에 불행만 넘쳐났습니다. 제자들의 생각은 180도 달라져야 했습니다. 전에는 '메시아가 있는 곳에 불행이 사라진다'라고 믿었지만, 이제는 '불행이 있는 곳에 메시아가 계시다'라는 사실을 받아들여야 했습니다. 그것이 회심입니다. 그것이 바로 예수 그리스도를 믿는 것입니다.[4]

메시아의 이름은 '임마누엘', 즉 "하나님께서 우리와 함께 계시다"이다마1:23. '하나님께서 살아계시며 우리와 함께하신다!'라는 신앙고백은 신비하게도 문제를 문제라 여기지 않는 믿음을 우리에게 가능하게 한다. 문제가 더 이상 문제가 아니라는 용기와 함께, 문제가 여전함에도 이미 해결된 것과 다름없다는 듯 천국을 고백한다. 그래서 "높은 산이 거친 들이 초막이나 궁궐이나 내 주 예수 모신 곳이 그 어디나 하늘나라"라고 고백한다.

목회상담가는 해결사가 아니다. 그는 직업훈련원 강사도, 대출 담당 은행원도, 변호사도, 의사도, 사회 복지사도 아니다. 현실적 당면 과제와 문제를 해결할 수 있는 사람이 아니다. 오히려 내담자의 가슴 아픈 삶에 '공감em/interpathy'하려는 참여자이다. 내담자의 문제를 해결해야 할 것으로 여겨, 내담자마저 '해결해야 할 문제 거리'로 전락시키지 않는다. 내담자의 아픔과 절망에 참여하며 그의 혼돈과 어두움에 위치하고자 하는 것이다. 그러면 상담자와 내담자는 경험하게 된다. 불안과 고통 그 깊은 가운데 하

나님께서 살아계시며, 그가 자신들과 함께하신다는 사실을 말이다.[5]

따라서 목회상담가를 만난 내담자가 자신의 문제가 사라지거나 없어지는 해결을 경험했다고 할지라도 목회상담가는 내담자에게 하나님이 되어서는 안 된다행 14:14-15. 역전이를 거부하는 것이다. 불안과 고통 속에서 죽을 것 같은 아픔이 내담자에게 엄습해 올 때, 상담자만 떠올리는 내담자의 전이에 맞서야 하는 것이다. 전이-역전이의 함정에 빠져서는 하나님도 '삼자 대화'도 불가능해 지기 때문이다.

목회상담가의 자발적 불안 지향은 목회상담에 있어 목회상담가에게 '판단중지epoché, εποχη'라는 해석학적 결단을 갖게 한다. 판단중지는 선입견과 선경험으로 이루어지는 사고의 틀 거리를 배제하는 것을 말한다. 이것을 에드문트 후설Edmund Husserl은 "환원"이라고 불렀다.

환원은 우리가 언제나 벗어나지 못하고 있는 태도를 변화시키는 것을 목표로 삼는다. 이는 자연적 태도의 일반 정립에 "판단중지εποχη"를 가함으로써, 즉 존재 정립을 전혀 사용하거나 참조하지 않음으로써 이루어진다. 후설은 이를 또한 "배제한다ausschalten"라거나 "괄호친다einklammern"라는 말로도 표현한다.[6]

우리는 어떤 새로운 사람이나 사실 앞에서 우리가 가진 "선이해vor-verstehen"와 "선판단vorurteil"으로 새로움이라는 충격을 완화해 심리적 안정성을 꾀하려고 할 때가 많다. 그래서 새로움이라는 사실에 익숙함을 덧입혀 새로움의 가치를 평가절하하기도 한다.[7] 그러나 이는 우리 앞에 나타난 새로운 대상과 그가 말하는 언어에 대한 이해와 해석의 가능성을 제한하는 것이며, 섣부른 진단과 확증이 가져오는 오류와 오해의 함정에 빠질 개연성을 키우는 일이다. 따라서 판단중지를 위한 "배제"나 "괄호치기"가 필요하다. 판단중지는 해체라는 문을 열게 한다.[8] 그동안 알고 믿고 있었던 선이해와 선판단에 대한 심각한 혼란을 경험하게 한다. 이 혼란은 심지어 자기 자신이라는 실존을 산산이 부서뜨리는 것처럼 느껴지게 한다. 그렇기에 자기 해체적 판단중지는 목회상담가에게는 자발적 불안 지향성이라는 불에 기름을 붓는 듯 불안의 늪에 더욱 깊이 빠지게 한다. 그러나 이러한 자기 해체적 노력이 없다면 상담자는 자신의 영역 너머에 있는 내담자의 삶에 참여할 수도, 이해할 수 없다는 사실을 기억해야 한다. 내담자를 하나의 인격적 존재로 인식하기보다는 해결해야 할 문제로 전락시켜 생각하기 때문이다. 삼자 대화의 중심축인 하나님도 상담자 자신의 생각 안에 가둔 채, 우상처럼 자신의 뜻을 이뤄줄 부적과 같은 초월적 존재일 뿐이라는 잘못된 오류를 갖기 때문이다.

롤로 메이Rollo May는 "만남은 창조의 본질"이라고 단언했다.[9] 만남이 창조적 역학을 조성하고, 창조적 역학이 가능할 때, 만남의 본질이 세워진다는 것이다. 그러므로 자발적 불안 지향의 실천으로서 판단중지를 통한 목회상담가의 자기 해체적 노력은 내담자와 창조적 만남을 가능하게 하는 여지, 혹은 공간으로 작동하며, 동시에 목회상담가와 내담자 모두 창조주 하나님을 깨닫게 되는, 즉 창조적 경험을 매개한다. 이러한 활동은 용기가 없이는 불가능하다. 생각해 보라. 판단중지를 통한 자기 해체의 경험은 창조의 공간을 형성하는 것이며, 이 창조의 공간이 지닌 특징은 어둠과 혼란이다창1:2. 그런데 우리는 과연 '아무것도 없는 무無의 상태로 표현이 된 은유로서 어둠과 혼란을 버틸 수 있을까?' '그곳에 머물 수 있다면 대체 언제까지 그 공간에 머물러 있어야 창조적 경험은 가능한가?' 이 질문들이 요구하는 목회상담가의 자세는 분명하다. 바로 용기이다.

용기는 자발적 불안 지향성을 지속시키는 힘이며, 판단중지와 자기해체로 경험되는 고통을 감내하게 하는 에너지의 원천이다. 더 나아가 용기는 명사이지만 동사로 기능한다. 그렇기에 목회상담가를 자발적 불안 지향을 실천하도록 적극적 행동을 유도한다. 이러한 이유로 용기를 일컬어 목회상담에서 말하는 삼자 대화의 필수적 요인이며, 하나님의 이끄심과 역사하심이라는 창조적 신비를 경험하게 하는 중요한 요인이라고 말할 수 있다. 그렇기에 목회상담가는 불안을 지향하는 용기를 가진 실존적 존재이다.

2. '이야기의 공간'으로서 목회상담가

목회상담가의 용기가 이끄는 자발적 불안 지향성은 목회상담가를 '이야기가 가능한 공간'으로서 '환기적 대상evocative object'이 되게 한다.[10] 심리 내부에 쌓인 매캐한 부담감, 흔히 스트레스라고 부르는 피로감을 '순환ventilation'하는 것은 심리 내부에서 이루어지는 방어기제의 중요한 목적 가운데 하나이다. 그래서 사람은 신뢰하는 사람을 찾아 해결을 위한 환기를 이루고자 멘토링, 코칭, 컨설팅의 명목으로 자신의 스트레스를 발산한다.

목회상담에서도 비슷하다. 하워드 클라인벨Howard Clinebell이 정의한 대로 지지support, 지탱sustain, 인도guide를 이루고자 하는[11] 목회상담에서 내담자의 환기는 무척 중요하다. 다만 정답을 찾기 위한, 즉 어떤 해결을 위한 환기로서 기능하는 것은 아니다. 심리 내부에서 일어나는 역학dynamics, 즉 에너지의 변칙적 집중atypical cathexis을 정화catharsis하여 건강한 항상성homeostasis을 회복하기 위한 '환기evocation'를 지향한다는 점에서 다르다. 특히 신적 개입을 통한 영성적 차원과 잇닿은 '미학적 환기aesthetical evocation'를 지향하기에 더욱 다르다. 이에 대해서는 다음에서 깊이 다루기로 하고, 목회상담가는

목회상담학 | 신학과 심리학의 학문간 대화를 위한 미학적 도전

이 '미학적 환기'를 위해 내담자의 '이야기'를 가능하게 하고 촉진하는 '환기적 대상'으로 기능한다는 부분을 먼저 설명한다면, 이야기 자체가 가진 특성에 대해 논의할 필요가 있다.

상처와 아픔이 극심한 내담자는 이야기를 잃어버린다. 이야기가 없다거나 혹은 이야기를 상실했다는 의미가 아니다. 무수한 이야기가 얽힌 실타래와 같아 어디서 어떻게 이야기를 풀어갈지 모르기에 이야기를 잃어버린 것과 같은 아이러니를 경험하는 것이다. 수많은 이유와 답변으로 구성된 이야기가 내담자의 심리 내부에서 수많은 갈래로 뻗어나가기에 느껴지는 극심한 혼란으로 인한 이야기의 상실, 즉 이야기할 힘을 잃어버린 것이다. '이중 탈진double burnout', 즉 무엇을 말할지 모르겠다는 극심한 혼란으로 인한 탈진과 함께, 말할 힘조차 없다는 '누적된 소진cumulative exhaustion'을 경험하기 때문이다.

이야기는 힘을 의미한다. 그래서 이야기 할 수 있다는 것은 그만큼 힘이 있다는 말의 반증이기도 하다. 힘이 없는 사람은 하고 싶은 말이 아무리 많이 있어도 이야기를 할 수 없다. 또 힘이 없기에 어떤 이의 시선도 끌지 못한다. 스스로에 대해 자신도 없다. 자기 이야기도 떳떳하게 하지 못하는 사람이라며 자신을 힐난하고 자책하기까지 한다. 목회상담가는 이렇게 말을 잃은 내담자를 만나 집이 지닌 안전함과 안정성, 그리고 의미 있는 공간을 제공한다. 이제껏 마음 놓고 할 수 없었던 이야기를 마음껏 펼칠 수 있는 터전을 마련해 준다. 이것을 '권한 부여empowerment' 혹은 '강화enrichment'라고 말한다. 목회상담의 진 과정을 통해 내담자는 자신의 이야기를 하며, '나도 이야기가 있는, 목소리를 낼 줄 아는 존재'라는 사실을 선언하게 하는 것이다.

더 나아가 목회상담가는 어디서부터 무엇을 말할지 모르는 내담자에게 '상호신뢰correlated rapport'라는 위로의 공간에서 차근차근 자신의 이야기를 풀어갈 수 있도록 '적극적 경청active listening'을 통해 돕는다. 내담자의 수많은 얽힌 이야기를 하나하나 풀어 각각의 이야기에 기승전결이라는 '구조plot'를 조직할 수 있도록 돕는 것이다. 쓸데없다 타박받던 이야기에 예술성을, 아니 내담자 자신조차 쓸모없다고 여기던 이야기를 하나의 문학작품처럼 구성할 수 있도록 돕는다. 이렇게 목회상담가가 이야기의 공간으로 작용하는 것은 의미심장하다.

이야기는 '은유'의 한 갈래이다. 아치 스미스Archie Smith Jr.는 추상적인 용어인 은유를, 실천적 행동이라고 역설했다. 흑인 목회상담가인 스미스는 한국인이 느끼는 독특한 민족적 정서인 '한恨'처럼, 흑인 공동체에도 독특한 민족적 정서가 있다고 주장했다. 고통과 절망, 어두움과 무기력, 궁핍과 분노 등 흑인의 대표적인 정서인 억눌림이 반드시 비극적으로 나타나지는 않는다고 보았다. 한국인에게 '한'이 승화된 은유인 '풍류'가 가능했던 것처럼, '춤과 음악', '유머와 여유', '연극과 이야기'라는 은유로서 대체되었다고 주장했다. 흑인 정서를 표현하는 행동과 실천으로서 고유한 은유는, 그래서 수동적이거나 피동적인 모습이 아니라고 보았다. 오히려 역동적이며 진취적이라고 주장했다.[12]

목회상담가가 형성하는 실천적 행동인 은유로서 '이야기'는 아치 스미스가 꿈꾸었던 세상을 조명한다. 목회상담가가 목회상담을 통해 꿈꾸는 세상과 좋은 유비analogy를 이룬다. 고통받는 이들이 하나님의 사랑으로 춤추고 노래할 수 있는 공간, 그리스도 구속의 은혜로 상처 입은 영혼이 유머와 여유를 누릴 수 있는 공간, 즉 성령의 감동으로 재해석된 이야기가 가득한 세상, 목회상담가가 꿈꾸는 '하나님의 나라'이다. '나'의 이야기가 가능한 세상, 그래서 '나'의 이야기가 '모두'의 이야기가 되어 빛이 나는 세상, 꽁꽁 싸매었던 아픔과 슬픔, 그리고 분노를 누군가에게 투사하거나 앙

갚음으로 되갚아 주는 방식이 아닌, 적극적이며 실천적 행동으로서 은유인 이야기가 가득한 세상을 소망하기 때문이다.

그러므로 '목회상담하기doing pastoral counseling'를 통해 이루고자 하는 세상은 거대한 현실의 벽 앞에서 무기력한 인간 실존이 선택할 수 있는 새로운 해결 방식이다. 비록 작은 발걸음처럼 보이는 은유로서 '이야기함'이라는 실천적 행동을 통해, 이 땅의 작은 이들만이 아니라, 힘이 없어 언제나 내몰릴 수밖에 없는 공동체까지, 목회상담하기를 통해 만들어 가는 이야기의 공간에서, 그럼에도 불구하고, 모든 사람이 모든 사람의 이야기를 가치 있게 듣기도 하고 나누기도 한다면, 모든 사람이 모든 사람을 귀히 여기는 세상을 형성하는 것이며, 동시에 모든 사람이 모든 사람을 즐거워하는 세상을 만들어 가는 것으로 작동할 것이다. 실천적 행동으로서 은유, 즉 이야기라는 일견 보잘것없는 공간 형성이 신비하게도 확장성을 갖는 것이다. 우리들의 메시아, 예수 그리스도가 이 가능성을 분명하게 나타내 보여주셨다. 작은 마을 베들레헴, 그것도 마구간에서 태어나신 우리들의 메시아가 온 세상의 구주가 되심을 성경이 증언하고 있기 때문이다. 산과 들판에서 죄인과 병자들에게 들려주셨던 말씀이 온 세상을 진동시키고 있기 때문이다.

3. '지혜의 문을 여는 우울'로서 '회개悔改'하는 목회상담가

이 부분에서 한 가지 짚고 넘어가야 하는 것이 있다.[13] '목회상담하기'를 통한 이야기의 공간 형성은 진실을 밝히고 찾아가는 과정이 아니라는 사실이다. 목회상담가는 탐정이나 형사가 아니다. 그러니 목회상담은 '사실 확인fact check'의 과정이 아니다. 무엇이 옳은지 그른지를 판단하는 판사로서 목회상담가가 역할 할 필요가 없다는 것이다. 솔직히 내담자의 진술은 굳이 '사실fact'일 필요도 없다. 상담을 통해 내담자의 심리 내부에 위치한 '사실성facticity'이 무엇인지, 또 그 '사실성'이 어떻게 내담자의 심리 구조에 영향을 끼치고 있는지가 중요하기 때문이다.

이러한 관점에서 지그문트 프로이트Sigmund Freud는 정신분석의 치료 개념을 '무의식의 차원에 억압된 충동 에너지를 의식화해 내는 것'으로 생각했다. 즉 '정화catharsis'로 표현되는 치료적 작용은 한껏 부풀어inflated 억압된 무의식의 충동들이 '의식화planned return of the repressed'를 통해, 다시 말해, 정신분석 작업에 의해 힘을 잃게 되어deflated 나타나는 증상의 부분관해나 완전관해라고 생각했던 것이다.[14] 그래서 프로이트는 말도 안 되는 비논리적이며, 때로 터무니없고, 때로 환상적인 추론에 의한 내담자의 '거짓'이라 할지라도, 적어도 그 내담자에게는 '사실성'으로 작동하기에, 상담자는 한껏 부풀려져 집약된 내담자의 '사실성'의 에너지를 가라앉히는 작업을 용기 있게 수행해야 한다고 생각했다.

롤로 메이는 "창조성이란 철저하게 의식적인 인간과 본인이 살고 있는 세계와의 만남"이라고 주장했다.[15] 이는 창조성이 이성과 논리, 합리성으로 세상을 살 때 가능한 것이라고 말하는 것이 아니다. 자신이 살고 있는 세상이 지닌 신비, 즉 현실과 초월이 융합된 공간임을 깨닫는 지혜로서 '철저하게 의식적일' 필요가 있음을 역설한 것이다. 쉽게 말해, 인간 현실이 사실로만 구성되는 것이 아니라, 거짓이 실체로 나타나는 사실성의 총합일 수 있음을 분명하게 의식할 필요가 있다는 것이다.

그러므로 불안한 내담자보다 상대적으로 이성적이며 논리적인, 또 합리적일 수밖에 없는 목회상담가는, 목회상담을 통해 이야기의 공간을 형성하며, 내담자의 '사실'을 밝히기보다는 내담자의 심리 내부에서 벌어지는 '사실성'의 역학에 참여하려고 '철저하게 의식적일' 필요가 있다. 이를 다르게 표현하자면, 목회상담가인 자신을 창조적 공간으로, 즉 목회상담가의 합리를 비합리로, 또 논리를 비논리로 전개하는, 다시 말해, 해체를 이루는 공간으로 들어가려는 용기를 가져야 한다는 것이다. 그래서 목회상담가는 사실 여부를 따지는 일을 멈출 줄 안다. 사실관계를 빠르게 또 정확하게 파악해서 내담자의 상태를 재빨리 진단해야 한다는 생각을 버리는 것이다.

엄밀히 말해, 내담자가 아무리 많은 이야기를 펼쳐 놓는다고 할지라도 그것은 내담자 삶의 극히 일부분, 즉 빙산의 일각이다. 또 다른 무수한 이야기가 있다. 말하지 않은 무수한 이야기가 지금 현재 펼쳐 놓은 이야기를 어떻게 바꿔 버릴지 가늠할 수 없는 것이다. 더구나 내담자에 대해 아무리 많은 분석을 했다 할지라도 상담자가 알게 된 사실과 사실성은 내담자 삶의 총합에 비하면 모래사장의 모래 몇 줌에 불과하다. 그래서 시인 정현종은 자신의 시, "방문객"에서 이렇게 일침을 가한다.

사람이 온다는 건
실은 어마어마한 일이다
그는
그의 과거와
현재와
그리고 그의 미래와 함께 오기 때문이다
한 사람의 일생이 오기 때문이다
부서지기 쉬운
그래서 부서지기도 했을
마음이 오는 것이다 - 그 갈피를
아마 바람은 더듬어 볼 수 있을
마음

내 마음이 그런 바람을 흉내 낸다면

필경 환대가 될 것이다.[16]

사실이 아닌 사실성에 주목하겠다는 목회상담가의 의지는 내담자를 상담자의 기준으로 판단하고자 하는 일을 중지하게 한다. '환대l'hospitalité'가 이루어지는 것이다. 자크 데리다Jacques Derrida는 '환대'를 '조건적 환대l'hospitalité conditionnelle'와 '무조건적 환대l'hospitalité inconditionnelle'로 구분하여 설명하며, 환대의 윤리적, 정치적 측면을 부각했다. 그래서 '무조건적 환대'를 불가사의한 일로, '조건적 환대'를 특정 시간과 여건 안에서만 가능한 일로 규정하며 "환대는 없다"라고 주장했다.[17] 하지만 정현종은 누군가와의 조우를 단순한 만남으로, 혹은 일시적인 현상happening으로 볼 것이 아니라, 과거와 현재, 그리고 미래라는 시간의 통전적 개입으로, 그리고 '나'와 '너'의 전 존재와 전 역사가 개입된 일생일대의 사건event으로 깨닫는다면 환대는 가능하다고 보았다. 그러나 이는 쉬운 일이 아니다. 그래서 정현종은 시의 말미末尾에 환대의 가능성에 대해 어디서부터 와서 어디로 가는지 모르는 바람의 신비성을 '흉내' 낼 것 제안했던 것이다. 즉 질 들뢰즈Gilles Deleuze의 "생성, 혹은 되기becoming"와 같이 논리성과 합리적 지성을 뛰어넘는 확장적 인식의 필요성과 중요성을 제안한 것이다.[18]

목회상담에서 내담자를 만난다는 것은, 내담자의 증상 치료나 내담자가 진술하는 현상에 대한 분석만을 위한 것은 아니다. 내담자라는, 다시 말해, 역사 안에서 형성된 전全 존재로서 실존을 만나는 것이기 때문이다. 긴 시간 형성된 경험의 누적으로 이루어진 심리 내적 구조로서 삶의 기술knowhow인 개성personality, 그리고 그 개성의 외적 표현으로서 성격character이 내담자의 증상과 또 그가 나타내는 현상들과 깊이 연결되어 있다. 이러한 이유로 도널드 캡스^{Donald Capps}는 진 파울러^{Gene Fowler}와 함께 공저한 책의 서문에서 이렇게 말했다. "목회 현장에서 성도들이 처한 상황은 다양하고 그만큼 그들의 삶의 이야기도 간단치 않고 복잡하다. 따라서 현장 중심의 목회 돌봄을 실천할 때 이런 특성을 인식할 필요가 있다."[19] 그래서 이들은 1) 성도^{내담자}의 일상에 대한 이해, 2) 신학적인 배경, 3) 심리학적인 이해, 4) 사회학, 문화인류학, 정치 경제학 등 다양한 차원의 이해가 필요하다고 역설했다.[20]

정신분석학은 인간성, 즉 인간으로서 가진 존재론적이며 현실적인 특성에 대해 낯부끄러울 정도로 적나라하게 파헤친다. 프로이트의 인간 이해를 따라가다 보면 자연스레 그의 분석을 부정하고 싶은 마음이 들기까지 한다. 고개를 가로저으며 '그럴 리 없다'라며 손사래를 치지만, 그의 분석은 때로 폐부를 찌르는 듯, 가리고 있던 무화과나무 잎을 벗겨 버리는 느낌과 같은 부끄러움으로 다가온다^{창3:7}. 그리고 내담자가 나타내는 병리적 현상과 증상이 단순히 내담자의 것만이 아닌 우리 모두의 것일 수도 있음을 통감하게 한다. 그렇기에 프로이트의 정신분석학을 '인간이니 그렇다. 아니 그럴 수밖에 없는 존재가 인간이다'라는 인간에 대한 무의미함이라는 결정론의 함정에 함몰되게 하는 학문이라고 섣불리 평가해서는 안 된다. 오히려 인간에 대한 보다 깊은 '향유^{jouissance}'[21]와 '사유^{denken}'[22]로서 '지혜의 문을 여는 우울'에 이르게 하는 학문이라고 보는 것이 더 타당하다.[23] 그러나 정신분석학의 한계는 분명하다. 인간성에 대한 적나라한 분석을 정신분석 치료의 선결 조건으로 제시하고 있기는 하지만, '그래서 무엇을^{so what}?'이라는 질문에 답을 할 수 없을 것이기 때문이다. 아마 프로이트가 살아 있었다면, "그것은 나의 관심사도 아니고 정신분석의 영역도 아니다"라는 말을 반복했을 것이다.

이에 반해 목회상담은, 마치 정현종이 말하고 싶었던 '인간성의 갈

피를 더듬는 바람의 신비성'처럼, 정신분석 이후 '그래서 무엇을^{so what}?'에 답을 한다. 이를 잠시 설명하자면, 목회상담가는 내담자를 위한 빠른 진단과 처방, 그리고 주 호소 문제 해결이라는 현상 타개 혹은 증상 해소를 위한 효과적인 방법론 추구라는 조급한 마음을 내려놓으려 애쓴다. 그리고 상담자와 내담자를 아우르는 사람에 대한 깊은 실존적 깨달음, 즉 '지혜의 문을 여는 우울'의 대전환을 이루려 노력할 것이다. 이때 목회상담가는 '지혜의 문을 여는 우울'을 인간 실존에 대한 무의미나 인간 통찰에 대한 무가치를 선언하는 결정론의 장치로 이해하지 않고, 오히려 신학이 표방하는 '신적 만남', 즉 '회개를 통한 하나님과 연합'으로 연결되는 신비하고 아름다운 연결고리로서 이해할 것이다. 그래서 창조를 위한 혼돈과 어둠으로 간주하는 것이다.

성경은 하나님께서 인간이 어떤 존재인지 또 어떤 체질을 가진 실존인지를 안다고 말한다^{시 103:13-14}. 더 나아가 성경은 하나님께서 인간 실존의 모습과 상관없이 사람을 여전히 사랑하고 계신다는 것을 증언하고 있다^{수 1:5; 시 139:1-4; 잠 20:27; 사 49:15; 느 9:17; 마 28:20; 요 14:18-19}. 따라서 하나님 앞에서 행하는 자신에 대한 투명한 고백으로서 '회개'는 단지 자신에 대한 무의미와 절망으로 점철되지 않는 신비, 다시 말해, '지혜의 문을 여는 우울'로 기능한다. 하나님을 만나며 그의 사랑의 넓이와 깊이를 깨닫는 신비를 경험할 수 있기 때문이다.

'회개' 즉 '지혜의 문을 여는 우울'의 신비는 시편의 탄식 시의 신비와 닮았다. 예를 들어, 시편 22편은 철저한 자기 인식과 고백으로 시작하며 깊은 절망과 슬픔을 토로한다. 그런데 시의 중반을 넘어서는 22절부터는 느닷없는 찬송이 시작된다. 그리고 찬송 받아 마땅하신 하나님에 대한 영광송으로 마무리된다. 전체 시편의 약 40%에 해당하는 탄식 시에서 대전환으로 나타나는 신비한 현상은 단순한 어떤 엑스터시의 경험이 아니다. 고통 그 한가운데에서 깨닫게 되는 하나님에 대한 현실적이며 인격적인 만남의 경험이다. 이 만남은 인간 실존을 찾아오시는 하나님의 전적인 은총의 선물이며 사랑이다. 이를 현창학은 다음과 같이 설명했다.

> 하나님이 우리의 아픔을 '아신다.' 성경의 탄식 시의^{또는 탄식의 내용을 지닌 시의} 존재는 이것을 말해 준다. 하나님은 우리의 아픔을 '이해'하시는 하나님이시다. 하나님이 아신다는 것은 단순한 지적인 지식을 의미하는 것이 아니다. 그보다 훨씬 더 나아간, 삶을 전적으로 공감하시는 '앎'을 말한다. 이것을 하나님의 파토스^{divine pathos}라 한다. 우리를 아픔으로 사랑하시는 사랑을 말한다. 아픔으로 우리의 삶에 참여하셔서 우리의 삶과 우리의 삶의 아픔을 아시는 것을 말한다.[24]

하나님 앞에서^{coram Deo} 하는 순전한 '회개', 즉 '지혜를 여는 우울'을 통한 은총의 경험은 "성전에서 기도하는 바리새인과 세리의 비유^{눅 18:10-14}"에 잘 나타나 있다. 누가 봐도 의로운 자의 반열에 있었을 법한 바리새인의 기도에 의하자면, 세리는 불의, 토색, 간음한 자들에 속한, 다시 말해 어느 누가 생각해도 죄인이다[11절]. 그 세리가 "멀리 서서 감히 눈을 들어 하늘을 쳐다보지도 못하고 다만 가슴을 치며 이르되, 하나님이여 불쌍히 여기소서. 나는 죄인이로소이다[13절]"라고 기도했을 때, 예수께서는 바리새인이 의로운 것이 아니라 세리가 의롭다고 평가했다[14절]. 사람들의 생각을 완전히 뒤엎는 대전환인 '칭의^{稱義}'의 사랑과 은총이라는 신비 경험은, 세리라는 인간 실존의 본질과 그 본질에 대한 적나라한 고발로서 회개 덕에 가능했다. 특히 이러한 신비 경험은 세리에게는 피상적 엑스터시가 아닌 현실적인 깨달음으로 그의 삶을 흔들었을 것이다. 마치 베드로의 설교를 듣고 하나님을 경험한 사람들이 회개하고 세례를 받고 그리스도인으로 사는 현실적이며 실천적인 삶의 대전환을 가졌던 것처럼 말이다행 2:37-42.

물론 홀로 하나이신 독자성을 가지신 삼위일체의 하나님께서 역사하시는 방식은 엘리야가 경험했던 것과 같이 인간의 상상과 생각을 넘어설 것이다왕상 19:11-12. 그렇기에 하나님을 만날 수 있는 정답과 같은 방식과 공식은 존재하지 않는다. 때와 시기 역시 하나님의 권한에 있으니 그것을 알 수 없는 것이다행 1:7. 다만 한 가지 분명한 사실은 순전한 회개를 통한 탄식, 즉 인간 실존으로서 지닌 인간성의 한계를 가감 없이 솔직하게 토로하는 장場에 머물고자 하는 애통은 하나님을 만날 수 있는 첩경이라는 사실이다. 이러한 '지혜의 문을 여는 우울'을 성경은 이렇게 표현한다. "하나님을 가까이하라. 그리하면 너희를 가까이 하시리라. 죄인들아, 손을 깨끗이 하라. 두 마음을 품은 자들아, 마음을 성결하게 하라. 슬퍼하며 애통하며 울지어다. 너희 웃음을 애통으로, 너희 즐거움을 근심으로 바꿀지어다약 4:8-9."

그러므로 목회상담은 정신분석이 말하는 치료로서 정화 경험을 넘어선다. 하나님 경험을 지향하기 때문이다. '상호 되기'를 통한 페리코레시스적 삼자 대화의 공동체를 형성하고자 지혜의 문을 여는 우울로서 혼돈과 어둠을 마다하지 않는 것이다. 그렇기에 목회상담가는 참된 회개의 촉진자facilitator가 되어야 한다. 내담자가 순전한 슬픔과 애통, 즉 회개가 이끄는 신적 만남을 내담자가 경험할 수 있도록 목회상담가 자신 또한 '지혜의 문을 여는 우울'을 통해 하나님을 만나야 한다.[25]

4. '묵상가'로서 목회상담가

사다리의 요한이라 불리는 요한 클리마쿠스[John Climacus]는 수도자를 위한 수련의 사다리를, 세상과 결별의 단계[1-3계단], 수덕 생활의 단계[4-26계단], 완덕의 단계[27-30계단]로 분류하며, 거룩함과 성장, 진정한 회복을 향해 한 계단 한 계단 올라가는 등정의 여정을 제안했다. 특히 인간 실존의 회복을 위해 떠나는 세상과 결별단계의 하나인 유랑생활에 관해 설명하며, "유랑생활이란 완전히 하나님께 매달리기 위해서 모든 것을 떠나는 것입니다. 그것은 큰 슬픔이라는 경로를 선택하는 것입니다. 유랑생활은 친척들이나 낯선 사람들과의 관계를 모두 버리는 것입니다. 우리 안에 선하고 견고한 성품을 회복하는 것은 대단히 어렵고 힘든 일입니다"라며 수행의 경로로서 '큰 슬픔'을 언급했다.[26]

한 가지 주목할 부분은, 영성가들이 택한 '큰 슬픔'은, 필자의 표현으로 말하자면, '지혜의 문을 여는 우울'은, 인간 실존으로서 하나님과 같은 신적 존재가 되려는 노력이나 욕심과 거리가 멀다는 것이다. 오히려 실존적 무[無, nothingness]의 깨달음과 함께 초월적 하나님을 발견하는 기쁨을 바랐던 것이다.

무정념[απαθεια]은 완전한 자들의 완성되지 않은 완전입니다. 이것은 내가 무정념을 맛본 사람들에게서 들은 말입니다. 그것은 정신을 거룩하게 하고, 물질적인 것들로부터 떼어냅니다. 그렇기 때문에 이 거룩한 항구에 들어온 사람은 세상에서 사는 동안 대체로 천국에 있는 사람처럼 큰 기쁨을 느끼며, 하나님을 관상하게 됩니다. 이것을 경험한 사람은 "하나님은 온 땅의 왕이심이라, 지혜의 시로 서로 찬송할지어다[시 47:7]."라고 말합니다.[27]

하나님과 어린양, 즉 복음에 의한 진정한 회복을 위해계 7:10, 영성가들이 이루고자 했던 '무정념'처럼, 목회상담가는 '지혜의 문을 여는 우울'과 유비를 이루는 고요함, 즉 '묵상의 상태'를 누릴 수 있어야 한다. '묵상의 상태'로서 '고요함'은 아무 것도 들리지 않는 '무성無聲'의 상태가 아니다. 그래서 적막이나 정적과 다르다. 고요함은 상황과 여건의 혼란과 소란에도 평정을 유지하는 것이다. 성경이 말하는 "샬롬shalom"이다요14:27. 그래서 묵상은 '천천히'와 '찬찬히'를 유지하는 깊은 관찰을 가능하게 한다.

예리한 관찰자들은 모든 종류의 감각 정보를 활용한다. 위대한 통찰은 '세속적인 것의 장엄함' 즉 모든 사물에 깃들어 있는 매우 놀랍고도 의미심장한 아름다움을 감지할 줄 아는 사람들에게만 찾아온다. '세속적인 것의 장엄함'을 발견하는 일은 과학자에게만 국한되지 않는다. 현대 미술의 많은 영역에서 일상적인 현상의 가치를 재발견하는 일이 주목받고 있다. 스트라빈스키는 "진정한 창조자는 가장 평범하고 비루한 것들에서도 주목할 만한 가치를 찾아낸다"라고 했다. 무용가 머스 커닝햄은 선구적인 안무 작품에서 '작은 동작'을 추구했는데 이는 그가 스튜디오 창문으로 내다본 거리 사람들의 동작에서 따온 것이었다.[28]

통찰을 깨닫는 깊은 관찰, 즉 묵상은 "안개가 자욱한 산길에서 길을 잃었을 때는 그 자리에 가만히 서 있는 것이 좋다"는 격언과 잇대어 있다. 길을 잃었기에 무서움과 고통만 있을 것이라고 생각하는 것은 지나치게 단순하다. 비록 뜻하지 않게 만난 고통의 순간일지라도 천천히 그리고 찬찬히 현실을 유심히 관찰한다면 깨달음이라는 놀라운 경험, 즉 '미학적 환기aesthetical evocation'를, 그리고 그 안에서 발견할 수 있는 새로운 길을 경험하고 얻게 될 것이기 때문이다.

스스로 택한 생산적인 고독과 자기 의지와 상관없이 찾아온 비극적인 고독을 철저히 구분하는 것은 진실을 지나치게 단순화시키는 것이다. 두 번째 고독도 후에 풍성한 결실을 거둘 수 있기 때문이다. 다시 한번 우리는 본질적인 문제가 사건-고독이 아니라 사건에 직면한 사람의 태도임을 알게 된다. 예수님이 그 좋은 예이다. 그분은 겟세마네 동산에서 힘겨운 묵상을 하는 동안 아버지의 뜻을 발견하려 하셨다. 하나님 아버지가 자신의 죽음을 원하는지 알고자 하신 것이 아니라, 다가올 죽음을 받아들이게 해달라고 기도하신 것이다.[29]

뜻하지 않게 찾아온 고통이라 할지라도 묵상하는 목회상담가의 모습은 함께 목회상담의 과정에 참여한 내담자에게 자신의 아픔과 고통을 다시 한번 들여다보게 하는 동인動因으로 작동할 것이다. 들여다보기 싫은 자신의 아픔에 다시 한번 주목하는 용기의 촉매가 되는 것이다. 작아질 수밖에 없는 환경, 스스로 작다고 여길 수밖에 없는 폭력과 힘 앞에서 두 눈 똑바로 뜨고 현실과 자신을 직시하며, 묵상을 통해 문제를 빨리 해결해야 한다는 분주함과 바쁨을 거스른다. 오히려 여유를 갖는다. 그리고 깨닫게 된다. 마치 시인 정현종이 자신의 깨달음을 "어떤 성서"에서 밝힌 것처럼 말이다.

등에 지고 다니던 제 집을
벗어버린 달팽이가
오솔길을 가로질러 가고 있었습니다.

나는 엎드려 그걸 들여다보았습니다.

아주 좁은 그 길을

달팽이는

움직이는 게 보이지 않을 만큼 천천히

그런 천천히는 처음 볼 만큼 천천히

건너가고 있었습니다.

오늘의 성서였습니다.[30]

세상이 시인에게 "왜 이렇게 천천히 걷느냐? 좀 비키라!"고, 세상이 쓸모없는 인생이라 평가절하할지라도, 세상 다시 없을 정도로 천천히 기어가는 달팽이에 대한 깊은 묵상을 통해 시인은 깨달았다. 하나님의 음성을 들었다. 늙고 병약하지만 존귀한 인생이라고, 그러니 살아있어 마땅한 존재라고, 그러니 살아내라고. 시간이 멈춘 듯 기어가는 민달팽이를 입히시고 먹이시는 하나님을 만난 시인은 그래서 "오늘의 성서였습니다"라고 감탄했다.

이렇듯 깊은 묵상은 깨달음이라는 지혜에 이르게 한다. 미학적 환기로서 깨달음을 갖는 것이다. 그런데 짚고 넘어가야 하는 것이 하나 있다. 물론 지혜를 깊은 관찰과 묵상이라는 과정의 결과물이라 생각할 수 있으나, 여기에서 말하는 지혜는 선물처럼 다가온다는 사실이다. 그래서 '은혜'라고 고백한다. 자신의 노력보다 더 큰 결과물로서 지혜, 그리고 그 지혜로 얻어지는 기쁨을 경험하기 때문이다. 이렇게 하나님께서 주시는 선물이 찾아오면 인간 실존으로서 경험하는 고통스러운 현재에 대한 '애틋함'과 '살뜰함'을 경험한다. 그래서 인간 실존의 불안마저 손님이라 여기게 된다. 고통이란 손님이 떠날 때까지 극진히 대접할 줄 아는 '인식하기doing appreciation' 을 경험하는 것이다.

오는 대로 두었다가

가게 하세요

그리움이 오면

오는 대로 두었다가

가게 하세요

아픔도 오겠지요

머물러 살겠지요

살다간 가겠지요

세월도 그렇게

왔다간 가겠지요

가도록 그냥 두세요[31]

이러한 '인식'을 자포자기의 마음이라고 생각할 수는 없다. 오히려 이것을 '용기 있는 지혜'라고 부른다. 그렇기에 묵상가로서 목회상담가는 용기 있는 지혜를 지향한다. 고통이 가득한 현실을 '인식'할 줄도 알고, 또 여전한 안개 속에 고통스러워하는 내담자와 '함께하기' 때문이다.

이러한 점에서 목회상담을 '미학적인 해석으로 이루는 실천 활동'이라 말할 수 있다. 그러나 존재론적 허탈감을 긍정하거나 그 안에 함몰되는 것은 물론 지양한다. 오히려 하나님이 이끄시는 돌봄의 활동으로서 목회상담이란 사실을 잘 알기에 목회상담가는 해석의 지평을 하나님이라는 신적 존재에 연결 짓는다. 실존과 존재의 허탈감에서 하나님의 신적 개입,

다시 말해, 하나님이라는 초월성에 참여할 수 있는 지평의 확장으로서 지평 융합을 형성할 줄 아는 것이다.

위르겐 몰트만Jürgen Moltmann은 자신의 『희망의 신학』에서 실존인 인간으로서 가진 한계, 즉 죽음과 종말, 다시 말해, 출구 없음이 가진 무의미와 허무를 극복하는 유일한 대안으로서 기독교 종말론을 제안했다. 하지만 그에게 있어 종말론은 희망론이다. 실존이 느끼는 무의미와 허무의 함정에서 새로운 빛을 발견했기 때문이다.

> 기독교는 다만 하나의 부록이 아니라, 전적으로 종말론이며, 희망이고, 앞을 향한 전망과 성취이다. 그렇기 때문에 그것은 또한 현재의 혁신과 변화이다. 종말론적인 것은 기독교에 관한 어떤 것이 아니고 전적으로 기독교 신앙의 매개체이며, 신앙에 있어서 모든 것이 그것에 의해 조화되어 있는 원음原音이며, 여기에 모든 것이 그 속에 잠겨 있는 기대된 새로운 날의 서광이 빛이다.[32]

몰트만에게 기독교 종말론은 목회상담의 미학적 해석이 지닌 특징을 잘 설명한다. 죄와 허망falsity, 불안과 공포, 그리고 파괴와 쇠약함, 그러나 그 속에 담긴 생명과 빛, 창조성에 대해 부정하지 않기 때문이다. 따라서 기독교 종말론의 실체적 예시로서 십자가에 달린 예수 그리스도의 모습은 창조주의 자기 파괴적 행위를 통한 생명과 회복을 위한 미학적 행위라고 말할 수 있다. 이와 동시에 기독교 종말론은 실존주의의 늪에 빠지지 않는다. "고난과 악과 죽음과 같은 경험되는 현재와의 모순에서 그 희망의 진술들을 표시"하는 것이 곧 종말론이기 때문이다.[33] 다시 말해, 존재론적 허무와 무의미는 기독교 종말론에 있어 그야말로 무의미하다. 희망의 하나님께서 그 자리에 등장하시기 때문이다.

> 희망의 하나님은 자신의, 인간의, 그리고 세계의 미래를 약속하고 아직
> 존재하지 않는 역사 속으로 인간을 보냄으로 현재적이다. 엑소더스와 부
> 활의 하나님은 영원한 현재가 아니고, 미래로의 그의 보냄에 따라가는 사
> 람에게 그의 현재와 가까움을 약속한다. 무엇보다도 먼저 그의 현재와 그
> 의 나라를 약속하고 미래의 전망을 제공하는 하나님의 이름으로서의 야
> 웨[YHWH]는 '존재의 본질로서 미래를 가진' 하나님, 약속의 하나님, 현재로
> 부터 미래로 떠나는 하나님, 그의 자유로부터 오고 있는 것과 새로운 것
> 이 솟아나는 하나님이다. 그의 이름은 '영원한 현재'의 암호가 아니고, 또
> 한 '엘'[티], '당신은 존재한다'로 번역될 수도 없다. 그의 이름은 길의 이름
> 이며 약속의 이름이다. 그 이름은 새로운 미래를 드러내는 약속의 이름이
> 다.[34]

몰트만이 말하는 기독교 종말론에 대한 실존적이며 실체적인 인간
영역의 사건은 '회개[悔改]'이다[눅 18:9-14]. 회개는 인간 실존의 부정성[否定性]을 극
대화한, 자신의 적나라한 한계를 드러내는, 고통스럽고 괴로운 순간이다.
하나님이라는 신적 존재 앞에 자신을 아주 투명하게 나타내는 자기에 대
한 통렬하고도 부정적인 고백이기 때문이다[욥 42:6]. 그러나 회개는 회한과
통곡으로 끝나지 않는다. 물론 기독교 종말론의 현시[顯示]로서 회개는 실존
주의의 함정인 무의미와 허무의 깊은 수렁에 매몰된 것처럼 통곡하는 것
이다. 미학적인 해석의 자세를 가질 수도 없고, 창조성을 위한 공포를 참아
낼 여력도 없어 보인다. 그래서 "하나님이여, 불쌍히 여겨주십시오. 나는
죄인입니다"라고 토로하는 것이다[눅 18:13]. 그러나 그것으로 끝이 아니다. 실
존의 종말을 선언하는 것과 같은 회개를 통해 인생 자체에 출구가 없음을

깨닫는 순간, 출구 없음을 유일한 출구라며 존재론적 절망에 매몰되는 것이 아니라, 출구 없음의 자리에서 하나님을 찾는 행위로서 몰트만이 말하는 희망을 발견할 수 있기 때문이다.

또한 이 희망은 인간 실존의 영역이 아니다. 앤드류 레스터Andrew D. Lester가 "유대-그리스도교 전통에서 희망의 토대는 창조주이며, 우주의 구원자이신 하나님의 특성 안에 궁극적으로 뿌리를 내리고 있다"라고 정의했듯이[35] 인간이 아닌 하나님으로부터 비롯된 희망이 인간 실존의 출구 없음의 어둠을 비추는 것이다.[36] 유한한 희망이 아닌 무한한 희망으로 전환을 이사야는 이렇게 설명했다. "무릇 시온에서 슬퍼하는 자에게 화관을 주어 그 재를 대신하며, 기쁨의 기름으로 그 슬픔을 대신하며 찬송의 옷으로 그 근심을 대신하시고, 그들이 의의 나무 곧 여호와께서 심으신 그 영광을 나타낼 자라 일컬음을 받게 하려 하심이라사 61:3."

이렇게 회개는 회개하는 사람들에게, 절망의 대지 위에 돋아나는 희망이란 이름의 싹, '미학적 환기aesthetical evocation'를 경험하게 한다. 그래서 종국에 경험하게 될 하나님의 나라를 지금 여기에서 살게 한다. 이는 당면한 환경과 처지를 부정하는 것이 아니다. 그 처참한 삶의 현장 한가운데에서 대전환의 '변형transformation'과 같은 깨달음을 얻고 삶의 실천을 회복하는 것이다.

정리하자면, 묵상가로서 목회상담가는 실존으로서 인간에 대한 사유와 '인식appreciation'이 자칫 인간에 대한 결정론적 종말이라는 부정성으로 흐르는 것을 지양할 줄 안다. 오히려 희망의 대리인an agent of hope이라는 정체성을 지향한다. 실존으로서 인간이지만 신적 만남이 가능한 존재로서 인간이란 사실을 동시에 견지할 줄 알기 때문이다. 물론 실존적 존재로서 인간은 하이데거의 "세계-내-존재in-der-Welt-sein"라는 결정론의 틀을 벗어날 수 없다. 그러니 인간은 존재론적 취약성을 갖고 있다. 하지만 목회상담가는 인간의 존재론적 취약성을 하나님 앞에 투명하고 진솔한 모습으로 세울 수만 있다면, 홀로 하나이신 하나님, 다시 말해 그의 뜻대로 그의 일을 이루실 하나님이시기에 정확한 시간과 장소를 알 수는 없지만, '하나님과 만남'이라는 가능성을 가진 존재임을 잘 안다신 32:9-47; 마 24:42-44, 25:13; 살전 4:1-18. 그래서 목회상담가는 인간 실존을 '호모 카오스모스homo chaosmos'의 존재라고 생각한다.[37] 불가능과 가능, 유한과 무한, 현실과 초월이라는 반의어antonyms 사이의 조화로운 '긴장'이, 즉 혼돈chaos과 조화cosmos가 신비스러운 '비대칭적 질서asymmetrical order'로 존재하는 실존으로서 인간임을 사유할 수 있기 때문이다.

그러므로 목회상담을 주 호소 문제 해결이나 증상 해결로만 이해하는 것은 '카오스모스'로서 인간에 대한 단편적 접근이다. 오히려 혼돈과 흑암 속에서 빛을 창조하신 하나님의 창조의 섭리에 참여하려는 미셸 세르Michel Serres의 "창조적 혼란"을 선택할 수 있어야 한다. 그렇다면 목회상담가는 내담자의 실존적 모습을 바라보며 미학적 환기를 이룰 수 있어야 한다. 하나님께서 죄악에 빠진 세상이지만 기뻐하셨던 것처럼, 그래서 인간의 부르짖음에 응답하셨던 것처럼시 3:4, 20:1; 사 30:19; 습 3:17, 모든 사람을 기뻐하며 즐거이 여기는 세상, 그래서 모든 사람의 이야기를 가치 있게 듣는 세상을 바라며, 카오스 속에서 코스모스를 이루시는 하나님, 그 하나님의 구원 역사에 동참하고자 '자신을 쳐서 복종케 하는고전9:26-27' 목회상담가로서 카오스가 코스모스의 현장임을 선언할 수 있어야 하는 것이다. 세상을 비추는 선언으로써 '목회상담하기doing pastoral counseling'를 실천해야 하는 것이다.

5. 우정友情과 희망의 에이전트로서 목회상담가

이러한 이유로 목회상담가를 '우정과 희망의 에이전트'라고 정의할 수 있다. 이야기를 가능하게 하는 공간, 미학적 환기를 이루려 '지혜의 문을 여는 우울'에 용감하게 뛰어들 줄 아는 묵상가로서 목회상담가는 내담자에게는 벗이며 친구가 될 수 있기 때문이다. 이러한 우정을 패배자들의 넋두리라거나, 열등한 사람들의 하소연이라 함부로 말할 수 없다. 현실에 대한 비관과 절망에 머물고자 함이 아니기 때문이다. 비관과 절망의 한가운데에서 희망이라는 깨달음과 쾌활함을 회복하고자 함이다. 목회상담가가 내담자와 우정을 나눌 때, 희망과 쾌활을 촉진하는 이유는 내담자에게 목회상담가가 '위로'로 작용하기 때문이다.

위로는 기대나 염원을 느끼게 하는 감정이 아니다. 이 때문에 누군가를 위로하고자 한다면 멋진 모습이나 고상한 모습을 보이고자 해서는 안 된다. 위로가 아닌 '원망願望'이 촉발되기 때문이다. 멋진 모습을 가진 사람을 보면, 그래서 위로보다는 동경이나 기대, 염원하는 마음이 생긴다. 위로는 '그나 나나 비슷한 처지'라는 느낌에서 비롯되는, 일견 이기적으로 보이기도 하는 인간 심리가 '일차적 이유primary reason'이기 때문이다. 그래서 누군가를 위로하고자 한다면 그와 같이 느끼고, 같이 경험하고, 같이 아파할 수 있어야 한다. 그렇게 되면 그는 마음이 넉넉해지는 '이차 위로secondary con-solation'를 경험하게 된다. 이것이 바로 목회상담가가 불안을 경험하는 내담자와 불안을 나누며 혼란을 경험하고자 하는 이유이다. 내담자의 불안을 정리하거나 없애려고 하면 내담자는 그런 상담자를 부러워하거나 동경할 것이다. 그리고 하나님처럼 의지할 것이다. 내담자는 그런 상담자에게서 위로를 경험하지 못한다. 자신에게 있는 불안을 능동적으로 직면하거나 다루지도 못할 것이다. 그래서 목회상담가는 내담자와 '함께해야^{mitmenschlich}' 한다. '내담자의 벗'으로 '위로의 에이전트'가 되어야 한다. 시인 이병철이 "안기기, 안아주기"를 노래한 것처럼 말이다.

세상의 가슴 가운데
시리지 않은 가슴 있더냐

모두 빈 가슴, 안아주어라
안기고 싶을 때 네가 먼저 안아라
너를 안는 건, 네 속의 나를 안는 것

네 가슴속
겁먹고 수줍던 아이, 허기져 외롭던 아이를
무엇이 옳다, 누가 그르다
어디에도 우리가 던질 돌은 없다

포용이란 포옹이다
닭이 알을 품듯, 다만 가슴을 열어 그렇게 품어 안는 것
가슴에 가슴을 맞대고,
심장에 심장을 포개고,
깊은 저 강물소리 듣는 것

저 간절한 눈동자,
묻어둔 저 그리움
가슴으로 품어 환히 꽃피우는 것[38]

이러한 상호 포용, 즉 '함께함'이 위로의 핵심이다. 이를 디트리히 본회퍼Dietrich Bonhoeffer의 용어로 말하자면 "성도의 교제," 즉 '코이노니아'라고 말할 수 있다.

성도의 교제는 한 사람 한 사람이 없어서는 안 될 사슬의 고리와 같음을 인식하고 있느냐에 그 성패가 달려 있습니다. 가장 작은 고리까지도 견고하게 맞물려 있을 때에라야만 그 사슬은 절대 끊어지지 않는 법입니다. 한 사람이라도 쓸모없게 여겨지는 것을 용인한다면, 성도의 교제는 깨어지고 말 것입니다. 그러므로 각 구성원이 성도의 교제를 위해 일정한 과제를 맡게 된다면 유익하겠지요. 그리하여 의심이 찾아오는 순간에 자신이 글도 전혀 쓸모없지는 않음을 느낄 수 있도록 그리스도 안에 있는 모든 교회는 약한 자가 강한 자를 필요로 하듯이, 강한 자도 약한 자 없이는 존재할 수 없음을 분명히 인식해야 합니다. 약한 자를 무시하는 것은 곧 교회의 죽음을 의미한다는 것을.[39]

목회상담가와 내담자 사이의 성도의 교제로서 코이노니아는 도널드 캡스Donald Capps에 의하면 공동체적 희망이다. 캡스는 자신의 책,『열 번의 성장』을 통해 에릭 에릭슨Erik Erikson의 8단계로 구성된 생애주기 모델을 100세 시대라 부르는 인식을 반영하여 매 10년간을 구분하여 전체 열 개의 생애주기 모델로 수정하여 제시했다.[40] 인생 첫 10년간 에릭슨의 '신뢰' 대 '불신'의 시기를 이겨낼 힘의 원동력으로 캡스는 에릭슨의 견해를 따라 희망을 제시했다.[41] 그렇다면 에릭슨과 캡스가 동의하는 희망은 무엇일까? 그리고 그 희망은 과연 어떻게 가능할까? 캡스는 유아의 미소에 반응하는 어른들의 모습에서 희망을 찾았던 에릭슨에게 동의했다. 그리고 희망의 중

목회상담학 | 신학과 심리학의 학문간 대화를 위한 미학적 도전

심 역동을 "상호성"이라고 여겼다.[42] 쉽게 말하자면, 에릭슨과 캡스 모두 희망을 "관계 내 반응"이라 여겼다는 것이며 상호호혜적 만남이 희망을 가능하게 한다는 것이다.

　　홀로 있는 인간 실존의 모습을 좋지 않게 보셨던 하나님께서 돕는 배필을 지으셨듯^{창 2:18}, 사회적 존재로서 인간은 누군가와 관계를 맺고 접촉해야 존재의 존재성을 찾을 수 있다. 그리고 바로 그 존재성의 감각을 찾는 상호성의 순간, "이는 내 뼈 중의 뼈요, 살 중의 살이라^{창 2:23}"는 탄성과 함께 희망할 수 있다. 그러므로 희망은 공동체적이며 상호호혜적 관계 안에 존재하는 것이다.

> 희망은 고립주의자나 분리주의자가 아니다. 희망은 오히려 공동체적이며 관계적인 것이다. …(중략) 희망을 품고 있는 사람들은 다른 사람들과 의미 있는 관계를 맺고 있다. 마르셀 역시 희망이란 관계 속에서 생겨나는 것이라고 믿고 있으며, 고립된 개인 속에도 희망이 자리 잡을 수 있는가에 대하여 회의적인 태도를 보인다. 조안 노트니는 마르셀의 입장을 이렇게 요약한다: 다른 사람이나 다른 사물과 전혀 관계를 맺지 않고 완전히 고립되어 있는 사람은 희망을 가질 이유가 전혀 없다.[43]

　　특히 중요한 것은, 이러한 공동체적 희망을 위해 목회상담가는 불안한 세상을 안정적 공간으로 탈바꿈하기 위해 악다구니 쓸 필요가 없다는 점이다. 오히려 불안을 지향해야 한다. 자기의 생명을 미워하라고 말씀하신 예수 그리스도의 뒤를 따라야 한다^{요 12:25}. 희망의 하나님, 호모 카오스모스를 인정하는 하나님을 믿으며, 흔들림에서 평정을, 절망에서 희망을, 탄식에서 찬송을, 슬픔에서 기쁨을 살 줄 알아야 하는 것이다.

그리스도인이 된다는 것은 특정한 방식의 종교인이 된다든지, 어떤 방법론을 기초로 뭔가 업적을 쌓는다는 것이 아니라, 사람으로 살아간다는 것을 의미합니다. 그리스도인답게 산다는 것은 저 멀리 인간 세상과는 동떨어진 곳에서가 아니라 가장 인간적인 모습으로 더불어 살아가기를 원하는 것입니다. 그리스도인은 사람이 사람 되어 하나님 앞에서 살 수 있고, 또 그렇게 살아가는 삶에 가치를 둡니다. 그리스도인은 이 세상을 무대로 활동합니다. 세상에 적응해 함께 일하고 영향을 끼치며, 이곳에서 하나님의 뜻을 행하는 것입니다. 그러므로 그리스도인은 풀 죽은 비관론자가 아니라 이 세상 한 가운데서 기쁘고 쾌활하게 살아가는 사람입니다.[44]

그래서 목회상담가는 내담자의 불안을 자기 삶의 영역 안으로 초대하고 환대할 줄 안다. 내담자라는 실존을 긍정할 줄 아는 것이다. 마틴 셀리그만Martin Seligman은 긍정이란 배움에 있으며 그 배움은 "음미하기, 감사하기, 감탄하기, 그리고 만끽하기"를 통해 나타난다고 보았다.[45] 이 배움은 질 들뢰즈Gilles Deleuze의 "되기becoming"와 깊이 연결되어 있다. "되기"는, 사회적 지위에 따라 달라지는 사고방식을 갖거나, 만들어진 계급에서 자신을 발견할 수밖에 없다는 칼 막스Karl H. Marx와 같은 구조주의자들이 말하는 함정에서 벗어나[46] 게오르그 헤겔Georg W. F. Hegel이 주장하는 자신을 객관화하는 능력, 즉 타자의 시선으로 자신을 조망할 줄 아는 실천적 행위이다.[47] 물론 프리드리히 니체Friedrich W. Nietzsche는 헤겔을 비판하였지만[48] 니체 역시 '사고의 고착화'는 '경험으로 들어갈 때 해소된다'고 보았기에, '경험의 바꿔치기'로서 '되기'를 통해 '고착화된 나'에서 '다른 나'가 되어보는 순간을 실천하는 것이다.[49]

더 나아가 들뢰즈의 "되기"는, 페르디낭 소쉬르Ferdinand de Saussure의 주장처럼, 상담자와 내담자 상호 간의 언어의 교차, 즉 삶의 변화를 이끄는 요인으로 작용하기도 한다. 예를 들어, 천지창조 이후 하나님은 아담을 위한 돕는 배필을 지으셨고 흙으로 지으신 각종 들짐승과 공중의 새를 아담에게 인도하셨다. 그때 아담은 그들의 이름을 불렀다^{창 2:18-20}. 그래서 일반적으로 실체가 존재한 후 언어가 있는 것이라고 주장한다. 그러나 이 순간은 창조의 순간이 아니다. 발견의 순간이다. 오히려 천지창조의 순간, 하나님은 아무것도 없는 곳에서 말씀하셨다^{창 1:3}. 즉 언어가 실체를 형성한 것이다. 그래서 소쉬르에 의하면, 언어가 없다면 실체가 실체로서 인식될 수 없다. 즉 기표^{signifiant}가 기의^{signifié}를 규정한다는, 다시 말해, '내'가 말을 하는 것이 아니라, '말'이 나를 만든다는 것이다.[50]

> 우리는 아주 자연스럽게 자신이 '마음속에 있는 어떤 생각'을 말을 통해 표현한다는 식으로 이야기합니다. 그러나 그것은 소쉬르에 의하면 매우 부정확한 말입니다. '마음속에 있는 어떤 생각'이라는 것은 사실 언어에 의해 '표현'됨과 동시에 생긴 것입니다. 그보다 말을 하고 난 뒤 우리는 자기가 무엇을 생각했는지 아는 것입니다. 그것은 입을 다물고 마음 속으로 독백을 하는 경우에도 다르지 않습니다. 독백을 할 때에도 우리는 우리 말의 어휘를 사용하고 거기에 맞는 문법 규칙을 따라 우리나라에서 사용하는 언어의 소리만을 이용해 '작문'하고 있습니다. 우리가 '마음'이나 '내면'이나 '의식'이라고 이름 붙인 것은 극단적으로 말하면 언어를 운용한 결과, 나중에 얻게 된 언어 기호의 효과라고 할 수 있습니다.[51]

들뢰즈와 소쉬르에게 기초하여 말하자면, 목회상담에서 목회상담가의 '내담자 되기'를 위한 경험의 바꿔치기는 언어의 교차 혹은 공유를 통해 만남의 본질을 실체화하는 것이며, 동시에 창조적 순간을 창출하는 것이다. 다시 말해 만남이라는 상호호혜적 '함께함'이라는 삶의 변화를 이루는 것이다.

이 '함께함'을 위로라고, 이 위로를 통해 느끼는 실존의 감격을 '희망希望'이라고 한다. 그래서 목회상담가는 '희망의 에이전트'이다. 고통받는 내담자와 함께하며 위로를 이루는 목회상담가는 내담자에게 희망의 하나님을 조명하는 기능으로 작동하기 때문이다. 이때 말하는 희망은 기복주의나 신비주의와 상관이 없다. 현실의 문제를 합리적으로 또 객관적으로 해결하려는 지성과 합리성과도 거리가 멀다. 오히려 양자의 비대칭적 질서를 가진 신비한 희망은, 무無에서 유有를 만드시는 하나님 덕에 '역설적 생명력'이라 말할 수 있다.

희망은 낙관이 아니다. 예상되는 미래를 낙관하는 사람은 모든 일에 기대한 결과를 갖는 것을 당연하게 여기기에 희망이 필요 없다. 오히려 낙관할 수 없는 상황이 희망의 토양이 될 수 있는 것이다. 그렇기에 희망은 제롬 그루프만Jerome Groopman의 주장대로 절망적인 현실을 마주할 수 있는 역설적인 생명력이다.

> 희망은 인간의 가장 핵심적인 감정 중 하나이다. 하지만 희망의 정의가 뭐냐고 물어보라. 적잖은 이들이 뭐라고 말해야 할지 몰라 당황할 것이다. 또 희망과 낙관을 혼동하는 사람들도 있을 것이다. … 희망은 긍정적으로 생각하라는 말이나 눈을 현혹시키는 장밋빛 청사진에서 나오지 않는다. 낙관과 달리 희망은 있는 그대로의 현실에 뿌리를 둔다. … 희망은 그 미래로 향한 길에서 만나는 중대한 장애물과 깊은 함정까지 인정한다. 진실한 희망에는 망상의 자리가 없기 때문이다. 희망은 두 눈을 똑바로 뜨고 자신의 현실을 마주할 수 있는 용기이다.[52]

희망의 본질을 이렇게 정의한다면 희망 역시 롤로 메이^{Rollo May}의 "창조성"과 연결된다. 실존과 현실을 배제하지 않기 때문이다. 단순히 상상과 환상에 희망을 두는 것이 아니라 철저하게 존재하는 현실 세계에 희망을 위치시키기 때문이다. 아무것도 할 수 있는 것이 없고 해결의 기미가 보이지 않는다고 할지라도, 목회상담가는 내담자와 만나며 상담의 과정을 희망으로 이끈다. 역설적인 하나님의 역설적 생명력을 경험하며 사람들이 모두 죽었다고 여기는 현장에서 '죽지 않았다!'라며 희망을 외칠 수 있는 것이다.

> 사람들은 모두 그 나무를 죽은 나무라고 그랬다
> 그러나 나는 그 나무가 죽은 나무는 아니라고 그랬다
>
> 그 밤 나는 꿈을 꾸었다
> 그리하여 나는 그 꿈속에서 무럭무럭 푸른 하늘에
> 닿을 듯이 가지를 펴며 자라가는 그 나무를 보았다
> 나는 또 다시 사람을 모아
> 그 나무가 죽은 나무는 아니라고 그랬다
>
> 그 나무는 죽은 나무가 아니다[53]

6. 읽어 볼 책과 논문

박동현. 『포기할 수 없는 사랑을 위하여』. 서울: 겨자씨, 2004.
이상억. 『꽃보다 아름다운 사람이야기』. 서울: 생명의 말씀사, 2009.

_____.『백번의 위로, 사랑합니다』. 대전: MCI, 2021.

이철환.『곰보빵』. 서울: 꽃삽, 2006.

_____.『못난이 만두 이야기』. 서울: 가이드포스트, 2006.

_____.『반성문』. 서울: 랜덤하우스, 2007.

이상억. "다문화사회를 위한 목회상담가의 자세에 대한 연구: 상상하기의 미학과 감
상하기의 해석학을 중심으로."『목회와 상담』16 (2011. 5), 7-41.

_____. "도파밍 시대에서 '목회상담하기'를 위한 미학적 자세."『목회와 상담』43
(2024. 11), 97-126.

_____. "상담관계 형성을 위한 목회상담가의 자세."『목회와 상담』39 (2022. 11),
74-101.

_____. "작은 이들의 벗으로서 목회상담가의 핵심가치에 대한 연구."『장신논단』
44-4 (2012. 12), 269-90.

_____. "회복을 위한 목회상담의 미학적 자세로서 회개에 대한 연구."『선교와 신
학』52-1 (2020. 10), 373-400.

Augustinus, Aurelius. *Confessiones*. 김평옥 역.『고백록』. 서울: 범우사, 2002.

Bonhoeffer, Dietrich. *Freiheit zum Leben*. 정현숙 역.『정말 기독교는 비겁할까?』. 서
울: 국제제자훈련원, 2011.

Capps, Donald. *Agents of Hope: A Pastoral Psychology*. Eugene: Wipf and Stock
Publishers, 1995.

_____. *Men, Religion, and Melancholia: James, Otto, Jung, and Erikson*. New Hav-
en: Yale University Press, 1997.

Derrida, Jacques. *De l'hospitalité*. 남수인 역.『환대에 대하여』. 서울: 동문선, 2004.

Erikson, Erik H. *Young Man Luther: A Study in Psychoanalysis and History*. 최연석
역.『청년 루터』. 고양시: 크리스쳔 다이제스트, 2000.

Groopman, Jerome. *The Anatomy of Hope*. 이문희 역.『희망의 힘』. 서울: 넥서스
Books, 2005.

James, William. *The Varieties of Religious Experience*. 김재영 역.『종교적 경험의 다
양성』. 파주: 한길사, 2005.

Lester, Andrew D. *Hope in Pastoral Care and Counseling*. 신현복 역.『희망의 목회상
담』. 서울: 한국심리치료연구소, 2003.

May, Rollo. *The Courage to Create*. 안병무 역.『창조성의 정신분석적 접근: 창조와
용기』. 서울: 범우사, 1999.

Moltmann, Jürgen. *Theologie der Hoffnung.* 전경연, 박봉근 역. 『희망의 신학』. 서울: 현대사상사, 1973.

제 Ⅲ 장.

목회상담학의 가능성으로 학제성 interdisciplinarity

목회상담학은 목회자나 그리스도인들이 상담이라는 도구를 단순히 사용하는 학문이 아니다. 그렇기에 목회상담학은 일반 심리학의 제 이론들을 여과 없이 사용하거나, 혹은 일정 부분 선별하여 활용하며 기도와 찬양, 말씀 묵상 등의 기독교적 자원들을 적당히 얼버무리는 심리학에 물든 부족한 기독교적 방편도 아니다.[1] 더 나아가 목회상담학은 목회와 사역을 원활하게 이끌기 위해 이용하는 목회 돌봄의 한 도구 역시 아니다. 오히려 목회상담학은 그리스도인으로서 '정체성'을 형성하고자 하는 학문이며, 동시에 목회자 혹은 목회 돌봄을 이끌고자 하는 리더로서 가져야 할 세상을 바라보는 눈, 즉 '기독 세계관Christian Weltanschauung'을 정립하고자 하는 학문이다.

　　목회상담학은 '목회'와 '상담'이라는 서로 어울릴 것 같지 않은 전혀 다른 정체성과 세계관을 담은 단어가 조합된 것이라는 점에서 앞서 언급한 오해를 불러올 개연성이 있다. 그러나 서로 다른 정체성과 세계관에 기초한 학문으로서 '목회'와 '상담'의 조합을 '간학문적 융합interdisciplinary consilience'이라는 새로운 차원에서 이해해야 한다. 왜냐하면 목회상담학은 기독교 사상과 신학적 정체성을 대표하는 '목회'라는 단어와 일반 사회과학적 지성을 대표하는 '상담'이라는 단어가 '학문 간 융합'을 통해 완전히 새로운 정체성과 세계관을 형성하여 창조적인 의미와 가치, 방향성을 나타내기 때문이다.

　　언급한 '학문 간 융합'은 서로 다른 것들이 녹아 구별이 없게 하나로 합쳐지는 화학적 결합을 말하는 '합병 혹은 병합fusion'이 아니다. 또 17세기 천문학자 요하네스 케플러Johannes Kepler가 '수렴렌즈convex lens'를 통해 광선이 한 점으로 모이는 현상으로 언급했던 '수렴convergence'의 개념도 아니다. 오히려 에드워드 윌슨Edward O. Wilson의 책, *Consilience: the Unity of Knowl-edge*에서 'consilience'를 '통섭'으로 번역한 최재천의 이해와 좀 더 가깝다.[2] 단순히 화학적 결합이나 한 점으로 모여드는 현상이 아닌, 통섭으로서 융합이라는 차원에서 '학제성interdisciplinarity'을 의미하기 때문이다.

'학제성' 다시 말해 '학문 간 대화에 기초한 융합'에 불을 지핀 사람은 아무래도 이안 발보Ian G. Barbour였다. 그의 책, *When Science Meets Religion*에서 그는 서로 다른 학문의 만남이 어떤 양상을 나타낼 수 있는지를 크게 네 가지로 설명하였다.[3] 첫째는 '갈등conflict'의 양상이다. 서로 다른 철학과 정체성, 세계관을 가진 학문이 만나면 충돌할 수밖에 없다는 논리이다. 둘째는, '독립independence' 양상이다. 서로 다른 차원에 속한 학문이기에 만날 수도 없고 만나봤자 서로 간의 담론이 불가능하다는 인식이다. 셋째는, '대화dialogue' 양상이다. 서로 다른 차원에 있기는 하지만 과학과 종교 모두 인간의 활동이라는 측면에서 어떤 대화가 가능하지 않겠느냐는 논리이다. 마지막은 '통합integration'의 양상이다. 물론 서로 다른 과제와 내용, 목적을 가진 학문이지만 함께 만나 담론과 토론을 이어가면 어떤 '상승작용synergy'을 일으켜 상호보완을 이루는, 즉 일종의 화학적 연금술과 같은 효과를 갖게 될 것이라는 논리이다.

특히 통합의 양상으로 발보가 언급한 학문 간의 상승작용을 리처드 오스머Richard Osmer는 "학제성interdisciplinarity"이라는 개념으로 정의하였다. 그에 의하면 "학제성"은 '교차 학문성crossdisciplinarity'의 한 종류이다. 특정 학문 분야 내에서 다양한 하위 분야나 주제들을 통합적으로 조명하고자 하는 '학문 내 협력intradisciplinarity', 하나의 연구 주제를 여러 학문 분야가 함께 협력하여 각자가 가진 서로 다른 방법론이나 개념을 통합하려는 '다자간 학문성multidisciplinarity', 다양한 논리를 가진 학문 간의 공통된 원리나 방법론을 찾고,

이를 통해 여러 분야를 포괄적으로 연결하려는 '초 학문성^{metadisciplinarity}'과 다른 개념으로, 두세 개의 학문을 단순히 비교하는 것이 아닌, 서로 다른 학문 간의 심층적 융합, 혹은 통섭을 이루려는 지성적 작업을 일컫는다.[4]

이제 목회상담학의 역사 속에서 실천신학, 특히 목회신학 분야에 형성된 담론을 오스머가 제안한 '학제성'의 관점에서 네 가지 서로 다른 양태로 구분하여 제시하며, 목회상담학의 학문적 가능성과 함께 '목회상담하기'가 어떻게 가능한지를 이해하고자 한다. 큰 틀 거리로 구분하고자 하는 네 가지 학제성의 양태는 상보적 학제성, 변형적 학제성, 횡단적 학제성, 그리고 예술적 학제성으로 분류할 수 있다.[5]

1. 상보적 학제성^{correlational interdisciplinarity}

먼저 상보적 학제성에 대한 의견은 폴 틸리히^{Paul Tillich}의 책, *Theology of Culture*에서 비롯되었다.[6] 이 책에서 틸리히는 신앙과 일반 과학적 지성과의 관계를 복음과 문화의 관계로 설명했다. 그는 큰 틀에서 다음과 같은 세 가지 기조를 제안하였다: 1 문화가 질문하면 복음이 답한다, 2 답하는 복음이 우선한다^{prioritizing}, 3 앞선 기조의 이유는 답하는 복음이 실존의 딜레마에 답을 제공할 수 있기 때문이다.

한 가지 독특한 것은, 틸리히에게 있어 복음이 '우선'한다는 의미는 '우월'의 의미가 아니라는 점이다. 문화에 비해 신학이 우선한다는 막연한 사대주의^{flunkyism}가 아니라, 신학이야말로 문화가 나타내는 인간 실존의 딜레마에 대한 답을 제공하는데 우선성^{priority}을 견지하는 학문이라는 점에서 '우선'이란 용어를 사용하고 있다는 것이다.

이러한 틸리히의 의견에 대해 시카고 대학교의 데이비드 트레이시 David Tracy는 자신의 책, *Blessed Rage for Order*에서 틸리히의 '묻고 답한다 question & answer'라는 방식에 대한 "수정주의 모델revisionist model"을 제안했다.[7] 비록 '우월'의 의미가 아니라 할지라도, 틸리히의 '우선 논리'에 대해 문화, 즉 과학이 동의할 리 없다고 보았다. 과학은 인간 삼라만상의 딜레마에 대해 자체적이며 자의적인 답변을 형성해 왔고, 또 앞으로도 그렇게 할 것이라고 보았기 때문이다. 더불어 복음, 곧 신학 역시 인간의 삶이 가진 딜레마에 대해 무턱대고 답을 제시하는 듯한 태도를 견지하지 않고, 오히려 그 딜레마를 함께 아파하고 함께 고민해 왔다는 점을 언급하며 틸리히를 비판했다.

이 때문에 트레이시는 복음과 문화, 다시 말해 신학과 과학 양자 모두 상호 비평적 보완관계의 틀 안에 있어야 한다고 주장하였다. 즉 트레이시에 의하면, 인생의 딜레마에 대한 답변으로서 신학만이 아니라 때로 질문의 주체로서 신학이 역할 할 수도 있고, 또 역으로 질문의 주체만으로서 인간 과학이 아닌 답변의 주체로서 과학이 기능할 수도 있다는 가능성을 열어 두어야 한다고 본 것이다. 이러한 이유로 트레이시는 초절적이며 형이상학적인, 다시 말해 철학적 차원에서 복음과 문화, 혹은 신학과 과학이 담론과 토론을 펼치게 된다면, 상호 비평적-보완적 융합이 가능할 것이라고 역설했다.[8]

트레이시에게 있어 철학적 차원은 하나의 공간이며 화두話頭이다. 상징과 은유, 형이상학과 초절성이 확보된 공간에서, 그 공간의 특성을 담은 화두, 예를 들어, 사랑, 자유, 아름다움, 평화, 화해 등의 철학적 논제를 신학과 과학이 대화와 토론을 펼쳐간다면 상호 상승작용에 의해 비평적-보완적 학문 간 융합이 가능할 것이라고 보았던 것이다.

그러나 단 브라우닝Don Browning은 트레이시의 논지에 어느 정도 동의

하면서도 자신의 "수정된 상보적 방법revised correlational method"을 그의 책, *Religious Ethics and Pastoral Care*에서 주장하였다.[9] 브라우닝에 의하면, 신학과 과학의 담론을 펼치는, 혹은 펼칠 수밖에 없는, 교회ἐκκλησία는 기본적으로 윤리적 담론의 공동체이다. 그러므로 교회는 초보적 도덕 공동체가 아닌, 신앙과 인간 지성이 보다 다양한 담론의 장場에서 선善을 지향하는 공동체이기에, 틸리히의 묻고 답하는 방식은 교회를 지나친 환원주의에 빠트릴 수 있다라고 평가하였다. 더 나아가 트레이시와 같이 브라우닝 역시 신학과 인간 지성으로서 과학 모두 각자가 지닌 질문과 답변의 역동성에서 비롯된 학문이라고 보았다. 하지만 트레이시와 다르게, 높은 차원의 이성에 근거하여 각자의 세계관과 윤리를 비교 탐색하는 공적 대화public dialogue, 혹은 공적 담론public discourse에 기초한 상보적 융합이 필요하다고 주장했다.[10]

브라우닝이 제안한 수정된 상호보완적 융합의 다섯 차원, 즉 공적 담론의 차원은 다음과 같다: 1) 은유적 차원우리는 어떤 세계에 살고 있는가? 무엇이 궁극적인가? 2) 의무적 차원우리는 무엇을 해야 하는가? 3) 욕구-경향적 차원인간의 욕구와 성향은 무엇인가? 4) 상황 차원우리를 둘러싸고 있는 상황은 무엇인가? 5) 규칙-역할 차원삶의 규범은 무엇이 되어야 하는가?. 브라우닝은 이러한 공적 담론의 다섯 가지 차원에서 신학과 과학이 공적 대화를 나눈다면, 양 학문의 실체와 가치를 넘어선 새로운 융합 학문이 가능할 것이라고 보았다. 따라서 브라우닝의 수정된 상보적 방법론은 공공 신학 혹은 공적 신학public theology의 담론을 매개로 윤리적 차원과 공간이라는 큰 틀 안에서 신학과 과학이라는 서로 다른 학문이, 비록 각자의 정체성과 지성적 체계를 견지한다고 할지라도, 상호보완적 융합을 이룰 수 있다는 가능성을 제시하고 있다는 점에서 특이하다 하겠다.[11]

하지만 보스턴 대학Boston College의 매튜 램Matthew Lamb은 "비판적 실천 중심의 상보적 모델critical praxis correlational model"을 제안하며 데이비드 트레이시를 비판하였다. 초기 마르크스주의가 말하는 인간성humanitas에 잇대어 램은 사회적 억압과 편견, 인간성에 대한 기계적 처우로부터 인간해방을 위한 사회운동의 실천적 측면과 기독 공동체의 실천 사이의 상호 연결을 주장했다. 램에 의하면 트레이시의 방법론은, 폭력적 정치와 외면된 인권이 만연한 다원화 시대를 도외시한 채, 이론적이며 초절적인 호혜성으로서 신학과 과학의 관계만을 언급한, 다시 말해 신학 연구의 실천적 가치 자체를 소외시킨 학문 간 융합의 방법론이라는 것이다. 바로 이러한 인식에 기초하여 램은 실천이 상실된 모든 상호보완적 학문 간 융합의 노력은, 아가페적 실천과 계시적이며 예언자적인 비평을 잃어버린 퇴색된 융합이며, 이 때문에 학문 간 융합의 모든 노력은 실천의 영역 안에 있어야만 하며, 그때에야 비로소 상호보완성이 이루어지는 것이라고 역설했다.[12]

이에 대해 뉴욕 콜게이트 대학 총장을 역임한 여성 신학자 레베카 찹Rebecca S. Chopp은 "해방적 수정주의 신학liberal revisionist theology"을 주장하며 매튜 램과 비슷하지만 다른 학문 간 융합의 가능성을 피력했다. 특히 찹은 단 브라우닝을 비판하였는데, 그에 의하면 인간 지성을 '인간 vs. 비인간'이라는 관점의 맥락에서 볼 때, 지성 자체가 이미 변질되었거나 왜곡되어 있기에, 지성에 대한 환상적 기대를 버려야 하며, 따라서 신학과 과학 혹은 신자와 불신자 사이의 지성적 대화로서 공적 담론은 궁극적으로 불가능하다고 역설했다. 찹에 의하면 브라우닝의 공적 담론은 이미 내재된 편견으로부터 자유로울 수 없는 남성 엘리트주의의 산물이라는 것이다. 그렇기에 비록 공공성을 표방하는 대화와 담론을 주장한다고 할지라도, 그가 말하는 실천 역시 왜곡된 투영에 의해 특정 집단, 특정 대상, 특정 성별에게는 소외를 불러올 수밖에 없다는 것이다. 이러한 인식에서 찹은 상보적 학제성에 있어 "인간됨"의 의미가 드러나는 방식으로서 "해방적 수정주의 신학"이 필요하다고 주장했다.[13]

특히 찹이 제안한 변질된 엘리트주의를 탈피하고 인간됨을 드러내는 질문들은 다음과 같다: 1) 실천은 무엇이 관련되어 referred to 있는가? 2) 실천의 목적은 무엇인가? 3) 책략과 행정으로서 정치 politics를 어떻게 이해하고 실천할 것인가? 참은 첫 번째 질문을 통해, 실천 활동에 담긴 의도가 무엇인지를 질문하며 사회 구조와 그 구조 내에서 이루어지는 다양한 사건에 대한 분석이 반드시 전제되어야 함을 주장했고, 두 번째 질문을 통해, 실천 활동에 감추어진 이치나 초월적 규범을 비판적으로 분석하고 반성하여, 교회와 사회 내 실천의 '순전성'과 '순수성'의 훼손에 대해 감지할 수 있어야 한다고 보았다. 마지막 질문을 통해서는, 특정 상황 속에 이루어지는 의지와 결단의 결과물로서 실천이기에 어떤 책략과 행정의 방향이 지워질 수밖에 없지만, 인간적 욕심과 당파 정치에 경도된 왜곡으로 실천이 흘러가지 않도록, 억압받는 사람들의 인간성 회복을 지향하는 방향, 즉 폭력과 억압으로 나타날 수밖에 없는 기득권층의 다양한 힘을 포기하며 비인간성을 탈피할 줄 아는 방향을 찾아야 한다고 주장했다.[14]

지금까지 살펴본 상보적 학제성의 담론을 '목회상담하기 doing pastoral counseling'에 접목해 본다면 어떤 양상으로 펼쳐질까를 잠시 생각해 보자. 먼저 폴 틸리히의 학문 간 융합의 방식은 좀 더 보수적인 신학적 경향성을 가진 목회상담가들이 선호할 만한 방법론을 제공하는 것처럼 여겨진다. 인간 딜레마의 상황이 문제를 제기하면, 복음이 궁극적 답변을 제시한다는 등식을 단순한 이분법적 인식으로 받아들일 개연성이 있기 때문이다.

그러나 앞서 언급한 대로 문화로서 과학이 인간 딜레마에 대한 질문을 제기하는 기능에 대해 우선하고, 또 복음으로서 신학이 그 딜레마의 상황에 대해 궁극적인 답변을 제공하는 기능에 대해 우선한다고 할지라도, 틸리히가 말하는 우선의 개념이 우월의 개념으로 받아들여지거나 혹은 강압적이거나 권위적인 태도를 가져야 한다는 식의 해석과 접근은 지양되어야 함을 인지할 필요가 있다. 오히려 복음과 문화, 혹은 신학과 심리학의 상보적 학제성을 이룬다는 것은, 인간 딜레마에 대한 문제 제기와 신학적 답변 사이의 성숙하고 인격적 차원의 상호보완성을 반드시 지키는 방식으로 전개되는 것임을 기억할 필요가 있다. 즉 질문과 답변이라는 이분법적 구도가 자칫 나타낼 수 있는 함정을 넘어, 양자兩者 사이의 성숙한 '상승효과synergy'를 이루어야 한다.

그럼에도 불구하고 폴 틸리히가 제기한 상보적 학제성에 대해 비판적인 이해를 가진 목회상담가는 데이비드 트레이시나 단 브라우닝, 혹은 매튜 램이나 레베카 찹의 방식을 선호할 것으로 판단 된다. 어느 한쪽의 가련한 질문과 또 다른 한쪽의 절대적인 답변으로서 상호보완이라는 '관계성relationality'을 넘어서서, 각 영역에서 질문과 답변이 모두 발생할 수 있음을 인정하면서도 양자 사이의 담론과 토론이 가능한 목회상담하기를 추구할 수 있기 때문이다.

예를 들어, 트레이시와 같이 철학적이며 형이상학적 담론의 공간과 화두로서 심리학과 신학의 호혜적 담론이 기능한다면, 신학과 심리학 각자의 질문-답변의 노력을 공유하며, 상호호혜적 담론과 토론을 통해 지성적 상호보완성을 이루는 상담하기를 이끌거나, 혹은 브라우닝이 제안한 방식처럼, 공적 대화와 담론을 통한 이성적이며 윤리적인 차원으로 신학과 심리학의 호혜적 관계성을 도모하며 상담을 진행할 수 있을 것이다. 혹은 램의 주장과 같이 목회상담하기를 통해 실천과 해방이라는 주제에 좀 더 큰 관심을 가질 수 있거나, 또 찹이 제안한 대로 인간성을 상실한 힘과 자신도 모르는 사이에 매몰되거나 묶여 있는 비신학적이거나 혹은 병리적인 속박을 제거하는 방향으로 목회상담하기를 이끌어 갈 수도 있을 것이다.

2. 변형적 학제성 transformational interdisciplinarity

상보적 학제성의 맥락에 서 있는 학자들의 생각과 달리, 신학의 담론과 인간 지성의 담론은 완전히 다른 차원에 존재하기에 이 둘 사이의 신비한 조합이 전제되지 않는 한, 학문 간 융합은 불가능하다는 생각이 대두되었다. 이를 '변형적 학제성 transformational interdisciplinarity'이라고 구분할 수 있는데, 대표적으로 제임스 로더 James Loder와 데보라 밴 두젠 헌싱어 Deborah van Deusen Hunsinger를 들 수 있다.

로더 James Loder는 신학과 과학의 '관계함 relatedness'이 '상보성 correlation'이라는 이원론으로 이해되기보다는 "양자 융합 bisociation"이라는 차원에서 인식되어야 함을 주장하였다. 즉 신학과 과학은 서로 다른 차원의 학문 체계임을 부정할 수 없으며, 그럼에도 양자 사이의 담론이 가능한, 일종의 뫼비우스의 띠와 같은 신비적 융합이 이루어질 수 있음을 주장한 것이다. 그렇기에 로더는 서로 다른 차원에 위치한 양자의 융합을 단순한 형태 변화가 아닌, 그 수준을 뛰어넘는 근본적인 변화를 가능하게 하는 "변형 논리 transformational logic"를 제안했다.[15] 그가 제안한 다섯 가지 변형 논리의 과정은 다음과 같다.

먼저, 삶의 딜레마 혹은 문제가 발생하여 신학과 과학 사이의 첨예한 갈등이 일어나는 상황을 생각할 수 있을 것이다. 이때, 두 번째로는 신학과 과학이라는 비록 서로 다른 차원의 담론이지만, 양자의 이성적이며 지성적인 정밀한 탐구를 통한 다각적 검토를 진행하는 것을 생각할 수 있다. 그리고 셋째, 뫼비우스의 띠가 형성되듯, 양자 사이의 담론이 상상적이며 건설적 도약 수준에 이르러, '양자 융합' 즉 역동적이며 창의적인 융합을 통해 새로운 인식을 이루는 수준을 생각할 수 있을 것이다. 넷째, 이러한 양자 융합은 서로 다른 이질적 양자, 즉 신학과 과학 혹은 과학과 신학이라는 완전히 다른 차원의 담론을 펼치는 학문 사이의 담론과 관계에 있어 상호자발적인 이완과 개방을 도모하는 것이다. 그리고 마지막으로 양자 융합의 해석 단계에 이르러 갈등에 대한 화해와 전혀 새로운 답변이 가능한 변화를 이루는 것이다.

특히 로더에 의하면 세 번째 변형 논리인 "상상-건설적 도약"은 그가 주장하는 "변형 transformation"을 경험하는 극적인 순간이다. 그에 의하면 이 순간은 혼란의 순간이 아니다. 오히려 온전함과 성숙을 지향하는 순간이다. 인격의 분열이 나타나는 순간이 아니라 실존과 현재를 억압하는 논리를 탈피하는 것이며, 인간의 삶의 문제가 가진 궁극적 의미와 근본적 실체를 알게 되는 순간이다. 더 나아가 공상과 허구를 양산하는 수학의 '전치' 또는 화성학의 '조옮김 transposition'과 달리, 로더는 자신이 말하는 변형을, 서로 다른 체계로서 다양성을 가졌음에도 공존할 수 있으며 동시에 일관성을 유지하는 것이며, 불연속 선상에 있는 것 같으나 연속선상에 있는, 완성을 향한 융합이라고 보았다.[16]

이러한 제임스 로더의 변형 논리를 좀 더 가시적인 구조로 제안한 사람은 데보라 헌싱어 Deborah van Deusen Hunsinger였다. 헌싱어는 전형적인 바르트 신학자인 남편, 조지 헌싱어 George Hunsinger와 칼 융 Carl G. Jung의 분석심리학 전통에 서 있는 자신이 어떻게 함께 부부로 살아갈 수 있는지, 그 가능성을 하나의 유비로 풀어낸 책, *Theology and Pastoral Counseling: A New Interdisciplinary Approach*에서 칼케돈 양식 Chalcedonian formula을 언급하며 신학과 심리학의 관계를 변형 논리로 전개하였다.[17] 무한성과 초월성, 전지전능의 신성神性과 유한한 한계를 지닌 인성人性이 어떻게 예수 그리스도 안에서 하나로 통합이 가능한가에 대해 논의한 칼케돈 회의의 결과를 자신의 변형 논리의 유비 analogy로 삼았던 것이다.

따라서 헌싱어는 첫째, 신학과 심리학 사이에는 '혼돈될 수 없는 차이가 있으며 indissoluble differentiation', 둘째, 그럼에도 '나뉠 수 없는 일치가 있으며 inseparable unity', 셋째, 양자 사이에는 '파괴할 수 없는 비대칭적 질서 indestructible asymmetrical order'가 있음을 주장했다. 다시 말해, 신학과 심리학 사이의 학문 간 융합은 서로 다른 양자의 특성이 훼손되지 않도록 혼돈되지 않아야 하며, 동시에 양자가 지닌 개체성에도 상호 간 나뉠 수 없는 일치를 지향하는 관계성이 보장되어야 한다는 것이다. 이것을 가능하게 하는 중요한 요인으로 '비대칭적 질서'라는 신비한 융합으로 보았기에, 비록 신학과 과학이 서로 다른 비대칭성을 가졌으나 변형을 통한 질서를 이룰 때, 변형적 학제성으로서 융합을 이룰 수 있다고 생각한 것이다.

예를 들어 생각해 보자. 이중 언어를 사용하는 사람은 자신이 사용하는 각 언어가 가진 언어 체계, 그리고 그 언어가 담은 문화와 정서, 역사와 세계관이 서로 다름에도, 그 사람 안에서 번역과 변환을 넘어선 체계 전반에 걸친 변형, 즉 기계적이거나 수학적 공식이 아닌 어떤 신비한 미학적 순간을 통해 융합과 통합을 이룬다. 이러한 유비와 비슷하게, 헌싱어는 목회상담가로서 신학과 심리학을 아우른 목회상담학을 하고자 한다면, 또 그 학문에 기초한 '목회상담하기'를 하고자 한다면, 신학과 심리학이 서로 혼돈되지 않는 독자성과 나뉠 수 없는 일치성의 공존을 절대로 훼손해서는 안 된다고 보았다. 동시에 비록 양자 사이의 비대칭적 부조화가 관찰되고 심지어 상호 대립과 같은 갈등 양상이 펼쳐질지라도, '조화'와 '질서'를 향한 '변형'의 가능성을 항상 열어 두고, 그 변형의 미학적 순간을 위한 성령 하나님의 임재를 기대해야 한다고 주장했다. 따라서 데보라 헌싱어에게 있어 목회상담은 신학과 심리학 양자의 비대칭적 질서를 이루는 신비한 변형의 과정이며, 그 과정 안에서 비로소 목회상담이 목회상담다워질 수 있다고 본 것이다. 변형적 학제성을 통한 신학과 심리학의 만남과 담론이 가능할 때, 비로소 일반상담과 다른 목회상담의 독특한 차별성과 역동적 창의성이 가능하다는 것이다.

　　이러한 로더와 헌싱어의 변형적 학제성을 목회상담의 방법론으로 생각해 본다면, 신학과 사회과학적 체계로서 심리학의 융합을 이루고자 하는 목회상담의 전 과정을, 단지 상보적 학제성이 아닌, 상호 간의 변형의 순간을 이루는, 즉 삼위일체 하나님의 신비한 임재의 가능성을 여는 방식으로 이해할 수 있을 것이다.

　　쉽게 말하자면, 내담자가 제기하는 다양한 고통스러운 문제들은 대부분 그의 현실적인 고민과 상처, 아픔일 것이다. 물론 이를 해소하고 해결하는 것은 목회상담에 있어 현실적인 과제이기에 중요하다고 생각할 수 있다. 문제를 풀고 상처가 해소되는 것은 상담에 참여하는 목회상담가나 내담자 모두가 한마음으로 간절히 원하고 바라는 것이니 말이다. 그러나 문제 해결을 위해, 신학적 관점에서 또 심리학적 관점에서 문제를 분석하고 진단하며, 신학과 심리학 양자의 상호보완을 통해 목회상담을 진행하는 식에 그쳐서는 안 된다고 생각한다. 오히려 신학과 심리학의 분석과 진단이, 상호 혼돈되지 않으나, 양자의 일치를 유지하는, 그러나 동시에 삼위일체 하나님의 역사하심과 임재하심이라는 변형의 순간을 구하고 찾는 것으로 '목회상담하기'를 이루어야 한다고 생각하는 것이다. 다시 말해, '목회상담하기'의 목적을, 인간 실존의 상처와 아픔으로 얼룩진 문제들을 단순히 해결하거나 혹은 처리해야 한다는 인식에서, 인간 실존에 대한 신학과 심리학의 담론을 통해 영적 변형의 경험을 도모하여, 종국에는 실존의 현실적 문제를 재해석하는, 변형을 통한 일치를 위한 목회상담을 실천하고자 할 것이다.

3. 횡단적 학제성 transversal interdisciplinarity

하지만 뫼비우스의 띠와 같은 변형 논리와 칼케톤 양식을 유비로 삼은 '변형적 학제성'이 주장하는 대로, 과연 신학을 예수 그리스도의 신성에, 또 과학을 그리스도의 인성에 비교하여 양자의 융합 가능성을 찾는 것이 과연 타당한 것인지에 대한 의구심을 갖게 되었다. 왜냐하면 변형적 학제성이 주장하는 변형의 방향이 신학과 과학, 혹은 과학과 신학이라는 양방향의 변형이기보다는, 다분히 인간 과학에서 신학으로의 선회혹은 회심에 좀 더 중점을 두는 일방향처럼 여겨졌기 때문이다. 아울러 신학 역시 인간 과학의 틀 안에서 존재하는 것으로 인식하는 것이 타당하다는 의견이 대두되었기 때문이다.[18]

이러한 의견을 구체화한 사람은 벤첼 밴 후이스틴J. Wentzel van Huyssteen 이었으며, 그의 학문 간 융합의 특징을 '횡단적 학제성transversal interdisciplinarity' 으로 분류할 수 있다.[19] 남아공 출신으로 신학과 과학 분야의 세계적인 학자인 그는 칼빈 쉬라그Calvin O. Schrag의 '횡단성transversality'에 대한 논의의 기초 위에 '후토대주의 접근postfoundational approach' 혹은 '후토대주의 신학postfoundationalist theology'을 주장하였다.[20]

후이스틴의 '후토대주의postfoundationalism'를 이해하려면, 먼저 '토대주의foundationalism'에 대한 이해가 선행되어야 한다. 토대주의는 의심할 여지 없는 지식의 기반 아래 정당화될 수 있는 신념으로 이루어진 '테제thesis' 위에 서야 한다는 인식을 의미한다. 이 때문에 토대주의는 불변성과 확실성의 기반 위에 있음을 암시하며, 토대주의자들은 그들의 신념이 세워질 수 있는 명백한 지원체계인 '궁극적 토대ultimate foundation'를 추구한다. 더 나아가 토대주의자 자신의 위치와 관점을 정당화시키는 '배타적 신념aristocratic beliefs' 을 성립해야 한다고 생각한다. 따라서 배타적 신념은 모든 토대주의에서 나타나며, 감각에서 얻은 명백한 자료나 '자가-입증적self-authenticating' 신념 등을 기초로 한다. 그러나 토대주의는 '끝없는 퇴행infinite regress'의 함정에 빠질 수 있으며, 토대주의를 정당화시킬 수 있는 신념의 토대가 흔들릴 때, 완전히 무너져 버리는 한계를 갖고 있다.

이와 달리, '불토대주의nonfoundationalism'는 '포스트모더니즘postmodernism' 이라는 기반 위에서 모든 지식체계에는 명백한 어떤 기반들이 있을 수 없음을 강변하며 토대주의를 반대한다. 인간 신념은 토대주의자가 말하는 토대 혹은 기반이 불필요한 '연결된 망의 일부part of a groundless web of interrelated beliefs' 이기에, 모든 사람, 모든 공동체와 그들이 처한 모든 상황은 그 자체의 합리성에 의해 성립되며, 따라서 모든 인간 활동은 사실 인간다운 합리성을 위한 실험적 사례들일 수밖에 없다고 주장하는 것이다. 그러나 어떤 절대적이며 보편적인 개념에 대해 강한 거부감을 가진 불토대주의 역시 포스트모더니즘이란 토대 위에, 혹은 명백한 기반이 있을 수 없다는 명백한 인식 위에 서 있다는 역설적 한계를 가질 수밖에 없다.

사실 이러한 역설적 한계로 인해 불토대주의의 극단적 유형인 '반토대주의antifoundationalism'가 형성되기도 했다. 반토대주의는 토대와 기반에 대한 극단적 거부extreme rejection를 채택하여, 과학과 종교의 다자간 대화에 있어 '극단적 상대주의radical relativism'를 채택한다. 이 때문에 상호호혜적 혹은 양방향 담론을 실질적으로 불가능하게 만들어 버린다. 왜냐하면 서로 간의 대화를 가능하게 하는 기본적 준거 자체를 부정하기 때문이다.

이러한 맥락에서 후이스틴은 '후토대주의postfoundationalism'를 적극적으로 제안했다. 그에 의하면 후토대주의는 토대주의나 불토대주의, 혹은 반토대주의라는 극단적 상대주의 등 모두에 반대한다. 정확하게 말하자면, 극단적 상대주의에 빠진 반토대주의와 달리, 토대주의와 불토대주의에는 논리적이며 이성적 합리성을 발견할 수 있기에, 그 한계를 넘어 양 진영을 아우를 수 있어야 한다고 보았던 것이다. 즉 맥락이나 전통, 혹은 해석된 경험 위에 세워진 테제thesis의 중요성을 간과하지 않고토대주의, 학문 간 대화를 통해 어떤 특정 공동체와 그룹, 혹은 문화를 넘어 다양성과 다원화에 대한 인식불토대주의을 동시에 이루는 가능성으로서 후토대주의를 제안한 것이다.

자기만이 옳다는 강한 신념과 편견으로 담론을 이어가는 것에 머물거나토대주의의 함정, 혹은 특정 맥락 안에서 형성된 개념이나 표준이라는 인식에서 자신의 의견을 쉽게 철회하거나, 다른 이의 확고한 신념이나 철학, 세계관을 수많은 다양성 가운데 하나일 뿐이라며 섣불리 평가절하해 버리는 불토대주의의 함정 것이 아니라, 서로 다른 양자의 경향성을 공유하며, 동시에 공유된 합리적 자원들을 분별하여 교차-맥락적cross-contextual, 교차-학문간cross-disciplinary, 혹은 교차-문화간cross-cultural 담론으로 공유된 인식론의 한계를 넘어서자는 것이다. 이를 통해 이성적이고 일관된 지성으로서 '인식론적 유연성에 기반을 둔 맥락적 기초contextual foundations driven by epistemic flexibility'를 찾을 수 있다고 본 것이다.

따라서 벤첼 밴 후이스틴의 '후토대주의'와 그 기초 위에 제안한 '횡단적 지성transversal rationality'은 신학과 인간 과학의 관계에 있어 양자의 입장을 가감 없이 담담하게 지속하여 표현하는 것으로부터 시작된다. 비록 양자가 제안하는 토론과 담론의 양상은 다르지만, 인격적이며 성숙한 동등성이라는 가치 위에 펼치는 것이다. 이때 양자 혹은 다자간의 담론은, 씨실과 날실이 교차하는 한 점에서 시작해 면을 이루듯이, 다시 말해, 한 점으로 모이는 지점이 확장되어 일정한 면으로서 공간이 형성되듯, 신학과 과학이 만나는 바로 그 지점에서, 후토대주의의 가능성과 횡단적 지성의 가능성이 열리게 된다고 보았다. 이렇듯 후이스틴은 서로 다른 목소리들이 대립이나 혹은 서로 간에 동화되는 위험에 처하는 것이 아니라, 횡단적 지성이라는

상호작용을 통한 학제성, 즉 융합을 이룰 수 있다고 보았다.[21]

예를 들어, 환자를 위한 돌봄의 상황을 생각해 보자. 독재 권력을 휘두르듯 의사의 의견이 절대적이어서는 안 될 것이다[토대주의의 함정에 대한 반대]. 그렇다고 해서 환자를 위한 돌봄 그룹 각자가 자신의 의견을 말하며 스스로 부족하다 여기거나, 혹은 다른 이의 의견을 많은 의견 중 하나라고 폄훼하는 것에 그쳐서도 안 될 것이다[불토대주의의 함정에 대한 반대]. 오히려 의사는 자신이 가진 의학 지식에 대한 담론을 성숙한 태도와 인격적 자세로 펼치는 것이다. 간호사는 투약과 환자 관리에 대한 담론을, 병원 관계자는 환자를 위한 각종 환경에 대한 담론을, 환자 가족은 환자의 병력이나 환자가 지닌 특별한 체질이나 특성에 대한 담론을, 원목은 환자를 위한 영적 돌봄에 대한 담론을, 상호 배려와 인격적 자세로 펼치는 것이다. 환자를 돌보는 돌봄 그룹들의 다자간 담론에 있어 각자는 자신의 담론을 멈추거나 훼손시킬 필요가 없다. 그저 각자의 담론을 성숙하게 이어가는 것이다. 각자의 지성적 담론이 서로 교차 되는 부분이 확장될 때, '횡단적 지성transversal rationality'이 형성되며, 이 부분에서 횡단적 학제성, 즉 서로 다른 양자 혹은 다자간 담론 사이에서 지성적 융합을 이루는 것이다. 그러므로 횡단적 지성을 이루기 위한 담론을 포기하지 않는다면, 횡단적 학제성을 통한 융합으로써 합의를 도출하여 환자를 위한 돌봄을 더욱 세밀하게 또 효과적으로 이룰 수 있다고 생각하는 것이다.

하지만 후이스틴의 후토대주의와 횡단적 지성의 확립에는 수많은 시간과 에너지가 소비된다는 점에서 고개를 갸웃할 수밖에 없다. 만약 긴급한 결정이 필요한 위기 상황을 가정해 본다면 다자간 논의 자체는 불가능해진다. 또한 후토대주의와 횡단적 지성을 형성하기 위해, 한 사회 조직과 그 구성원들의 지성적 수준intelligence level을 얼만큼 높여야 하는 것일까에 대한 의구심을 가질 수밖에 없다.

그러나, 그럼에도 불구하고, 횡단적 학제성에 대한 논의는 그동안 한국 사회가 경험한 혼란에 대해 하나의 지혜로운 방향을 제안한다는 측면에서 중요하다. 절대 왕정 시대를 지나, 전쟁과 가난의 세월, 군부 독재 가운데 민주화와 경제 발전을 위해 애쓴 시절을 지나온 한국인의 정서 속에, 의식적이거나 혹은 무의식적으로 자리잡힌, 조급함과 억울함, 한과 상처, 자기 목소리 상실의 경험 속에서, 어느덧 '우리'라는 폭력적 진영과 당파 논리에 사로잡혀 상호 대립과 투쟁, 이를 통한 특정 진영의 쟁취를 떠올리는 상황에서, 느리고 복잡하지만, 다자간 횡단적 지성을 이루어야 한다는 제안은 한국 사회를 위한 지혜로운 하나의 대안으로 자리매김할 수 있기 때문이다.

이제 횡단적 학제성을 목회상담에 적용해 보자. 횡단적 학제성에 서 있는 목회상담가는 먼저, 삶의 여러 가지 어려움으로 찾아온 내담자를 상담의 전 과정을 통해 만나며 내담자가 제기하는 주 호소 문제를 신학적 관점과 심리학의 관점에서 분석할 때, 신학과 심리학이 제시하는 의미와 가치를 상보적 학제성의 관점에서 해결하려는 방식을 채택하지는 않을 것이다. 또한 내담자의 주 호소 문제로서 삶의 현실적인 문제들을 심리학적으로 분석하며 그 분석을 영적 가치와 깨달음이라는 신학적 관점으로 변형을 이루려는 전개 방식도 택하지도 않을 것이다.

횡단적 학제성에 위치한 목회상담가는 내담자와 상담 관계를 형성하며 때로 신앙과 신학적 담론만을 나눌 수 있다. 또 때로는 상담심리학의 관점에서만 이야기를 나눌 수도 있을 것이다. 서로 다른 양자의 관점과 분석을 내담자와 함께 이어가는 것이다. 물론 서로 다른 해석의 방향이기에 일견 목회상담의 과정에서 주제가 엇갈리는 듯, 또 분산되는 것처럼 느낄 수도 있을 테지만, 목회상담가는 상담의 회기를 지속하며 상담의 전 과정에서 나누는 신학적 담론과 상담심리학적 담론이 만나는 횡단적 교차 지점과 그 확장을 통해 횡단적 지성 형성과 확장을 이루고자 노력할 것이다. 그리고 내담자가 제기한 주 호소 문제에 대해 횡단적 지성의 공간에서 어떤 합리적인 깨달음과 지혜, 그리고 그에 잇댄 해결을 찾으려고 애쓸 것이다.

따라서 횡단적 학제성에 선 목회상담가는 어느 하나가 어느 하나에 경도되거나 매몰되지 않도록 신학과 상담심리학 양자 사이의 긴장 관계가 주는 압박을 견디려고 노력할 것이다. 또 양자에 대한 깊은 이해와 지식을 유지하기 위해 노력하며, 양자가 지닌 가치와 의미를 내담자에게 적확하게 설명하고 가르치려고 애쓸 것이다. 특히 이러한 양자에 대한 인격적이며 성숙한 횡단적 학제성을 통해, 내담자의 주 호소 문제를 에드윈 프리드만 Edwin H. Friedman의 책, *Generation to Generation*에서 제시하는 '체계 사고 systems thinking'로 바라보며 내담자와 함께 전체성과 상호작용의 관점에서 주 호소 문제를 다루어 가려고 힘쓸 것이다.[22] 쉽게 말해, 내담자의 주 호소 문제를 하나의 원인에 의한 결과라는 직선적 인과관계lineal causation로 풀거나, 혹은 다양한 원인에 의한 결과라는 다중 인과관계multiple causation로 해소하려 하지 않을 것이다. 오히려 문제와 상황을 분석할 때 개별 요소들만을 따로 떼어내는 것이 아니라, 이들이 상호작용하는 전체 체계를 바라보는 사고방식으로 시스템 내의 관계, 상호작용, 피드백 루프feedback loop 등을 고려해 문제를 바라보려는 '체계 사고'로 주 호소 문제를 다루어 가려 할 것이라는 점이다.

4. 예술적 학제성^{artistic interdisciplinarity}

큰 맥락에서 후토대주의^{postfoundationalism}, 즉 각 개체는 물론, 양자 혹은
다자간의 신뢰에 기초를 둔 '횡단적 지성^{transversal rationality}'의 가능성을 부정
하지 않았으나, 도널드 캡스^{Donald E. Capps}는 학문 간 융합이라는 지성의 가능
성을 후이스틴의 횡단적 지성이나 혹은 헤겔^{Georg Wilhelm Friedrich Hegel}의 '정반
합^{These-Antithese-Synthese}'의 논리로 풀기보다는 '예술적 인식^{artistic epistemology}'으
로 설명하려고 노력했다. 쉽게 표현하자면, 학제성이라는 융합 지성의 가
능성을 담론에 참여하는 이들의 인격적이며 성숙한 지성의 교차에 기대기
보다는 담론 자체를 예술적 관점에서 바라보아야 한다고 본 것이다. 왜냐
하면 서로 다른 두 관점, 혹은 세계관 사이의 횡단적 교차나 정반합을 찾아
가는 과정에서 나타나는 필연적 갈등과 반목, 혹은 상호 간 적개심이라는
정서적이며 심리적인 역학을 완전히 차단할 수 없다고 보았기 때문이다.
그러나 이를 예술로 인식한다면, 캡스는 이러한 문제를 넘어설 수 있다고
보았다.

예를 들어, 입과 코, 신체의 각 부분을 캔버스에 그리지만 일관성과
통일성이라곤 찾아볼 수 없는 추상예술을 생각해 보자. 혹은 어떤 이도 생
각하지 못했던 방식의 예술적 전개로서 '전위예술^{avant-garde art}'을 떠올려 보
자. 이를 두고 어떤 예술 평론가가 비통일성, 비일치성, 비전통성 등의 특
성이 있는 실험적이며 급진적인 예술 작품을 비평하며, 해당 작품에서 보
이는 구성이 단지 갈등과 반목이라고, 또 적대와 적개심으로 얼룩진 것에
불과하다며 섣불리 비판하며 비난 일색으로 평가한다면, 그 예술 평론가의
자질 자체를 의심하게 될 것이다. 해당 작품과 그 작품을 감상하며 해석할
관람객이 가질 수 있는 창의성과 역동성, 혹은 상상적 도약으로서 확장성
을 부정하고 있기 때문이다. 오히려 예술 평론가라고 한다면 작품이 지닌

추상적이며 전위적인 비대칭성 속에서 어떤 창의적 의미와 질서, 그리고 일치와 연속성의 가능성을 염두에 두어야 하는 것은 아닐까. 이러한 맥락에서 도널드 캡스는 목회상담학에 있어 신학과 심리학 양자의 만남을 예술성 혹은 예술적 지성의 관점에서 이해하고자 했기에 이를 '예술적 학제성artistic interdisciplinary'으로 분류할 수 있을 것이다.

캡스에게 있어, 특히 '예술적'이라는 용어는 대단히 중요하다. 그에게 '예술적'이란 단어는 창조적이며, 포괄적이며, 해석적이며, 동시에 순수 경험을 지향하는 용어라는 점에서 독특하다. 이는 윌리엄 제임스William James의 관점과 일맥상통하는 부분이 있다. 제임스는 그의 책, *Varieties of Religious Experience*에서 다양한 인간 경험이야말로 자연스러우며 예술적이어서 그 자체의 경중을 판단할 수 없다고 보았다. 그렇기에 긍정적이며 활기찬 마음을 갖게 하는 인간 경험과 슬프고 우울한 느낌에 젖게 하는 인간 경험 사이에서, 어떤 쪽이 우월하다거나, 혹은 반대로, 어느 쪽이 모자란다며 평가절하할 수 없다고 생각했다.[23] 긍정이 여는 아름다운 유채색의 세상이 주는 의미와 우울이 여는 무채색의 세상이 주는 의미 사이에서 경중을 잴 수 없다고 보았기 때문이다. 비슷한 맥락에서 캡스는 삶에서 경험하는 인간 경험, 그 자체는 언제나 그 자체로서 인정되어야 한다고 보았다. 즉 인간의 경험에 대한 예술적 관점의 해석이 필요함을 강조했던 것이다.

더 나아가 캡스에게 인간 경험에 대한 예술적 관점의 해석은, 필자가 말하는 일종의 '집짓기homemaking'의 개념으로 이해할 수도 있다. 사람인 내담자에게 상처가 있건, 장애가 있건, 혹은 어떤 피부색을 갖고, 어떤 언어를 쓰건 간에, 지구라는 이 세상을 자기 집처럼 여기며 살아도 된다는, 혹은 아무리 보잘것없는 삶이며, 그 삶의 경험이라 할지라도, 사람이라는 가치 있어 마땅한 존재가 그려낸 것이기에 부끄러워할 필요가 없다는 위로의 공간을 형성하는 것으로 작동하기 때문이다.[24]

하지만 '예술적'이라는 용어는, 존 도미닉 크로산John D. Crossan의 예수님의 비유에 대한 해석적 연구가 갖는 한계와 비슷하게, 인간의 삶과 경험의 격상을 도모하는 것처럼 여겨지는 극단적 경험주의radical empiricism와 극단적 실용주의radical pragmatism의 함정인 '혼란'과 '모호함'을 불러올 수도 있다. 그러나 캡스는 이를 당연하게 여겼다. 오히려 이러한 모호함과 혼란을 파괴와 무질서의 전 단계가 아닌, 조화와 화합, 그리고 종국에는 사람들이 자기 집에 있는 듯한 안전과 안정성, 그리고 의미를 발견할 수 있는 "평정을 위한 당혹obfuscations for equilibrium"의 개념으로 인식했기 때문이다.[25] 그러므로 후이스틴의 횡단적 지성이 가진 한계는 캡스의 예술적 학제성에 의해 극복이 된다고 볼 수 있다. 비록 양자 혹은 다자간 담론의 교차가 모호하고 혼란스러울지라도 이는 지성의 확장을 위한, 다시 말해, '평정을 위한 당혹'으로 인정될 수 있기 때문이다. 창조를 위한 어둠과 혼돈처럼 말이다.

이러한 의미를 담은 신학과 심리학 사이의 예술적 학제성은 캡스의 논문, "The lessons of Art Theory for Pastoral Counseling"에 보다 명확하게 구체화 되어 표현되어 있다. 특히 루돌프 안하임Rudolf Arnheim의 회화 구도에 대한 의견을, 자신이 생각하는 목회상담, 즉 신학과 심리학 사이의 관계에 접목하여 몇 가지 '목회상담하기'의 가능성으로 제시하였다.[26] 이를 잠시 설명하고자 한다.

먼저, 디에릭 보우츠Dieric Bouts의 "최후의 만찬Altarpiece of the Holy Sacrament, 1464-1467"을 소개하며 캡스는 한 점으로 집중하는 구도를 가진, 목회상담의 "집중모델the model of convergence"을 제안하였다.

그림을 바라보는 관찰자의 눈은 자연스럽게 그림의 중앙에 앉아 계신 예수님으로 향한다. 그 이유는 '정심centric'과 '편심eccentric'의 구도 때문이다. 천장 지붕과 아래 타일, 그리고 식탁과 그 식탁에 둘러앉은 열두 제자들의 배열과 위치 구도가 자연스럽게 관찰자의 시선을 예수님께 향하게 하는 이유이다. 이렇듯 목회상담에 있어 신학과 심리학의 분석들은 어떤 하나의 관점에 집중할 수 있도록 각각 정심과 편심, 혹은 편심과 정심의 역할을 감당하는 방식으로 이루어질 수 있을 것이다.

예를 들어, 사회생활을 하며 갈등 관계로 인해 큰 상처를 받은 내담자가 있다고 가정해 보자. 목회상담가는 내담자가 처한 상황과 외적 이유 분석과 함께, 내담자의 심리내부의 역학을 분석하며 상담심리학적 원인과

[그림 1] 디에릭 보우츠, "최후의 만찬", 1464-1467.

이유를 찾고자 노력할 수 있을 것이다. 특정 상황과 특정 인물 등에 대한 내담자의 반응이 섬세함을 넘어 병리적 예민함에 이르게 된 심리학적인 이유를 찾고자 노력할 수 있는 것이다. 또한 이와 다르게 목회상담가는 내담자가 지닌 삶의 가치와 방식에 대한 성서적-신학적 관점의 분석을 통해, 내담자의 삶 전반에 대한 신앙적 가치와 의미를 재구성 혹은 재구조화하려고 애쓸 수도 있을 것이다. 인간관계는 물론 삶의 의미와 이유까지 확장된 기독교적 세계관의 구도에서 내담자 자신을 복음적 시선으로 바라볼 수 있도록 도울 수 있는 것이다. 이렇게 양자의 관점에서 진행하는 '목회상담하기'는 정심과 편심 혹은 역으로 작동하여 내담자는 물론 상담자에게까지 어떤 "아하!"의 포인트, 즉 통전적인 지혜와 깨달음의 미학적 순간을 경험하게 하며, 바로 그 순간 내담자는 신학과 심리학이라는 서로 다른 세계관의 예술적 융합을 경험하게 된다는 것이다.

이러한 "집중모델"은 또 다르게 심리학과 신학을 아우르는 어떤 용어나 개념으로 신학과 심리학의 관점을 모으는 방식으로 전개될 수도 있다. 예를 들어, 앞선 상황의 내담자에게 '인간이란 어떤 존재인가?' '인간의 삶은 어떻게 이루어지는가?'라는 큰 주제 앞에 서도록 이끄는 것이다. 물론 이 대주제는 내담자와 만나는 상담의 초기, 상담자와 내담자 사이의 라포rapport를 형성하는 시기에, 목회상담가는 적극적 경청을 통해 내담자에 대한 온전한 분석과 진단의 과정을 거쳐야 하며, 이러한 과정에 흐름에 의해 발견되고 만들어진 것이어야 할 것이다. 그 대주제를 향해 신학과 심리학, 혹은 심리학과 신학의 분석과 관심을 내담자와 함께 풀어가며 나눈다면, 이를 "집중모델"의 방식이라 할 수 있는 것이다.

이와 함께 캡스는 파블로 피카소Pablo Picasso의 "곡예사 가족Family of Saltimbanques, 1905"을 제시하며, 관찰자의 시각이 여러 점으로 분산되는 "병치모델The Model of Juxtaposition"을 제시했다. 그림을 바라보는 관찰자의 시선은 사실

관찰자에 따라 제각각일 수 있다. 어떤 이는 어색한 뒷짐을 진 화려한 복색의 남자를, 어떤 이는 산타클로스처럼 봇짐을 어깨에 멘 제법 덩치가 큰 피에로를, 어떤 이는 물 항아리를 옆에 두고 다소곳이 앉아 있는 여성을, 어떤 이는 거의 벌거벗은 채로 큰 통을 어깨에 멘 청년을 바라볼 수 있다.

　　관찰자의 시선이 어느 한 점으로 집중되는 것이 아닌, 다양하게 분산되는 구도를 "병치모델"이라 제안하며, 캡스는 목회상담에 있어 신학과 심리학의 학제성 역시 이러한 모델을 따라갈 수 있음을 제안하였다. '목회상담하기'를 통해 때론 신학적 관심을, 때로는 심리학적 분석을 할 수 있다는 것이다. 내담자의 현 상황을 생각하며 일견 관점이 분산되는 것처럼 여겨질 수 있으나, 오히려 이타적인 목회상담하기를 가능하게 할 것이라고 본 것이다.

[그림 2] 파블로 피카소, "곡예사 가족", 1905.

쉽게 말하자면, 목회상담의 이유는 아무래도 상처와 고통, 문제의 중심에 위치한 내담자이다. 그 내담자를 돌보고 회복시키기 위해 목회상담을 하는 것이다. 그렇다면 목회상담가의 의도와 그 의도에 따른 회기 구성과 같은 구조화를 앞세우는 것이 아니라, 온전히 내담자의 상태와 상황에 따라 '목회상담하기'는 이루어져야 할 것이다. 바로 이 때문에 목회상담가는 때로 신학적 분석을, 혹은 때로 심리학적 분석을 할 수 있다. 서로 다른 세계관을 지닌 양자를 병치시키는 것이다. 그래서 때로는 신학적 사고에 집중하고 때로는 심리학적 분석에 집중하더라도, 어느 쪽에서도 거부감이 없는, 다시 말해, 서로 간의 자리매김에서 형성된 배타성이 존재하지 않는 '이타적인' 목회상담하기를 이루어야 한다는 것이다.

더 나아가 캡스는 렘브란트Rembrandt Harmenszoon van Rijn의 "탕자의 귀환The Return of the Prodigal Son, 1661-69"을 제시하며 "구조적 균등모델The Model of Structural Uniformity"을 소개했다.

렘브란트의 그림을 바라보는 관찰자의 시선은 아무래도 밝은 부분에서 어두운 곳으로 옮겨지는 것이 자연스럽다. 명암과 탁도의 차이를 작품의 중요한 구도로 잡았기 때문이다. 즉 관찰자의 시선이 먼저는 명암이 밝은 아버지와 탕자의 재회에 집중되었다가집중모델, 자연스럽게 상대적으로 탁하고 어두운 부분에 있는 사람들의 모습으로 주의가 전환되는 것처럼병치모델, 캡스는 목회상담에 있어 신학적 해석과 심리학적 분석 상호 간의 학제성에 있어 집중모델과 병치모델이 공존하는 '구조적 균등'이 가능하다고 보았다. 다시 말해, '목회상담하기'를 통해 먼저 신학적 차원에 상담을 집중하다 서서히 심리학적 관점으로 전환하거나, 혹은 역으로 진행하는 모델을 제시하며, 신학과 심리학이라는 서로 다른 세계관을 지닌 양자의 '상호 균등성'의 가능성을 나타내고자 한 것이다.

특히 캡스가 주장하는 '구조적 균등모델'은 앞서 벤첼 밴 후이스틴

이 주장한 "후토대주의postfoundationalism"와 칼빈 슈라그Calvin O. Schrag의 "지성rationality"의 형성 개념과 유사하다. 후이스틴과 슈라그 모두, 절대주의와 상대주의 사이에서, 혹은 전통과 또 다른 전통 사이에서 요구되는 '상호 응답 가능성inter-responsibility'을 주장하고 있기 때문이다. 다시 말해, 윤리적, 도덕적 의무감에 기인한 책임감으로 이루어지는 담론이 아닌, 상호 균등한 구조 가운데 이루어지는 담론으로서 '상호 응답 가능성inter-response+ability'을 말하고 있다는 점에서 캡스의 예술적 학제성과 연결되는 부분이 있다. 다만 캡

[그림 3] 렘브란트, "탕자의 귀환", 1661-1669.

스는 후이스틴과 슈라그가 주장하는 대로 신학과 심리학 사이의 '상호 응답 가능성'의 이유와 가능성을 '횡단성transversality'에서 찾지 않았다. 오히려 이를 예술적 구도의 관점으로 인식했다. 이 때문에 신학과 심리학의 학문 간 융합, 즉 학제성이라는 융합 지성은 때로 집중모델을 채택하거나 혹은 병치모델을 선택할 수 있고, 혹은 이 두 모델을 혼합한 구조적 균등모델에 기초하여 이루어지는 지성이라고 생각했다.

캡스는 비록 자신의 소논문, "The lessons of Art Theory for Pastoral Counseling"에서 세 가지 모델을 제안하며, '목회상담하기'에 대한 예술적 학제성의 모델들을 소개하고 있지만, 이러한 모델들은, 다양한 예술가들에 의해 이루어지는 다양한 회화나 조각, 예술 작품들의 구도 가운데 일부분일 뿐, 반드시 이런 식으로 진행되어야 할 정답과 같은 공식은 아니라고 보았다. 왜냐하면 예술의 구도를 이루는 모델에는 수많은 창의적인 방법과 접근법이 도출될 수 있기 때문이다. 이에 근거하여 캡스는 '목회상담하기'에 있어 신학과 심리학의 학제성에는 셀 수 없는 다양한 방법들이 있을 수 있음을 역설했다.

그러므로 그의 예술적 학제성은 한 가지 방법론을 조명하거나 채택하지 않는다. 오히려 그에게는 목회상담가로서 자신의 예술적 세계관을 드러내는 실천적 상황praxis과 창조적 이성creative reason이라는 해석적 도구들이 종국에는 예술적 질서와 조화를 나타내고 있는가 하는 문제가 더욱 중요하게 다가온다. 목회상담가라면 목회상담가 자신의 학제성에 담긴 예술적 인식, 즉 신학과 심리학 사이의 역동적이며 창조적인 해석적 원리를 보존해야 한다는 인식을 상실해서는 안 된다고 보았기 때문이다.[27]

도널드 캡스의 예술적 학제성을 목회상담에 적용한다면, 먼저, 목회상담가에게 있어 목회상담이 곧 예술적 행위라는 인식은 너무나도 중요하기에 목회상담가는 자신의 목회상담을 이끌며 어떤 예술적 구도를 가질 것인가를 고민하는 것이 필요하다. 특히 이를 위해, 목회상담가는 목회상담의 구조화에 있어, 목회상담가와 내담자가 처한 상황과 맥락을 고려할 필요가 있다. 마치 하얀 캔버스를 앞에 둔 미술가가 어떤 의도와 목적을 따라 그림을 그릴 것인지를 구상하며 구도를 잡는 것처럼 말이다.

또한 '목회상담하기'의 추이에 따라 때로 이성적인 심리내적 분석을, 또 때론 신학적인 창조-해석적인 과정을 거칠 수 있다. 이러한 목회상담의 과정은 어떤 의미에선 탈전통적인, 또 어떤 부분에선 무척 전통적인 방식 사이를 창의적으로 오가는 양상으로 전개될 수도 있을 것이다. 따라서 예술적 학제성에 기인한 목회상담은 목회상담가는 물론 내담자에게 일견 혼란스럽게 여겨질 수도 있다. 정형화된 법칙이나 공식과 같은 과정이 때로 무시될 수 있기 때문이다. 그러나 한 가지 점에서 분명한 것은 이러한 '예술적 양태artisitc mode'가 막연한 혼란은 아니라는 점을 기억할 필요가 있다. 결국 예술적 양태의 목적이 결국 내담자의 치료와 회복이라는 질서와 조화에 있기 때문이다. 바로 이러한 점에서 캡스는 "평정을 위한 당혹obfus-cations for equilibrium"의 개념을 언급했다.[28] 형식을 중요하게 여기는 구조적 객관주의자의 관점에서는 일견 혼란스러울 수 있으나, 이러한 당혹스러움이 지향하는 일치와 통합으로 종국에는 상담자와 내담자 모두 미학적 순간이라는 목회상담의 지향점에 이를 수 있다고 보았기 때문이다.

심지어 캡스의 예술적 학제성은 앞서 언급한 상보적 학제성과 변형적 학제성, 혹은 횡단적 학제성을 넘나들 수도 있다. 아니 어떤 의미에서는 목회상담가로서 목회상담을 하고 있다는 예술적 인식을 분명히 한다면, 학제성 자체가 허물어지는 상담을 할 수도 있다고 생각할 수 있다. 즉 어떤 내담자를 만나서는 오로지 상담심리학적 관점과 세계관으로 목회상담하기를 구성할 수도 있고, 또 어떤 내담자를 만나서는 단지 성경과 신학적인 담론으로만 상담을 이끌 수도 있다고 보는 것이다.

그러나 이러한 캡스의 예술적 학제성은 목회상담가에게 예술이라는 이름의 우산 아래에서 지나친 자유를 갖게 할 위험성이 있다. 목회상담가를 예술가라는 어떤 높은 경지에 서 있는 존재로 격상시켰기 때문이다. 그러나 목회상담가는 사람이다. 자신의 한계와 약점을 여실히 드러낼 수밖에 없는 사람이란 점을 간과할 수 없다. 이 때문에 상담자로서 자기관리가 이루어지지 않거나 부족한 상황에 이르게 된다면, 자신이 이끄는 목회상담을 예술이란 이름으로 변명하는 자기합리화와 확증편향의 함정에 빠질 개연성이 크다. 심지어 모든 가능성을 열어 둔 예술적 학제성은, 상담의 실제에 대한 비평과 사례지도supervision 자체를 불가능하게 만들어 버릴 위험성도 다분하다는 맹점도 존재한다.

5. 읽어 볼 책과 논문

이상억. "미학적 학제 간 융합으로서 장신목회상담학의 의미와 방향에 대한 연구." 『장신논단』 48-2 (2016), 225-52.

장신근. 『공적실천신학과 세계화시대의 기독교교육』. 서울: 장로회신학대학교출판부, 2007.

정연득. "정체성, 관점, 대화: 목회상담의 방법론적 기초." 『목회와 상담』 23 (2014), 233-71.

Browning, Don. *A Fundamental Practical Theology: Descriptive and Strategic Proposals.* 이기춘 역. 『실천신학』. 서울: 대한기독교출판사, 1986.

Capps, Donald E. *Pastoral Care and Hermeneutics.* 김태형 역. 『목회돌봄과 해석학』. 청주: MCI, 2018.

Capps, Donald E., and Jean Fowler. *The Pastoral Care Case: Learning About Care in Congregations.* 김태형 역. 『돌봄의 목회현장 이야기』. 서울: 장로회신학대학교출판부, 2018.

Dykstra, Robert C. *Images of Pastoral Care: Classic Readings*. St. Louis: Chalice Press, 2005.

Hunsinger, Deborah van Deusen. *Theology and Pastoral Counseling: A New Interdisciplinary Approach*. 이재훈, 신현복 역. 『신학과 목회상담: 새로운 상호학문적 접근』. 서울: 한국심리치료연구소, 2000.

Loder, James E. *The Knight's Move*. 이규민 역. 『성령의 관계적 논리와 기독교교육 인식론: 신학과 과학의 대화』. 서울: 대한기독교서회, 2009.

_____. *The Transforming Moment*. 이기춘, 김성민 역. 『삶이 변형되는 순간』. 서울: 한국신학연구소, 1992.

Ramsay, Nancy J. et al. *Pastoral Care and Counseling: Redefining the Paradigms*. 문희경 역. 『목회상담의 최근동향』. 서울: 그리심, 2012.

Tillich, Paul. *Theology of Culture*. 남정우 역. 『문화의 신학』. 서울: 대한기독교서회, 2002.

Wilson, Edward O. *Consilience: The Unity of Knowledge*. 최재천, 장대익 역. 『지식의 대통합, 통섭』. 서울: 사이언스북스, 2012.

제 IV 장.

미학적 학제성과 미학적 목회상담

앞선 논의를 통해 필자는 학문 간 융합으로서 네 가지 학제성의 관점에 대해 살펴보며 각 관점에 기초한 목회상담의 가능성과 방향에 대해 이해했다. 이제 본 장後에서는 '장신 신학'의 정체성에 기초한 목회상담학을 제안한다는 차원에서 학문 간 융합의 새로운 모색으로서 '미학적 학제성aesthetic interdisciplinarity'을 제안하고자 한다. 더불어 '미학적 학제성'이라는 학문 간 대화에 기초한 융합으로서 목회상담학의 의미와 특징, 그리고 그에 잇댄 '목회상담하기'는 어떻게 펼칠 수 있는지를 논의하고자 한다.

1. 장신신학에 기초한 목회상담학의 정체성

한국장로교회의 신학으로서 '장신신학'을 한 마디로 정의하는 것은 어불성설語不成說이다. 한국 땅에 예수 그리스도의 복음이 전해진 이래로 수많은 담론과 연구가 이루어져 왔고, 저마다 장로교 신학에 대해 "이것이다" 혹은 "저것이다"라며 목소리를 높였기 때문이다. 이에 따라, 물론 때로는 한국적 장로교 신학의 열매를 맺기도 했으나, 장로교 신학의 분열과 갈등으로 교회가 나뉘고 교단과 교파가 갈라지는 등 큰 아픔을 겪었다. 그렇기에 한국장로교회의 신학의 특징을 한마디로 정의한다는 것은 불가능하게 여겨진다. 그러나 큰 틀에서 간략하게라도 정리하는 것은 중요하다. 이를 통해 '장신신학'에 기초한 목회상담의 의의와 방향을 가늠해 볼 수 있기 때문이다.

장로회신학대학교 교수회는 1985년 "장로회신학대학교 신학성명"

을 통해 장신신학을 복음적이며 교회 일치ⁱⁿⁿ를 위한 에큐메니칼로서 특성과 과제를 지닌다고 정리했다. 이를 설명하기 위해 신옥수는 김이태의 "중심에 서는 신학"을 중요한 기초로 보았다. 그에 따르면 김이태의 "중심에 서는 신학"은 이종성의 "통전적 신학"과 맥을 같이 한다.[1] 더 나아가 이수영, 김명용, 윤철호, 현요한 등 장신대의 조직신학자들 역시 중심에 서는 신학으로서 장신신학을 복음에 중심을 두면서도 학문적 폐쇄성과 배타성을 지양하고 모든 다양한 신학사상에 대하여 귀를 기울이며 학문적 대화를 단절하지 않는 건전하고 적극적이며 포용력 있는 중심에 서가는 신학, 즉 창조적 긴장성을 가진 신학이라는 데 동의한다고 보았다.[2]

이러한 관점에서 김명용 역시 장신신학을 복음적이며 교회 일치와 연합을 위한 통전성에 있다고 보며 이종성의 "통전적 신학holistic theology"에 좀 더 주목했다. 그에 따르면 장신신학으로서 통전적 신학은 장로회신학대학교에서 이루어졌고, 곧 한국 장로교의 통합 측 신학으로 발전되었다.[3] 특히 이종성의 통전적 신학은, 1985년의 장로회신학대학교 "신학성명"은 물론, 2001년의 "신학교육성명"에 큰 영향을 끼쳤으며, 2003년 대한예수교장로회통합의 신앙고백서의 내용, 즉 "예수 그리스도의 복음 전파와 하나님나라의 구현"이라는 신학의 '통전성holisticity'을 이루는데 주효했다고 역설했다.[4]

특히 김명용은 자신이 주창한 "온 신학ohn theology"을 "통전적 신학의 다른 표현이다. 통전적 신학의 '통전적'이라는 표현이 한자어 표현인데, 이를 순수 한국어 표현으로 바꾸면 '온'이 된다. 그러므로 통전적 신학이나 온 신학이나 같은 의미를 갖는 신학이라고 할 수 있다"라며, 이종성의 "통전적 신학"을 자신이 제안한 "온 신학"과 연결하여, 온 세상을 위해 온전함을 추구하는 신학이 곧 통전적 신학이라고 강조했다.[5] 그는 성경의 무오성無誤性과 문자적 영감론에 기초한 박형룡의 보수주의 신학과 조용기의 삼중

축복^{오중복음}과 4차원 영성의 신학, 그리고 서구신학 중심에서 한국적 신학으로 변혁적 전환을 이룬 안병무와 서남동의 민중신학과 달리, 대한예수교장로회^{통합}의 신학으로서 '장신신학'에는 일곱 가지 특징이 있다고 강조했다.

먼저, '장신신학'은 삼위일체 신학이다. 둘째는 하나님의 주권과 은총의 신학이며, 셋째는 예수 그리스도 외에 다른 생명의 주가 없다는 온전한 복음이다. '장신신학'의 네 번째 특징은 하나님 나라를 위한 신학이며, 다섯째는 대화적 신학이고, 여섯째는 기도의 신학이다. 그리고 마지막으로는 사랑의 윤리를 지향하는 신학이라며 일곱 가지 특징적 틀 거리를 제안했다. 첫째에서 셋째까지의 특징이 장신신학의 본질이라면 그 본질을 이루고자 하는 운동이 네 번째 하나님 나라를 위한 신학이며, 그 하나님 나라 운동을 구체화 하기 위해 에큐메니칼 대화를 이루며 이 대화가 자칫 복음에서 벗어날 여지를 없애기 위해 기도하는 신학이어야 하며, 이를 통해 결과적으로 사랑의 윤리를 성취하는 신학으로서 장신신학임을 정리한 것이다.

> 온 신학은 신학의 성령론적 차원을 깊이 인식하고 있는 신학이다. 세계의 다양한 신학들은 성령에 의해 촉발되고 만들어지고 있는 신학이다. … 그런 까닭에 폭넓은 신학적 대화는 성령의 폭넓은 활동을 이해할 가능성을 넓혀 준다… 이런 의미에서 온 신학은 에큐메니칼적인 신학이고 교회를 하나 되게 만드는 신학이고 온전한 신학으로 가는 길을 여는 신학이다.⁶

김명용은 통전적 신학으로서 온 신학을, 스스로 절대적이라고 생각하는 고집스러운 신학이 아니라고 보았다. 오히려 '개혁교회는 언제나 개혁되어야 한다^{ecclesia reformata semper reformanda est}'는 개혁 정신을 가진 신학이라고 생각했다. 이 때문에 심지어 온 신학의 기반으로서 이종성의 통전적 신학에 묶여 있는 신학도 아니라고 주장했다. "전 세계를 향해 열려 있는 신학이며, 온전한 진리를 향해 이끄시는 성령의 활동에 복종하는 신학"이라고 단언했다.[7]

더 나아가 그는 이러한 에큐메니칼 정신 위에서 선 장신신학이 "사랑의 윤리"를 지향하는 신학이어야 한다고 주장했다. 그래서 1980년대 유럽에서 진행된 평화신학과 평화운동의 역사를 그가 제시한 온 신학, 즉 통전적 신학의 방향성으로 설명했다. 즉 사랑과 섬김으로 건설하려는 하나님 나라의 신학과 실천 운동의 모범이 유럽의 평화 신학과 그에 기초한 평화 운동에 잘 드러나기에, 신학 역시 그러한 정체성과 방향을 모범 삼아, 우리가 사는 한국 사회에 평화 신학의 정립과 평화운동을 펼쳐야 한다고 주장했다. 그래서 "복음적인 윤리학의 시작은 사랑이고, 원수사랑은 십자가 사랑 위에 세워진 복음적 윤리학의 정점"이라고 역설했다.[8]

지금까지 논의한 대한예수교장로회(통합) 신학으로서 '장신신학'을 요약 정리하자면, 크게 세 가지 범주로 나누어 생각할 수 있을 것이다. '장신신학'은 먼저, 삼위일체 하나님을 통한 은총을 '오직 예수'라는 복음 정신 위에 세우는 하나님 중심의 신학theocentric theology이며, 둘째, 예수 그리스도의 십자가 사랑으로 건설된 하나님 나라를 전파하기 위해 에큐메니칼 대화를 실천하는 사랑의 윤리에 기초한 평화 신학theology oriented toward communication in love and peace이며, 마지막으로, 그 사랑과 평화를 위한 에큐메니칼 대화가 온전성을 잃어버리지 않도록 기도하는 회심의 신학theology for conversion/ soteriology built on prayer으로 요약할 수 있다. 이제 이러한 '장신신학'의 기반 위에서 목회상담학의 의의와 방향에 대해 잠시 살펴본 후, 새로운 학문 간 대화와 융합의 방향으로서 미학적 학제성에 대해 살펴보고자 한다.

가. 하나님 중심의 목회상담학

목회상담은 사람을 중심에 둔다. 따라서 목회상담의 핵심 과제는 아무래도 인간이다. 현실을 사는 실존적 존재로서 인간이 경험하는 고통과 슬픔, 내적 상처와 절망, 씻을 수 없는 아픔들과 함께하는 실천 행동이 바로 목회상담이기 때문이다. 그러나 단순히 인간에 대한 학문으로서 목회상담학이라고 생각한다면 오산이다.

삼위일체 하나님은 온 우주 만물을 다스리시며 그 중심에 계신다. 따라서 이러한 신앙고백과 그에 잇댄 신학에 기초한 목회상담학과 '목회상담하기'의 중심에 삼위일체 하나님을 상정하는 것은 마땅하다. 그런데 성경은 특이하게도 그 삼위일체 하나님의 중심에 사람이 있음을 지속적으로 증언하고 있다. 생각해 보자. 하나님의 중심에 사람이 없다면, 인간 창조 기사로부터 성경이 시작되는 이유에 대해 답하기란 쉽지 않다. 더 나아가 성경에 나타난 인간에 대한 하나님의 긍휼과 사랑, 그리고 그러한 신적 의지에 대한 진의眞意 역시 찾기 힘들다. 특히 예수 그리스도로 드러난 성육신 사건과 십자가 고난, 그리고 부활과 영생이라는 구속사적 은혜에 관해 이해할 수도 없다. 한마디로 정의하자면, 하나께서는 사람을 위해 창조와 섭리, 구원과 영생에 대한 소망의 역사를 이루셨다고 정의할 수 있을 것이다요 3:16.

하지만 '하나님의 중심에 사람이 있다'는 말을, 단지 사람이 가장 큰 가치이며 하나님보다 크다는 뜻으로 해석할 수 없다. 오히려 하나님 사랑의 의미를 본질적으로, 또 명시적으로 드러내는 표현으로 생각해야 한다. 마찬가지로 목회상담학과 그 실천적 과제로서 '목회상담하기'의 중심에는 사람이 있다. 그러나 만약 목회상담학이 사람에 대해서만 생각하는 학문이라면 상담심리학이나 인류학, 사회과학 등과 같은 일반학과 다를 바 없다.

목회상담은 단순히 사람을 위한 돌봄 활동만이 아니다. 목회상담은 인간 실존의 영역과 그 영역을 넘어선 초월적이며 영적인 영역에 대한 통전적 holistic 헤아림을 통해, 사람으로서 지닌 본질적 가치와 의미를 신적 섭리와 연결하여, 사람의 치유와 회복, 그리고 구원을 지향하는 실천 행위로서 돌봄이다. 따라서 사람의 가치를 하나님과 연결하는 학문이 목회상담학이며, 그렇기에 목회상담학은 인간에 대한 하나님 사랑의 의미와 크기를 발견하게 하는 하나님 중심의 학문이다.

이러한 이유로 목회상담학은 인간에 대한 객관적이며 현상학적인 사실을 분석하는 '이성적이며 과학적인 탐구'임과 동시에, 인간에 관해 보다 초월적이며 초절적인 사실에 대한 탐구까지 포함하는 '해석학적이며 신학적인 연구'에 관심을 기울인다. 여기에서 '해석학적이며 신학적인 연구'라고 표현한 이유는, 목회상담학이 인간에 대한 역사적-심리적 사실과 사실성 fact and facticity 에 관한 상담심리학적 탐구는 물론, 실존이라는 인간의 초월적 사실과 사실성까지 연구하는 학문이기 때문이다. 이 때문에 목회상담학을 '미학적'이라고 말할 수 있다. 왜냐하면 '미학'의 출발점으로서 '해석학'이 '목회상담학'이 말하는 초월적이며 초절적인 영역의 탐구로서 '신학'과 불가분의 관계에 있기 때문이다.[9]

한스-게오르그 가다머 Hans-Georg Gadamer 는 "미학은 해석학에서 출발하지 않으면 안 된다"라고 주장했다.[10] 이처럼 목회상담학을 '미학'의 출발로서 '해석학'에 잇대는 것은, 사람을 과학, 즉 상담심리학으로 분석하고 해석하는 것의 중요성을 말하고자 함이며, 동시에 사람이라는 실존을 영원과 연결하고자 하는 의지가 목회상담학에 있음을 나타내고자 함이다.[11] 그렇기에 목회상담학은 인간을 과학적인 대상으로 바라보려는 지성적이며 이성적인, 다시 말해, 해석학적 노력이며, 동시에 인간을 신적 예술작품으로 생각하고자 하는 미학적이며 신학적인 노력이다. 결국 이러한 통전적 이해를 통해 사람에 대한 하나님의 사랑을 드러내고자 하는 실천적이며 미학적인 돌봄 활동을 목회상담이라고 말할 수 있는 것이다.

나. 사랑과 평화의 대화를 지향하는 목회상담학

미학적 돌봄으로서 목회상담학의 특징은 '긴장성^{tensionity}'에 잘 드러나 있다. 여기에서 말하는 '긴장^{tension}'은 대립의 개념이 아니다. 오히려 조화와 공존을 의미하는 아름다움에 대한 극적 표현이다. 물론 긴장은 불편을 불러온다. 그러나 경직된 불편함으로서 긴장이 아니라, 질서와 조화, 평화를 위한 자유로움의 상태로서 긴장이다. 이 긴장이 무너지면 한쪽으로 쏠림 현상이 일어난다. 어느 한쪽이 다른 쪽보다 높아진다. 혹은 반대로 어느 한쪽이 다른 한쪽보다 급격히 낮아진다. 마치 상명하복의 관계처럼, 계급주의와 차별, 상호 간 반목과 억압, 그리고 어느 한쪽의 자유가 철저히 제한되거나 상실되는 속박이 시작된다. 그러나 긴장은 역설적으로 마치 진공상태에 이른 듯 힘을 뺀 여유로운 '인식^{appreciation}'을 제공한다. 쏠림 현상과 그로 인한 갈등과 다툼, 절망과 당혹스러움이 아닌, 평등과 공존을 지향하기 때문이다.

특히 '긴장성'은 기독교 신앙의 역설적 신비와 깊은 유비^{analogy}를 이룬다. 죽음과 생명^{눅 9:24}, 십자가와 구원^{사 53:5-11}, 회개와 칭의^{稱義}의 은총^{눅 18:9-14}, 선과 악 등, 기독교 신앙에서 말하는 역설은 단순한 이분법적 구도가 아니다. 오히려 질서^{order}와 조화^{harmony}의 신비를 말하는 것이다. 어느 한쪽의 일방적인 복종과 굴종을 강요하지 않기 때문이다. 어느 한쪽이 우위에 있다며 잔인한 승리를 선언하지도 않기 때문이다.

이러한 점에서 언급한 '긴장성'은 '똘레랑스^{tolerance}'를 요구한다. 프랑스어 똘레랑스는 다른 사람의 의견이나 사고방식, 혹은 이데올로기와 그에 따른 행동의 자유를 존중하기 위해, 참을성을 갖는 것을 의미한다.[12] 그러나 이는 절대 군주 혹은 군사 독재와 같은 계급사회에서 사용하는 너그러움과 자선慈善, 혹은 관용이라는 개념과는 다소 의미론적 차이가 있다. 관습적 측면에서 너그러움과 자선, 관용은 다분히 가부장적 사고와 유교문화의 미덕, 혹은 절대적인 힘이라는 조직 구조 앞에서 굴복이라는 측면에서 이해되어 온 것이 사실이다. 그러나 똘레랑스는 계급 구조에 내몰린 편견의 산물이 아니다. 오히려 성숙한 인격적 차원의 상호 간 호혜성互惠性을 원칙으로 한다. 인종과 국가, 계층과 문화, 그리고 남자와 여자라는 성별의 차이를 뛰어넘어, '우리는 모두 사람이다'라는 기본적 인식과 가치에서 비롯된 용어이기 때문이다.

이런 점에서 '똘레랑스'를 함석헌의 '같이 살자'는 '씨올 사상'이나 유동식의 '풍류'와 일견 맥을 같이 하는 것으로 볼 수 있다. 특히 유동식은 한국 사상의 특징을 세 가지로 분류했고, 이를 풍류의 기초이념으로 보았다.

첫째는 '한'이다. '한'이란 먼저 하나를 뜻한다. 그러나 그 하나는 단순히 수사적數詞的인 의미를 가진 것이 아니라 거기에는 초월적 본체 또는 절대자의 뜻이 들어 있다… '한'에는 크다 또는 높다는 뜻이 있다. … '한'은 한울 곧 하늘을 뜻한다. 이를 인격화한 것이 '한님' 곧 하느님이다. … 한국 사상의 기초이념을 이루고 있는 두 번째 개념은 '멋'이다. … 그 바탕을 이루고 있는 것은 미적美的 감각이다. … '멋'에는 흥興과 율동律動의 뜻이 있다. … 조화調和나 자연스러움, 자유와 내실의 뜻이 있다. … 멋을 옛 한인들은 노래와 춤에서 찾았다. 거기에서 사람들은 신神과 융합하는 황홀경에 이를 수 있었기 때문이다. 절대자와 하나가 되는 여기에서 비로소 자유와 멋이 우러나오는 것을 경험했다. … 한국사상의 기초이념을 이루고 있는 세 번째 요소는 '삶'이다. 삶이란 생명生命이라는 생물학적 개념과 살

림살이라는 사회학적^{社會學的} 개념을 동시에 포함한 말이다.[13]

유동식에게 한국 사상은 상처와 아픔으로 점철된 한^恨에 기초한 것만은 아니었다. 오히려 인간의 삶에서 한스럽게 경험하는 '희로애락^{喜怒哀樂}의 살이^삶'를 초월적 하나님과 함께 춤추듯 어우러지게 할 줄 아는 멋스러운 풍류와 맥을 같이 한다고 보았다.

함석헌 역시 "누가 나처럼 수줍은 놈을 미친놈 만들어 놓았느냐?"라며 사회와 교회에 대한 급진적 이해를 드러내기도 했으나, 그가 주장한 씨ᄋᆞᆯ 사상 역시, 우리 민족이 가진 대화와 사랑의 마음에 기초한 사상이라며, 함석헌은 자신의 철학을 "대화와 사랑의 철학"으로 규정하기도 했다. 이런 인식에서 함석헌은 한민족에게 공통으로 자리매김하고 있는 것은 투쟁사상이 아니라, 만물을 짓고, 만물을 유지하고, 뜻을 이뤄가는 사랑이라고 보았다.[14]

함석헌과 유동식의 사상에 동의하는 것은 아니지만, 이들이 가진 풍류와 씨ᄋᆞᆯ 사상이 지향하는 인간에 대한 인식론은, 필자가 언급한 미학의 특성으로서 긴장성과 똘레랑스와 좋은 유비를 이룬다. 따라서, 이러한 인식론에 기초하여 말하자면, 긴장성과 똘레랑스를 요구하는 미학은 인내와 참음에 국한되는 괴로운 개념이 아니다. 오히려 긴장성과 똘레랑스를 노래하고 춤추며, 더 나아가, 그럼에도 대화를 지속하며, 타자는 물론 신적 존재와 사랑의 통전적 융합을 이루고자 하는 노력의 개념으로 이해할 수 있다.

그러므로 목회상담학은 실존적 차원과 영적 차원의 미학적 융합이며, 서로 다른 차원이라 여겨질 수밖에 없는 신학과 상담심리학 양자의 긴장성 사이에 적대감과 폭력이 아닌 에큐메니칼 대화가 가능한, 또 춤추고 노래하듯, 산책하고 여행하듯, 평화와 사랑으로 풀어낼 줄 아는 인격적이며 성숙한 똘레랑스로 가능한 따뜻한 소통의 학문이라고 말할 수 있다.

다. 기도로 세워지는 회심의 목회상담학

사람은 경험을 통해 자신만의 삶의 방식을 결정한다. 심지어 게리 토마스Gary Thomas가 주장한 것처럼, 자신의 영성에도 특정한 색을 채색한다.[15] 즉 '자기self'라는 '심리내적 체계intrapsychical system'가 형성되는 것이다. 물론 경험과 자기 구조의 형성은 동시적이어서 무엇이 선행한다고 특정하기란 쉽지 않다. 자기가 경험을 통해 조직되고 구체화 될 때, 자기는 동시에 경험을 호好 또는 불호不好로 구분 지으며, 경험을 끌어당기기도 하고 혹은 밀어내기도 하기 때문이다. 이 '자기 구조'는 자신만의 개성personality과 그 개성의 외적 표현으로서 성격character을 나타낸다. 이렇게 자신만의 세계관Weltanschauung을 구축하는 것이다.

만약 그 세계관이 유연하다면, 다시 말해 그 세계관을 드러내게 한 개성과 성격, 아니 그 이전의 자기 구조가 병리적 강직성을 나타내지 않는다면, 인간 실존으로서 시시각각 경험하는 현실에 대해 실용적 수용의 태도로 자신을 재구성 혹은 재구조화하며 지속적인 '자기'의 성장을 이룰 수 있을 것이다. 즉 자기 삶의 방식이나 영성에 있어 어떤 성숙과 풍성이라는 열매를 맺을 수 있는 것이다. 그러나 이와 달리 자기 구조가 병리적 상태를 나타내게 된다면, 성장보다는 '심리적-영성적 퇴행psychological-spiritual regression'을 나타낼 수밖에 없다.

상담의 현장에서 만나는 내담자는 자기 구조의 퇴행이라는 병리적 특성을 나타낼 때가 많다. 삶의 방식이나 영성에 있어 왜곡된 퇴행이 나타나, 자신을 인간관계의 단절과 소외로 내몰거나, 혹은 어떤 극단적이며 도착증적 이상심리를 드러내게 한다. 특히, 아이러니하게도 자신을 도우려는 상담자를 끝없는 절망의 늪으로 끌고 가려고 노력할 때도 많다. 자신이 경험하는 문제에 대해 수많은 이유와 답변을 찾고자 노력했으나 답을 찾지 못했다는 혼란과 어둠에 갇혀, 자신의 절망을 상담자에게 전가하기 위해 애쓰는 것이다. 해결을 위해, 혹은 어떤 소망을 찾고자 찾아온 사람의 행보라고 여겨지지 않는 퇴행적 양상을 나타내는 것이다.

　　내담자의 이러한 병리적 퇴행은 상담자로 하여금 심리적 반작용, 즉 '무의식적 반동형성unconscious reaction-formation'을 경험하게 한다. 특히 무의식적 반동형성으로서 '거절감sense of refusal'을 느끼게 하는데, 이렇게 되면 상담자는 의식적이거나 혹은 무의식적으로 두 가지 퇴행적 선택을 한다. 첫 번째 선택은 모든 책임을 내담자에게 전가하는 것이다. 그래서 섣부른 진단으로 내담자를 평가절하한다. 내담자를 무시하거나 내담자에 대한 회피적 대응을 나타내는 것이다. 이는 종종 강압적으로 나타나기도 한다. 내담자에 대해 심리적 폭력을 행사하는 것이다. 쉽게 말해, 심리적 억압을 통해 상대를 굴복시키려 한다든지, 혹은 더 큰 권위와 힘으로 억눌러 강제적 이해와 복종을 끌어내려 한다. 중요한 것은, 이런 무의식적 반동 현상은 성공 여부와 큰 관계가 없다는 점이다. 성공한다면, 자신이 설정한 '남 탓'이 바른 판단이라며 '무의식적 훈습unconscious working through'이 '강화reinforcement'를 통해 '각인imprint'될 것이고, 만약 실패한다면, 심리 내부의 '투사 기제projective mechanism'로 남아, 내담자에게 받은 거절감을 되돌려주기 위해 그를 밀어내려 하거나, 혹은 그 내담자와 비슷한 특징을 가진 사람들을 싸잡아 일반화하는 확증편향에 사로잡혀 자신을 지키려 할 것이기 때문이다.

　　두 번째 선택은 퇴행의 모든 책임을 상담자인 자신에게 돌리는 것이다. 이러한 자기 학대적 현상은 종종 자신의 자존감에 심각한 상처를 입혀, 때로 '심리적 철수psychological withdrawal'를 불러오기도 한다. 이 심리적 철수는 자기 비하와 자기 학대의 양상으로 나타난다. 앞선 선택에서도 그러했

듯, 이러한 심리적 양상은 자신에 대한 폭력으로 나타나, 은둔형 외톨이처럼 삶의 범위를 강제적으로 제한하거나, 혹은 인간 관계적 측면에서도 자신을 소외시켜 깊은 냉담과 우울을 경험하게 하기도 하는 것이다.

그러므로 상담자는 심리적-영성적 퇴행을 경험하는 내담자를 만나며 퇴행의 덫에 사로잡히지 않도록 자기관리로서 철저한 '자기분석self analysis'이 필요하다. 상담심리학적으로 말하자면, 자기분석은 심리내부의 어떤 부분에서 일어나는 에너지의 집중cathexis에 일종의 '심리적 맥 빠짐psychological deflation' 현상을 발생시키는 것을 말한다. 팽팽한 고무 튜브에 구멍이 나서 바람이 빠져나가듯, 심리적 반동형성이 극렬해지는 시점에서, 자기분석은 치료와 같은 '정화catharsis'의 깨달음을 느끼게 하기 때문이다. 이렇게 자신을 분석하게 되면, '세계관'이나 '관점perspective'의 좌표이동, 즉 '유연한 재구조화'가 가능하게 된다. 왜냐하면 '어떤' 것만을 생각하던 팽팽한 심리역동에서, '다른' 것도 생각할 가능성이 열리기 때문이다. 마치 장기나 바둑에서 훈수를 두는 사람의 눈이 훨씬 더 자유롭고 지혜롭게 움직이듯, 한 걸음 뒤로 물러서서 자신과 내담자, 또는 상담의 전 과정을 객관적으로 바라볼 수 있는 유연성을 획득하는 것이다.

신학적인 관점에서 말하자면 자기분석은 자신을 '하나님 앞에coram Deo' 세우는 것을 말한다. 하나님이라는 진리의 빛 앞에 자신의 모든 것을 투명하게 드러내는 것이다. 이를 '회개repentance'라고 한다. 자기라는 실존의 심리적이며 영적인 적나라한 모습을 발견하며 가감 없이 고백하는 것이다. 키에르케고르Søren Kierkegaard는 실존의 현재 위치를 파악하고자 할 때, 자신의 지나온 발자취, 즉 경험을 성찰하는 것의 중요성을 역설하였다.[16] 물론 무시하고 싶거나 부정하고 싶은 자신의 마음과 영혼을 들여다보는 것은 아픈 일이다. 생각하고 싶지 않은 자신을 살피는 것은 죽음처럼 고통스러운 일이기 때문이다. 그러나 자신의 현재를, 또 실존의 모습을 분명히 발견하고자 한다면 그래야 한다. 마틴 루터Martin Luther가 자신의 아픔과 직면했던 것과 같이,[17] 또 어거스틴St. Augustine이 참회록을 통해 자신을 드러냈던 것처럼,[18] 자신에 대한 철저한 반추로서 회개는 실존을 실존 되게 하는 첩경이기 때문이다.

바울은 다메섹 도상에서 자신이 핍박하던 예수를 만났다. 그에게 이 경험은 자신의 모든 것을 뒤바꿔 놓는 '변형'의 경험이었다행26:12-18. 그럼에도, 그는 로마서 7장 22-24절에서 "내 속사람으로는 하나님의 법을 즐거워하되 내 지체 속에서 한 다른 법이 내 마음의 법과 싸워 내 지체 속에 있는 죄의 법으로 나를 사로잡는 것을 보는도다. 오호라, 나는 곤고한 사람이로다. 이 사망의 몸에서 누가 나를 건져내랴"라고 고백하며, 회개의 지속성을 유지했다. 구원은 마음으로 믿고 입으로 시인하여 단번에 주어지는 하나님의 은총의 선물이지만롬 10:9-10, 회개는 하나님 앞에서 날마다 해야 할 실존의 마땅한 일이기 때문이다고전 15:31.

그러므로 신학적 의미의 자기분석은 회개이며, 이 회개는 하나님의 음성을 듣는 내적 조명, 즉 기도로 가능하다. 특히 여기에서 말하는 기도는 간구petitionary prayer를 넘어선다. 자신보다는 하나님께 집중하며 하나님의 말씀을 듣는 것이기에 이를 '말씀 묵상lectio divina'과 잇대는 것은 자연스럽다. 기도를 통해 자신을 하나님 앞에 세우며 자기 구조를 조명하는 것이다. 내담자와 상담 관계를 형성하고 있는 자신을 발견하며, 상담을 통해 임재하고 계시는 하나님에 대한 섬세함을 지키고 회복하는 것이다.

목회상담은 상담자와 내담자, 그리고 하나님이라는 '삼자관계'의 역학으로 이루어지는 돌봄 활동이다.[19] 따라서 목회상담가는 자신은 물론 하나님에 대해 민감해야 한다. 상담자로서 상담에 찾아온 내담자에 대해 정확하게 분석하고 빠르게 진단하여 문제를 해결하고자 하는 이론적이며 임상적인 전문성을 가졌다는 사실만으로 만족해서는 안 된다. 상담의 전 과정에서 자신이 어떤 존재인지를 끊임없이 기도하며 성찰해야 한다. 내담자와 관계는 물론 하나님 앞에선 존재로서 상담자 자신의 심리적-영적 상태를 끊임없이 조명하는 것이다. 그래야 의식적이거나 무의식적으로 나타나는 퇴행적 양상에서 자신을 보호할 수 있기 때문이다.

그리고 기도를 통해 하나님의 역사하심에 대한 섬세한 감각을 가져야 한다. 이를 단순히 어떤 초월적 개입이 일어날 것으로 기대하는 무속적 염원으로 이해해서는 안 된다. 오히려 상담자인 자신과 내담자의 자기 구조와 심리 역학의 퇴행적 양상을 살피며, 왜곡된 자기 이미지와 '하나님 표상God representation'을 하나님의 사랑과 은혜로 회복과 치유에 이르게 할 수 있도록 영적 민감성을 갖는 것으로 이해해야 한다. 물론 상담의 전 과정에서 기적처럼 역사하시는 하나님의 초월적 개입에 대해 열린 태도를 가져야 함은 마땅하다. 전지전능하신 하나님께서 일하시는 방식에 제한을 둘 수 없기 때문이다. 그러나 기적은 하나님의 영역에 있음을 잘 아는 목회상담가는 다만 목회상담을 진행하며 항상 기도한다. 상담의 전 과정을 통해 실존으로서 상담자인 자신과 내담자가 어떤 존재인지를 분명히 이해할 수 있기를, 그래서 자신과 내담자가 하나님 앞에 설 수 있기를, 또 이를 통해 내담자가 자신의 문제에 매몰되지 않고 오히려 문제에 대한 주도권을 회복할 수 있기를, 더 나아가 하나님에 대한 건강하고 온전한 이미지를 재구조화할 수 있기를 말이다. 이렇게 목회상담학은 기도를 제외하고 생각할 수 없는, 기도가 이끄는 학문이다.

지금까지 장신 신학과 잇대어 목회상담학의 특성을 1) 하나님 중심의 목회상담학, 2) 사랑과 평화의 대화를 지향하는 목회상담학, 그리고 3)

기도로 세워지는 회심의 목회상담학으로 생각해 보았다. 결국 목회상담학은 장신신학이 지향하는 바를 실천하는 학문이며, 더 나아가 장신신학을 지키는 실천신학의 한 분야임을 나타내는 것이라고 말할 수 있다. 이제 장신신학에 기초한 목회상담학의 특성이 '학제성'이라는 '학문 간 대화' 혹은 '학문 간 융합'에 있어서 어떻게 실현될 수 있는지 그 가능성과 의미를 살펴보고자 한다.

2. 학문 간 융합의 새로운 방향, 미학적 학제성^{aesthetic Interdisciplinarity}

목회상담의 정도正道는 삼위일체 하나님을 중심에 두는 것이다. 목회상담을 하며 목회상담가 스스로가 하나님처럼 되자고 하거나 하나님처럼 될 수 있다고 생각하는 것은 어불성설이다. 목회상담가로서 자신은 하나님 앞에 서 있는 실존으로서 인간일 뿐임을 고백하고, 하나님께서 주시는 힘과 지혜로 상담에 참여해야 한다. 이는 목회상담가의 정체성은 물론 왜 목회상담을 하는가에 대한 질문에 적확한 답변을 갖는 일이다.

따라서 목회상담가는 목회상담의 현장에 참여하는 상담자와 내담자 모두 내담자의 주 호소 문제에 임하고 계신 하나님을 경험할 수 있도록, 다시 말해, 하나님께서 목회상담의 현장에 역사하실 수 있도록 장場을 형성하는 촉진자로서 역할을 감당해야 한다. 이를 위해 하나님 앞에 서 있는 존재로서 목회상담가는 내담자를 만나며 해결해야 할 대상이라 여기며 만나서는 안 된다. 오히려 내담자라는 사람, 즉 실존적 존재를 만나야 한다. 더 나아가 하나님의 시선과 사랑으로 내담자를 온전히 만날 수 있어야 한다. '목회상담하기'를 통해 내담자가 지닌 존재의 아름다움을 '미학적'으로 '인식^{appreciation}'할 수 있어야 하는 것이다.

여기에서 말하는 '미학적'이라는 용어의 의미는 말 그대로 '아름다움'을 지칭하기 위한 형용어구이다. 그러나 단지 사회문화적 선입견으로 만들어진 외모나 외형적 의미로서 '아름다움'을 일컫는 것은 아니다. 15세기 고어에는 '나私, 我, 吾'를 지칭하는 말로 '아름'을 사용했다고 한다. 그러니 '아름다움'은 '나다움' 혹은 '나-스러움'이라 말해야 하는 것은 아닐까. 또 다른 용례로는 '아름'은 '앎'을 풀어쓴 표기라고도 하는데, 이렇게 생각한다면 '아름다움'은 '앎-답다', 즉 '지식과 지혜가 가득한 아는-이-답다'라고 생각할 수 있다. 더 나아가, 이 두 용례를 조합한다면, '아름다움'이란 '나에 대한 깊은 앎을 가진 사람'을 지칭하는 것으로 이해할 수도 있을 것이다.[20]

여기에 더해 소설가 박상륭은 '아름다움'의 원래 표기를 "앓음-다움"이라고 주장했다. '앓음'이란 '앓다'의 명사형으로 몸이 아픈 상태를 일컫지만, 조금 더 적극적으로 표현하면 '아픔을 이겨내기 위해 몸부림치는 상태'이다. 그래서 박상륭은 '아름답다'는 말을 "시련과 아픔을 이겨내기 위해 몸부림치는 상태"라고 표현했다.[21]

'자기 자신에 대한 깊은 앎'으로서 '아름다움'에 이르기 위해서는 분명 거쳐야 하는 관문이 있을 것이다. 바로 허무와 좌절은 아닐까. 자기에 대해 알면 알수록 자신의 밑바닥에 고인 적나라한 찌꺼기들을 발견할 수밖에 없기 때문이다. 그러니 고통에 지지 않으려 몸부림치는 '앓음-다움'을 아름답다고 여긴 해석에 일견 고개가 끄덕여진다.

그러나 목회상담에서 말하는 '아름다움'은 실존으로서 인간에 대한 깊은 인식론과, 또 그 실존으로서 이를 수 있는 깨달음과 지혜, 더 나아가 그러한 경지에 이르기 위한, 다시 말해 인간 승리를 위한 실존적 몸부림의 개념을 넘어선다. 왜냐하면 '아름다움'이 삼위일체 하나님의 창조 섭리와 사랑의 구원론soteriology에까지 연결되기 때문이다.

목회상담은 아름다움, 특히 자기에 대해 깊은 깨달음이라는 개념을 하나님이라는 궁극에 대한 감각Tillich's "ultimate concern", 혹은 신적 존재에 대한 깨달음과 연결한다. 그래서 '앎'이라는 아름다움의 의미를 영적 영역에까지 확장하는 것이다. 그렇기에 앎의 함정으로서 허무주의를 극복한다. 오히려 역설적이고 신비하게도 자기에 대한 앎의 순간 혹은 어떤 깨달음이라는 지혜를 갖게 되는 순간, 치열한 투쟁으로서 앓음-다움이 아닌, 하나님의 형상으로 창조된 자신이 얼마나 아름다운 존재인지를 분명히 알게 된다. 자신의 삶에 하나님의 은혜 아닌 것 하나 없었다는 사실을 깨닫게 되는 것이다. 이렇게 아름다움을 알게 되면, 병리적인 보상 심리에서 벗어나게 된다. 자신의 적나라한 실존의 모습인 상처와 아픔에 매몰되지 않는다. 또 자신의 고통을 떠올리며 누군가에게 자신의 고통을 전가하려 들지도 않는다. 오히려 '나'의 아픔에도 '나'라는 존재를 무너뜨리지 않으며, '나'의 상처에도 '너'의 아픔을 살뜰히 보살필 줄 아는 성숙을 지향한다. 그래서 '나'와 '너'가 함께 울고 함께 웃을 수 있는 인격적 상호성을 구축할 줄 아는 것이다롬 12:15-16.

그러므로 제시한 '미학적'이라는 말은 고상하고 그럴싸해 보이는 것을 지칭하는 용어가 아니다. 흘리는 눈물이 아름답게 여겨지기도 하고, 너무 아파 숨도 제대로 쉴 수 없는 그런 삶조차 아름다울 수 있기 때문이다. 우리가 아름답다고, 귀하다고 하나님께서 말씀해 주시고, 또 이를 성경이 단언하고 있기에, 고통도, 슬픔도, 상처도, 우리의 아름다움을 방해할 수 없는 것이다.

그렇다면 목회상담가로서 내담자가 지닌 존재의 아름다움을 '미학적'으로 '인식appreciation'한다는 것은 무엇일까? 물론 '인식appreciation'이라는 용어 자체에는 '심미성'이라는 의미가 내재 되어 있기도 하지만, 영적이며 신학적 이해를 포함하는 '미학적aesthetic'이라는 용어를 붙여 만든 '미학적 인식 aesthetic appreciation'의 의미는 구체적으로 무엇인지, 또 '목회상담하기'을 통해 목회상담가로서 미학적 인식을 갖는다는 것에는 어떤 의미가 있는지를 생각해 보자.

가. '인식 appreciation'에 대한 해석학적 이해

'인식 appreciation'은 단순한 관찰자의 시선으로 타자와 대상으로서 내담자를 분석하며 인간에 대한 '호기심 curiositas'을 충족하려는 어떤 유희와 즐거움 추구와는 거리가 멀다. 오히려 인간에 대한 깊이 있는 탐구로서 '면학심 studiositas'이라는 사랑의 자세로 만나고자 하는 것이다.[22] 즉 '감사 appreciation'라는 따뜻한 온기로 인간 실존을 심층적으로 또 본질적으로 만나는 것이다. 내담자가 경험하는 실존의 무게를 여실히 느끼며 내담자의 삶에 참여하겠다는 것이며, 동시에 내담자가 처한 현실의 삶에 대한 가치와 내담자를 향한 하나님의 의미를 함께 찾고자 노력하겠다는 것이다. 비록 현실과 실존의 어두운 그림자로 인해 상담자와 내담자 모두가 고통스러울지라도 하나님께서 성경을 통해 확증하신 사랑의 기초위에서, 오히려 사람에 대해, 또 그 사람이 경험하는 문제들과 함께 춤추고 노래하며 사랑의 대화를 이어가겠다는 것이다. 즉 함께 즐거워하고 함께 우는 감동과 감격을 잃지 않겠다는 것이다롬 12:14-18.

이 때문에 목회상담가는 목회상담의 현장에서 내담자를 만나며 설령 실패와 좌절을 경험하더라도 희망을 잃지 않는다. 오히려 용기를 낸다. "용기란 단순히 외고집이 요구되는 것이 아니라, 용기의 주된 성격은 자신의 존재 가운데 중심이 되는 것을 획득하는 것이다. 용기는 일체의 덕이나 개인적인 가치를 이해하고 그것에 현실성을 부여하는 기본이다"라고 주장한 롤로 메이 Rollo May의 말처럼, 인간에 대한 본질적이면서도 현실적인 인식으로 사람을 만날 줄 안다.[23] 이 때문에 '목회상담하기'는 문제 해결을 넘어서는 실천praxis이다. 문제를 없애기 위한 기능적 차원에서 상담을 진행하지 않는다. 상담자와 내담자가 만남과 대화를 통한 사랑을 공유하고, 인간 실존의 문제들로 함께 울고 웃으며, 현실의 아픔을 춤추고 노래하듯 인식의 틀을 확장해 하나님을 만나며 '신적 조우divine encounter' 속에 깨달음과 지혜, 다시 말해 하나님의 뜻을 발견하기를 애쓰기 때문이다. 그래서 현실과 실존의 문제가 여전하다 하더라도 문제에 휘둘리는 인생이 아니라 문제에 대한 주도권을 잃지 않고자 애쓰는 것이다. 하나님께서 살아계시고 하나님께서 반드시 보상하시고 거두게 하실 것이라는 믿음을 갖고 있기 때문이다히 11:6; 갈 6:9.

제시한 '인식'에 대한 이해를 분명히 하고 구체화하기 위해, 한스 게오르그 가다머Hans-Georg Gadamer의 "적용application"과 폴 리쾨르Paul Ricoeur의 "자기화appropriation"의 개념을 잠시 비교 분석해 보자.

가다머의 존재론적 해석학의 키워드는 "적용application"이다.[24] 하이데거Martin Heidegger에서 야기된 존재론적 해석학의 관점은 존재가 가지고 있는, 즉 정확히 말해 존재에게 영향을 끼치고 있는, 요소들에 대해 분명히 파악하는 것이다.[25] 특히 가다머의 존재론적 해석학의 관심은 상당 부분, "선입견prejudice"이라는 용어와 잇대어 있다.[26] 하이데거의 "선-구조fore-structure"를 "선입견"으로 재구성한 가다머에게 선입견은 전통tradition에 대한 복권復權의 상징이다. '이해'의 선결 조건으로서 선입견의 온전성을 회복한다면, 전통이 지닌 뜻과 가치를 제대로 파악할 수 있는 요인으로 작동한다고 보았기 때문이다.[27] 따라서 가다머에게 선입견은 '전先 이해'를 이루는 중요한 요소이며, '무無 전제'란 있을 수 없는 인간 실존을 실존답게 존재케 하는 중요한 요소라고 할 수 있다.

그러므로 선입견에 대한 이해는 해석하는 사람에게 전통의 맥락을 가늠케 하며, 종국에는 그 전통이라는 '인간 실존의 역학'을 향유 할 수 있는 '놀이spiel'를 가능하게 하는 것이 된다. 특히 가다머에게 놀이는 노는 자의 의식이나 행위 속에서 놀이의 존재론적 의미를 찾는 것은 아니다. 반대로 노는 자를 놀이의 영역 속으로 끌어와 놀이의 정신으로 채우는 능동적 개념이다. 가다머의 주장에 의하면, 놀이의 이유는 단지 노는 자에게 놀이 경험을 주기 위한 것이 아니라, 놀이 속에 의도된 '현실을 넘어서는 현실', 즉 형식으로 변형된 실재를 매개하는 데 있는 것이다. 이 때문에 가다머에게 놀이는 실존의 존재론적 현실 양태이며, 노는 사람이야말로 해석을 담은 "현존재da-sein"라고 볼 수 있는 것이다.[28]

따라서 가다머의 해석학적 흐름을 파악할 수 있는 중요한 핵심 용어는 "적용anwendung"이다. 하이데거가 말한 현존재로서 전통이라는 맥락을 자신이라는 존재에 접목하는 관계 역학이 바로 "적용"이며, 이 적용의 과정을 매개한 선입견은 해석이라는 또 다른 적용의 과정을 거쳐, 실존으로서 전통과 놀이에 참여가 가능한, 다시 말해, 전통 안에서 해석이 가능한 해석자로 서게 한다는 것이다.[29] 그러므로 가다머에게 있어 적용은 참된 실존으로서 '해석하는 삶'이며, "해석학적 과정을 통합하는 구성부분einintegrierender bestandteil des hermeneutischen vorgangs"이며, "실천철학 형성의 근간"인 것이다.[30]

특히 가다머의 "적용"은 실천신학의 아버지로 불리는 슐라이어마허 Friedrich Ernst Daniel Schleiermacher 의 용어인 "기술technik"과 밀접한 관계가 있다. 슐라이어마허의 용어, "기술"은 효율과 실용의 차원에서 어떤 일을 빠르고 매끄럽게 이해하고 해석하며 실행하는 차원을 넘어선다. "예술 법칙rules of art"을 따르는 것이 곧 기술이기 때문이다. 이를 짧게 설명하자면, 슐라이어마허에게 해석학은 "이해의 예술the art of understanding"이다.[31] 이는 예술로서 이해가 독단적 과정이 아니라는 것을 분명히 하는 것이다. 즉 대상인 객체적 차원을 제대로 해석하고자 한다면 주체적 차원의 "정직한 고려"가 있어야 함을 강조했기 때문이다. 그래서 그는 해석하는 사람에게 해석을 위한 정직한 고려로서 '기술'을 요청했다. 자신만의 해석이라는 소위 '기술의 바벨탑'을 쌓기보다 "언어 안에서 그리고 언어의 도움을 받아 어떤 이야기의 올바른 의미를 찾아내는 예술"이 필수적이라고 보았기 때문이다.[32] 그래서 그는 해석을 이야기의 전체성과 통일성, 그리고 이야기를 이루는 요소들의 주요 특징을 파악하려는 예술적 작업으로 이해했다.[33] 이러한 인식의 틀 위에서 그는 실천신학을 "사려 깊은besonnene 행위의 기술technik 학문"으로 이해하였으며, 성경의 진리를 어떻게how-to 현실에 적용application할 수 있는지를 연구하는 학문으로 이해했다.

> 슐라이어마허Schleiermacher는 "기술technik"이라는 단어를 여러 번 사용한다. 이 용어 역시 고전 문헌에서 윤리학, 정치학, 수사학 등의 실천적 기술을 계발하는데 필요한 일종의 가이드 라인으로 이해되었다. 이것은 근대적 의미의 표준화된 과학적 지식에서 유래하는 기술과는 구분된다. 이것은 주어진 실천의 규칙을 어떤 상황에 기계적으로 적용하는 것이 아니라, 그 상황의 특수성과 그 규칙을 적용하는 사람의 경험을 신중히 고려하는 가운데 최선의 실천을 모색해 나가는 것을 뜻하였다.[34]

가다머에게 "적용"이 그의 해석학을 푸는 하나의 열쇠라면, 슐라이어마허의 "적용신학application theology"을 이해하기 위해서는 어떻게 '기술의 예술성'이 신학의 실천 영역에 적용 가능한지를 파악할 수 있어야 하는 것이다.

그러나 한 가지 점에서 생각해야 할 부분이 있다. 아무리 가다머와 슐라이어마허가 "적용"의 성숙한 의미와 건강한 실천적 방향성에 대해 논의한다고 할지라도, 이미 적용이라는 용어 안에는 언어학적 의미에서 어떤 '방향성'이 실재하고 있다는 사실을 간과할 수 없다는 점이다. 즉 해석의 주체인 '자기 self'에서 객체인 '타자 혹은 텍스트 the other or text로'라는 방향성을 부정할 수 없기 때문이다. 물론 가다머와 슐라이어마허의 적용을 질 들뢰즈 Gilles Deleuze의 "되기 becoming"의 개념과 연결 지워 해석 영역의 주체와 객체 사이의 상호성에 대해 말할 수 있을 것이다.[35]

그러나 아무래도 "적용"은 해석의 주체로서 '자기'의 승리 선언이다. 전통의 맥락 안에서 주저앉은 현존재가 아니라, 타자를 바르게 해석하고자 주체성을 지닌 해석자가 생생한 오감, 즉 시각, 청각, 후각, 미각, 촉각을 총동원해 전통의 맥락 내부에 위치한 객체로서 타자 혹은 텍스트를 살아있는 경험으로 해석하는 "적용"을 이루고자 하기 때문이다. 물론 이때에도 주체에 매몰되는 대상으로서 타자/텍스트가 아니라, 타자라는 현존재의 개체성을 유지한 채 역사라는 맥락 안에서 오히려 주체의 해석을 이끄는 객체로서 기능할 수 있음을 역설할 수도 있을 것이다. 그러나, 그럼에도 불구하고, '적용'은 다소간 타자/텍스트라는 대상에 대한 '해체적 해석'이 있을 수밖에 없음을 생각할 수밖에 없다.

물론 자크 데리다 Jacques Derrida는 "해체 deconstruction"를 말하며 성숙한 해석학적 미학을 지향한다.[36] 고대 그리스 철학자 소크라테스 이래 지금까지 내려오는 서유럽의 전통적 형이상학적 철학을 비판하면서, 그 철학 체계를 처음부터 다시 쌓아 올릴 것을 주장하는 방법적 실천으로서 해체는, 데리다에게 있어 언어를 폄하하고 음성언어에 특권을 부여함으로써 폭력적 이성 중심주의로 흘러버린 서구의 형이상학을 비판하는 현존재의 주체성에 대한 확신이며, 동시에 서구철학의 전통적인 형이상학을 부정하고 그 개념에서 벗어나려는 철학적 실천이기 때문이다.[37]

그러나 여전히 "적용"을 위한 해석자의 "해체"는 해석자의 텍스에 대한 '폭력'으로 남용될 여지는 분명하다. 생각하지 못했던 또 다른 선입견으로 또 다른 기술적 적용으로, 아무리 예술성에 대한 이해를 잃지 않는다고 할지라도, 해석 자체가 불가능해 질 개연성이 있기 때문이다.

이제 가다머의 "적용"의 개념이 지닌 해석의 방향과 다른 방향을 택한 폴 리쾨르Paul Ricoeur의 해석학을 살펴보자. 리쾨르 해석학을 꿰는 용어는 아무래도 "자기화aneignung, appropriation"이다.[38] 이를 잠시 살펴보자. 리쾨르에게 있어 해석학은, 현실적 실체로서 존재에게 다가갈 수 있는 첩경이며 진리에 이르는 길로서 "우회로detours"를 찾는 것이다. 그에게 우회로는 상징, 은유, 내러티브를 가리키는 것으로, 해석되어야 할 텍스트이자 의미의 매개이다. 쉽게 설명하자면, 타자 혹은 텍스트의 존재론적 실체를 발견하고 만나기 위해서는 전통과 맥락 안에서 그 실체를 감싸고 있는 수많은 상징과 은유, 내러티브를 먼저 해석해야 한다는 것이다.

이러한 해석적 작업을 위해 리쾨르는, '말해진 것'과 '말하는 것' 사이, '텍스트의 세계'와 '저자의 세계' 사이, 그리고 '텍스트의 세계'와 '일상 언어의 세계' 사이에서 발생하는 "거리두기distanciation"를 주장했다. 그리고 더 나아가 텍스트의 구조와 텍스트의 세계를 포함하는 구성을 분석하며, 동시에 "텍스트 앞에서 자기 이해self-understanding in front of the text"를 가져야 한다고 보았다. 이를 가능하게 하는 해석적 작업으로서 리쾨르가 주장한 용어는 "자기화appropriation"였다. 그에게 있어 "자기화"는 해석적-비판적 거리두기를 가능하게 함과 동시에 극복하게 하는 역설적 과정이다.

독자가 텍스트를 통해서 새로운 자기 이해에 이르고자 한다면 반드시 "자기화"의 과정이 필요하다. 자기화는 실존적 결단을 통해서 텍스트의 세계를 수용하는 것을 가리킨다. 이때 독자는 수용된 텍스트의 세계를 통해서 자신에 대한 새로운 이해에 도달하게 된다. 그러나 이러한 결단과 이해에 이르기 위해서는 텍스트의 세계와 독자의 세계 사이에 존재하는 시간적, 문화적, 역사적 차이들을 극복하는 과정을 필요로 한다. 실제로 설명을 통해서 두 세계의 차이들로 인한 거리두기를 극복하지 않으면 텍스트의 세계를 자기화하는 것은 불가능하다.[39]

결국 "자기화"에 대한 주체성을 잃지 않을 때, "건강한 해석학적 순환healthy interpretative circle"을 형성하고, 해석의 인격적 참여를 통한 "미메시스mimesis"의 순환이 가능하다고 보았던 것이다.[40] 그러나 리쾨르의 자기화에 담긴, 아니 담길 수밖에 없는, '텍스트에서 자기'라는 방향성은 간과할 수 없다. 물론 리쾨르에 의하면, "자기화는 거리두기를 파괴하지 않는다."[41] 즉 '거리두기'를 유지하기 때문에 '텍스트에서 자기'라는 방향성에 의해 '자기'라는 주체가 상실되지 않는다는 말이다. 오히려 자기화는 슐라이어마허나 딜타이에게서처럼 주관이나 주체의 심리적 행위가 아니라 텍스트 앞에서 텍스트가 전개하고 발견하고 드러내는 것을 받아들이는 행위라고 본 것이다. 그렇기에 '텍스트에서 자기'라는 방향성이 발생한다고 하더라도 해석의 주체인 자기가 해석의 대상인 텍스트에 의해 함몰되는 것은 아니라고 생각했다.

이 때문에 리쾨르는, "자기화가 거리두기의 극복을 전제로 하기에, 텍스트의 세계와 독자의 세계의 동일화를 추구하지 않으며, 단지 텍스트의 세계를 존중하고 지지할 뿐이다"라고 주장했다.[42] 그러나 이러한 리쾨르의 해명에도 불구하고, 그의 '자기화'는 텍스트에 의해 "넓어진 자기ein erweitertes selbst"를 얻는 것, 즉 "세계 구상을 진정으로 수용한 대응으로서 존재 구상einen existenentwurf als wirklich angeeignete entsprechung des weltentwurfs"을 얻는 것을 말한다. 쉽게 표현하자면, 세계를 이해하는 방식을 깊이 자기화하여, 이를 바탕으로 자신의 존재와 삶을 넓혀가는 것을 의미하는데, 이는 텍스트가 가진 힘을 인정하지 않는다면 불가능한 일이다. 즉 "넓어진 자기"를 형성한다는 의미는 텍스트가 자기 확장을 매개하고 있다는 점에서 의미론적으로 텍스트의 역량을 긍정하는 것이다. 바로 이 때문에 리쾨르의 '자기화'에 내재된 '텍스트에서 자기'라는 방향성을 부정할 수는 없다.

지금까지 해석학의 두 가지 방향성, 즉 가다머application와 리쾨르appropriation 해석학의 특징과 방향에 대해 간략히 분석해 보았다. 이 분석을 통해 가다머와 리쾨르의 용어들에 대한 '환원적 평가절하reductive devaluation'를 의도한 것은 아니다. 오히려 이러한 분석을 통해 이들 해석학자의 용어들이 지닌 언어적 혹은 의미론적 제한성을 보완하는 '인식appreciation' 혹은 '인식하기doing appreciation'라는 용어를 제안함으로, 가다머와 리쾨르 해석학의 융합을 도모하고자 한 것이다. 그리고 더 나아가 '인식'이라는 해석학적 키워드를 통해 목회상담의 현장에서 목회상담가로서 취해야 할 자세가 무엇인지를 구체화하며 동시에 가시적인 실천 방법론의 기반을 조성하고자 한 것이다.

제시하는 목회상담 용어인 '인식' 그 자체가 지닌 언어학적 의미론을 먼저 살펴본다면, '인식'에는 해석자와 타자/텍스트로서 대상과 사이에 필연적인 '거리두기'와 그 거리두기를 극복하는 성숙한 거리두기로서 '감상appreciation'과, 동시에 가다머와 리쾨르의 해석학적 용어인 '적용application', 즉 '대상 해석을 위한 사려깊은 예술적 행위'와 '자기화appropriation'라는 '대상과 건강한 해석학적 순환을 통한 자기 확장'의 의미로서 '감사appreciation'가 모두 공존하고 있다는 사실이다. 이러한 점에서 '인식'은 해석자로서 '자기'의 주체성과 해석을 매개하는 힘으로서 '대상' 사이의 미학적 융합을 확보할 수 있다. 즉 '긴장성tensionity'이라는 미학적 상태를 유지함으로, 해석을 매개하는 대상의 힘, 또는 파급력에 압도되어 주체성을 상실할 개연성을 차단하고, 동시에 주체성을 가진 현존재로서 해석자가 해석하고자 하는 대상에 대한 섣부른 혹은 성숙하지 못한 '적용application'을 지양하는 상호인격적 관계를 형성할 수 있는 것이다.

이를 좀 더 깊이 설명한다면, 먼저 '감상'과 '감사'라는 미학적인 융합의 의미로서 '인식appreciation'에는 '감상' 개념에 내포된 특성으로서 주체-객체 사이의 객관성과 분석을 위한 '거리두기'를 부정할 수 없음을 기억하는 것은 중요하다. 이는 당연하다. 목회상담가와 내담자는 서로 다른 환경과 상황에 있기 때문이다. 심지어 서로 다른 시간과 차원에 위치한 듯 인식될 수도 있다. 그러나 이를 극복할 수 있는 방안을 가다머와 슐라이어마허는 제공한다. 이들이 주장하는 "적용" 개념이 지향하는 "예술적 방법rules of art으로서 기술technik"을 요청할 수 있기 때문이다. 상담자로서 내담자를 다루는 '기계적 방법mechanical methods'이나 '재주skill'의 함정을 뛰어넘어, 오히려 가다머와 슐라이어마허의 해석학적 주장에 잇대어, 내담자라는 대상에 관한 해석의 예술성을 획득하는 것이다. 즉 대상에 대한 존중과 가치인정이라는 성숙한 호혜성으로서 '미학적 긴장성aesthetic tensionity'을 이루는 것이다.

그러나 그럼에도 '긴장성' 자체가 지닌 역설적 대립 구도는 상담자-내담자 관계 속에서 부담으로 작동할 것이다. 그런데 어떻게 '미학성'과 '똘레랑스'를 유지할 수 있을까? 더 나아가 그 긴장성을 누릴 줄 아는 향유의 개념으로 '인식'할 수 있을까? 그것은 제안하는 '인식' 용어에 이미 '감사'가 내포되어 있기에 가능하다. '감사'는 대상에 대한 가치발견이며, 가치발견은 대상에 대한 전율과 같은 감동으로 나타난다. 이 감동은 하나의 동인으로서, 해석을 매개하는 힘을 지닌 대상의 파급력을 인정하는 것으로 생각할 수 있다. 이는 리쾨르의 해석학이 지향하는 "자기화"와 좋은 유비를 이룬다. 그래서 건강한 해석학적 순환이 가능한, 미학적 똘레랑스에 기반을 둔, 호혜성을 유지할 수 있는 것이다. 그렇다. '감상'이 상담자의 주체성을 인정하는 행위라 할지라도 내담자에 대한 상담자의 폭력으로 전개될 수는 없다. '감사'라는 감동을 불러오는 내담자가 지닌 힘을 인정하기 때문이다. 바로 이 때문에 리쾨르의 "미메시스mimesis"의 세 과정, 즉 "전형상화" "형상화" 그리고 "재형상화" 과정에서 해석자의 '똘레랑스'는 가능하다. 더 나아가 미메시스의 과정을 곧 '풍류'와 같은 '창조적 상상하기'로 풀어낼 수도 있다. 주체가 객체가 되고, 또 객체가 주체가 되는 '어우러짐', 다시 말해, 강강술래를 하듯, 함께 손을 잡고 노래하고 춤추는 풍류로서 '놀이', 즉 '미학적 융합'을 형성하는 개념으로서 말이다.

이러한 점에서 제안하는 용어, '인식appreciation'은 목회상담에 있어 상담자와 내담자 사이의 호혜적 미학을 나타내는 것이며, 동시에 양자 사이의 건강한 해석학적 선순환을 매개하고 촉진하는 개념으로 이해할 수 있다. 더 나아가 이 용어는 지금까지 '영적 감각' 혹은 '궁극에 대한 깨달음'으로서 '미학적'이라고 풀어온 필자의 의도를 잘 풀어낸다. '인식'의 가능성 혹은 동력과 근거로서 초월적 대상, 다시 말해 하나님에 대한 인식과 불가분의 관계가 있음을 나타내고 있기 때문이다.

정리하자면, 목회상담 용어로서 '인식appreciation'은 목회상담가와 내담자 사이에 발생하는 시간과 공간, 현존재로서 실존의 차이라는 물리적이며 현실적 간격gap을 나타내는 용어이다. 그러나 이 간격은 가다머의 관점에선 창조적이며 예술적 "적용"을 가능하게 하는 요소이며, 리쾨르의 입장에선 성숙한 "자기화"를 형상화하는 것이다. 상담자와 내담자 사이의 간격은 당연하다. 아무리 둘 사이에 감격적 관계가 형성된다고 할지라도, 둘은 엄연히 다른 개체이기 때문이다. 따라서 주체-객체 사이의 해석학적 만남에 있어, 주체가 객체가 되기도 하고 객체가 주체가 되기도 하는 융합이 이루어진다고 하더라도, 이 둘이 지닌 개체적 주체성은 퇴색되거나 변용될 수 없다. 상담자와 내담자 모두 주체로서 홀로 선 실체이기 때문이다. 그럼에도 목회상담, 즉 '인식하기 doing appreciation'는 '따뜻함'을 지향한다. 그래서 '거리두기'의 한계를 넘어선다. 주체-객체라는 실존의 관계 안에 인격적 상호성, 즉 '나'와 '너' 사이의 따뜻함이 공존하기 때문이다. 그렇기에 내담자라는 대상의 힘에 매몰되지 않고 또 상담자로서 내담자를 폭력적으로 대하지 않을 수 있다. 쉽게 말해, 고통에 위치한 내담자와 똘레랑스와 긴장성, 미학적 호혜성을 나눌 수 있는 것이다.

목회상담가에게 내담자는 단순히 '그것'이 아니다. '나'와 '너'의 인격적 관계 안에서 이루어지는 '예술성'에 대한 탄성을 유지하기 때문이다. 바로 이 부분에서 '인식'과 '창조성'을 연결할 수 있다. '거리두기'라는 현실의 한계에도 불구하고 '나'에 대한 인격적 이해와 '너'에 대한 인격적 존중에 기초한 해석의 가능성이 초월성에 대한 감각과 깊이 연결되어 있기 때문이다. 이 때문에 '인식'을 '용기의 실천'이라고 말할 수 있다. 생각해보라. 하나님 창조의 예술품으로서 상담자와 내담자라는 인식 없이 어떻게 인격적 따뜻함과 예술적 탄성을 유지할 수 있겠는가?

아무리 고매한 진단과 분석, 해석 능력이 있다고 할지라도, 상담자는 사람이다. 한계가 있는 인간으로서 상담자임에도 불구하고, 상담자 자신과 내담자에 대한 존중으로서 '해석'이라는 과정을 끌어가려면 창조성에 대한 감각인 '용기'는 절대적이다. 롤로 메이 Rollo May는 창조를 가능하게 하는 원동력으로 용기를 주장했다. 메이에게 창조는 신적 영역이다. 그는 이 신의 영역에 침범하려는 의지로서 용기가 없다면 인간이라는 현존재로서 창조에 접근할 길이 없다고 생각했다.[43] 더 나아가 신적 창조의 산물로서 대상에 대한 존중은 인간의 영역을 넘어서는 초월에 대한 강렬한 의지가 없다면 이룰 수 없다고 보았다.[44] 따라서 '나'와 '너'의 인격적 상호 융합으로서 해석의 과정인 '인식하기 doing appreciation'는 하나님의 예술성과 창조성에 대한 인식, 그리고 그에 입각한 '용기 있는 참여'를 일컫는 것이며, 이는 자연스럽게 아름다움에 대한 인식과 함께 목회상담의 현장에 하나님을 포함하는 삼자 대화의 근거가 된다.

나. '상상하기 envisioning'에 대한 미학적 이해

인격적 따뜻함과 예술적 탄성, 그리고 창조성에 대한 감각과 용기로서 '인식 appreciation'의 가능성은 '해석학적 상상으로서 상상하기 envisioning as hermeneutic imagination'라는 과정을 통해 더욱 촉진된다. 고집스러운 사고에 항거하는 유연성과 그로 인한 '자기'의 확장을 일컫는 해석학적 용어로서 '상상 envision'은 냉랭해진 마음에 인격적 온기를 채우는 것이며, 더불어 '어떤 뜻도 의미도 없다'라며 감동하지 못하는 딱딱한 마음에 예술적 탄성을 갖게 하는 동인이 되기 때문이다. 더 나아가 '상상'은 자신의 제한적 경험과 생각에 갇혀, 자신만이 옳다고 믿거나, 너무 쉽게 환원주의적 결정론에 빠져 버리는 마음을 거절할 줄 아는 창조적 감각과 해석의 용기로 기능하기에, '상상'할 줄 모르는 메마름과 비겁함, 비인격적인 상호성과 불통, 그로 인한 극단적 배타주의와 거리가 멀다.

예수께서 공생애 사역을 통해 안타까워하셨던 것 가운데 하나는 자신의 마음을 알아 주지 못하는, 아니, 알려고도 하지 않는 사람들의 섣부른 판단과 딱딱해진 편협한 마음이었다. "여우도 굴이 있고, 공중의 새도 집이 있으되, 인자는 머리 둘 곳이 없다눅 9:58"고 안타까워하시며, 자신의 아집에 빠진 고집스러운 세상을 향해 예수님은 이렇게 책망했다.

이 세대를 무엇으로 비유할까. 비유하건대 아이들이 장터에 앉아 제 동무를 불러 이르되, 우리가 너희를 향하여 피리를 불어도 너희가 춤추지 않고, 우리가 슬피 울어도 너희가 가슴을 치지 아니하였다 함과 같도다. 요한이 와서 먹지도 않고 마시지도 아니하매 그들이 말하기를 귀신이 들렸다 하더니, 인자는 와서 먹고 마시매 말하기를, 보라. 먹기를 탐하고 포도주를 즐기는 사람이요, 세리와 죄인의 친구로다 하니, 지혜는 그 행한 일로 인하여 옳다 함을 얻느니라. 예수께서 권능을 가장 많이 행하신 고을들이 회개하지 아니하므로 그 때에 책망하시되^{개역개정, 마 11:16-20}.

창조의 하나님을 스스로 안다고 자처하면서도 하나님의 뜻을 외면한 채 자신들의 율법적 세계 안에 갇혀 바벨탑을 쌓았던 서기관과 바리새인들을 향해 "회칠한 무덤 같으니, 겉으로는 아름답게 보이나 그 안에는 죽은 사람의 뼈와 모든 더러운 것이 가득하다^{마23:27}"라고 분노하시기까지 했다.

이렇듯 '상상'할 수 없다면, 세상에 오신 메시아도, 그의 말씀과 기적 행함도, 가십거리에 불과해진다. 그리고 냉담과 무의미에 빠져 어떤 것도 깨달을 수 없다. 이쯤 되면 사람은 자신이 왜 살아야 하는지, 혹은 자신이 대체 누구인지에 대한 삶의 무가치와 정체성의 혼란을 경험하며 결국 절망하게 된다. 답이 없다며 '상상'을 잃어버린다.

상담에 참여하는 내담자의 모습이 이러할 때가 많다. 삶의 문제에 대해 '왜?'라는 질문에 나름의 분석과 대처 방안을 찾아보려 애쓰지만, 이에 실패한 내담자는 '부정^{negation}'의 늪에 빠져 '상상하기'를 잊거나 잃어버린 채, 지푸라기라도 잡는 심정으로 상담에 찾아올 때가 많기 때문이다. 그런데 아이러니하게도 내담자는 자신을 도우려는 상담자도 자신이 빠진 부정의 늪에 상담자도 빠져야 한다는 무의식적 열망을 가진 듯 애를 쓰곤 한다. 그래서 상담에서 상담자와 내담자 사이에 벌어지는 혈투와도 같은 힘겨루기가 벌어진다. 이때 상담자는 내담자가 쏟아내는 진술에 공감하며 그의 아픔에 참여rapport하지만, 동시에 해석학적이며 미학적인 거리두기, 다시 말해 '감상'과 '감사'라는 '인식appreciation'의 자세를 유지하는 것은 대단히 중요하다. '해석학적 인식하기hermeneutically doing appreciation'를 통해 내담자가 유도하는 부정의 늪에 침몰하는 것이 아니라, '상상하기envisioning'를 통해 자칫 빼앗길 수 있는 '상상력envisionability'을 유지해야 하기 때문이다. 오히려 내담자의 병리적 염원에 아랑곳하지 않는 더욱 풍성한 '상상'을 펼쳐야 하는 것이다.

바로 이러한 점에서 목회상담가에게 있어 내적성찰 자기분석을 통한 하나님 인식은 무엇보다 중요하다. 내담자의 '부정'에 대해 '부정'하는 '이중부정double negation'을 이룰 수 있어야 하기 때문이다. 또 상담의 전 과정에서 상담자로서 느끼는 '무의식적 반동형성unconscious reaction-formation'에 대해 스스로 자각하며 하나님을 생각할 수 있어야 한다. 그래야 '전이-역전이transference-countertransference'의 함정에 빠지지 않을 수 있고, 병리적인 내사와 투사라는 반동형성도 제어할 수 있기 때문이다. 혹시 모를 혼란을 방지하기 위해, 제안하는 용어인 '상상'에 대해 먼저 설명한 후, 내적성찰의 이유를 제시하고자 한다.

일반적으로 '상상'이라는 용어를 영어로 표기할 때, 'imagination'을 사용한다. 그러나 필자의 의도에 따라, 'imagination'이 아닌 'envision'이라는 영어 단어를 '상상'으로 상정하며, '상상하기envisioning' 혹은 '상상력envisionability' 등으로 확장하여 사용하고자 한다. 왜냐하면, 먼저 언어학적인 명료성을 위해서이다. '상상'이라는 뜻의 영어 단어, 'imagination'은 자유롭게 다양한 가능성을 상상하는 창의적 능력을 말한다. 그래서 제약을 벗어나 새로운 아이디어나 개념을 떠올리는 데 중점을 둔다. 이에 반해 '상상'이라는 뜻의 또 다른 영어 단어, 'envision'은 좀 더 '목적지향'의 의미가 포함된 용어이며 그에 따라 보다 '실용적인' 용어이다. 즉 어떤 명확한 목표나 아이디어를 그려내는 일련의 의도가 제안하는 용어에 있음을 분명히 하고자 한 것이며, 더불어 꼬리에 꼬리를 무는 상상의 과정이 지나치게 산만해지는 것을 방지하는 실용성을 담보하고자 했기 때문이다.

두 번째, 목회상담이 지향하는 합목적성, 다시 말해, 하나님께서 이끄시는 목회상담이라는 의미와 가치와 연결하기 위함이다. 앞서 제시한 '인식하기doing appreciation'에 있어 중요한 논제는 하나님이라는 창조성에 대한 감각이었다. 목회상담가에게 있어 무엇보다 중요한 과제는 '하나님께서 이끄시는 목회상담'이라는 적확한 사명을 수행하는 것이다. 이러한 이유에서 상담의 전 과정에 있어 목회상담가로서 잊거나 잃어버리지 말아야 할 중요한 한 가지 과제는 하나님에 대한 구체적인 '상상envision'이다. 이 '상상력envisionability'이라는 감각이 훼손되지 않아야 '목회상담하기'로서 '상상하기envisioning'가 가능하기 때문이다. 그래서 향방 없이 자유로운 '상상'으로서 'imagination'이 아니라 'envision'이라 특정하며, 이 '상상envision'을 통해 내담자의 부정에 대해 부정할 줄 아는 이중부정으로서 신적 창조성에 대한 감각, 즉 하나님에 대한 상상으로서 해석의 용기를 유지해야 함을 역설하고자 한 것이다.

세 번째는 '미학적이며 해석학적 의도와 용기'로서 '상상'임을 나타내고자 함이다. '미학'이라는 개념을 필자는 본서에서 일관적으로 '신적 조우를 가능하게 하는 감각'으로서 '영성' 측면과 연결했다. 그러나 이는 교조주의화 된 배타적 신념으로서 탈지성적 감각이 아니다. '해석학'이라는 용어와 좋은 유비analogy를 이루고 있으며, 또 그렇기에 '학문 간 대화'를 가능하게 하는 감각이다. 이 때문에 '미학적 상상' 혹은 '해석학적 상상'이라는 개념을 분명히 하고자 'envision'을 상정한 것이다.

특히 목회상담가에게 '미학적인 상상', 다시 말해, 하나님에 대한 감각 혹은 창조성에 대한 감각으로서 '해석의 용기'는 인간의 무의식적 심리 현상에 대해 어떤 극적인 '반기反旗'를 드는 일이다. 사회적 존재로서 사람은 반드시 상호 간 환경으로 작동한다. 타자에 의해 자기self가 영향을 받고, 또 자기는 타자에게 영향을 끼치기 때문이다. 이러한 상호성이 동반 상승효과synergy가 되어 서로를 치유하고 격려하게 된다면 문제 될 것이 없다. 그러나 '죄'를 극복할 수 없는 인생에게 이는 궁극적으로 불가능하다. 의식적이거나 혹은 무의식적으로 생각의 축소, 혹은 사고의 퇴행적 박약을 경험하며, 어떤 진영 논리나 자기합리화, 확증편향의 함정에 빠져 유연함과 창조성을 잃어버리기 때문이다. 즉 '상상'이 불가능하기에 악순환의 반복과 같은 병리적 현상의 쳇바퀴를 돌게 된다. 그러므로 '죄'라는 어두움을 몰아내기 위해 '빛'을 밝히듯, 하나님을 상상하는 것은 퇴행적이며 병리적인 사고의 흐름을 끊고 자신은 물론 서로를 치유와 회복으로 이끄는 선결과제가 되는 것이다. 따라서 '상상하기envisioning', 즉 '하나님을 기억'하는 '해석학적-미학적 상상hermeneutical-aesthetic imagination'은 '부정을 부정하는 반기로서 용기the courage to defy denial as an act of rebellion'라고 말할 수 있다.

이 용기는 앞서 언급한 바와 같이 롤로 메이의 "창조를 위한 원동력으로써 용기"와 유비를 이룬다. 동시에 폴 틸리히Paul Tillich의 "용기"에 대한 이해와도 깊은 연관을 갖는다. 틸리히는 용기를 "무존재nonbeing에서 존재being를 이끌기 위한 선결과제"라고 여겼다.[45] 모든 것이 무너졌다고 여기는 현실은 인간으로 하여금 자신은 물론, 자신과 관계를 형성하는 세상에 대해 존재 자체의 의미를 부정하는 "무존재"를 경험하게 한다. 이렇게 절망이 시작되는 것이다. 절망이란 상상이 불가능해진 상태를 말한다. 어떤 것도 떠올릴 수 없다. 아무 생각이 나지 않는다. 실패에 대한 무능감으로, 또 존재에 대한 거절감으로 촉발된 분노에 사로잡히기까지 한다. 이렇게 되면, 파괴적이며 폭력적인 현상이 나타난다. 자포자기의 심정으로 말초신경을 자극하는 것을 탐닉하게 되거나, 혹은 병리적인 성향, 집착과 강박 등에 매몰된다. 그래서 '그것'만 떠올린다. '그것'만이 지금의 괴로움과 아픔에서, 또 실패라는 이름의 스트레스 상황에서 해방감을 맛보게 할 것으로 생각한다. 이것이 중독의 특징이다. '그것'에게 노예가 되어 어떤 것도 상상할 수 없기 때문이다.[46] 게임과 도박, 알코올, 약물과 성적인 탐닉에 빠져 자기파괴를 경험하며 상상력을 잃어버리는 것이다.

그러므로 '상상'은 무존재의 상태에서 존재의 상태로 변형을 이루는 회복과 치유이며, 이는 곧 창조라는 신적 영역에 참여하는 가능성과 여력으로서 상상할 때 가능하다. 그래서 '상상'을 무존재라는 어둠의 공간에서 하나님이라는 빛을 밝혀 존재를 다시 빛나게 하는 '해석적이며 실용적인 용기'라고 말할 수 있는 것이다.

이렇듯 '상상'을 'imagination'이 아니라 'envision'으로 상정하기에, '삼위일체 하나님을 기억'하는 '내적성찰'과 '자기분석'은 목회상담가에게 필수 불가결한 조건이라고 생각할 수밖에 없다. 하나님을 기억한다는 것은 궁극과 근본에 대한 감각을 잃지 않는 것이며, 그럼에도 희망을 포기하지 않는 것이기 때문이다. 죽어버릴 것 같은 현실에서도 살아있음의 의미와 가치를 잃지 않는다. 오히려 감격한다. 무존재에서 존재의 감격을 경험하는 것이다.

한 가지 분명히 언급하고자 하는 것은, '하나님을 기억'한다는 것은 삶의 현실에 대한 마주함, 즉 직면하는 용기이지, 현실을 부정하거나 도피 혹은 회피가 아니란 사실이다. 또 어떤 신비주의자나 근본주의자가 되거나, 혹은 이분법적 분리주의자가 되는 것도 아니다. '하나님을 기억'한다는 것은 우리의 현실 즉, 일상생활 속에서 하나님을 '상상'하는 것이다. 다시 말해, 하나님과 인생의 현실을 잇대어, 어떻게 우리의 현실에서 하나님께서 역사하시는지, 혹은 하나님과 동행함이 어떻게 인간 실존의 삶에 실천적으로 나타나는지를 '상상'하는 것이다.

이를 통해 평범과 일상, 심지어 아픔과 상처에서도 '상상력'이라는 감각을 활용하는 '실용성'을 갖는다. 하나님을 생각하며 신적 창조의 감격을 잃지 않는 것이다. 해석의 용기로 현재의 무의미를 몰아낼 줄 아는 것이다.

시인 이해인은 자신의 시집, 『작은 기쁨』에 동일한 제목의 시를 담았다. "작은 기쁨"의 앞 두 행은 다음과 같다. "사랑의 먼 길을 가려면, 작은 기쁨들과 친해야 하네."[47] 이 시구는 아프리카 짐바브웨에 전해오는 속담, "빨리 가려면 혼자 가라. 그러나 멀리 가려면 함께 가라"라는 말과 연결되는 지혜이다. 그러나 이 속담을 조금만 더 깊이 생각한다면, 이는 쉽지 않은 일임을 쉽게 알 수 있다. 인생이라는 먼 길을 가기 위해, 또 순례자로서 먼 여정을 떠나기 위해, 함께 가야 한다는 것은 알겠는데, 그렇게 한다는 것이 녹록지 않음을 금방 눈치챌 수 있기 때문이다. 일견 생각하기에는 함께 가니 외롭지도 심심하지도 않을 것이라 여기기 쉽다. 또 함께 있으니 서로 의지도 되고 무서움도 덜하리라 생각할 수도 있다. 그러나 일순 '저런 못난 사람들과 함께해야 한다!'라고 생각하게 되면 고통이 몰려온다. 또 역으로 '저런 대단한 사람들과 같이 있어야 한다!'라는 생각이 들면, 자존심이 상하고 때로 심한 열등감에 사로잡혀 절로 눈물이 날 것이다. 그러나 먼 길을 가야 하는 우리이기에, 또 함께 가야 하는 우리이기에, 이 녹록지 않음을 어떻게 버티고 극복하고 살아낼 수 있을까? 그래서 시인은 사랑의 먼 길을 가려면 '작은 기쁨'과 친해지라고 권면했던 것이다. 쉽게 말해, '별것이 아니다'라 여겨온 '평범'을 감격해야 한다. 아니 없애버리고 싶은 고통도 '그럴 수 있다'라며 지혜를 잃지 않는 것이다. 이를 시인 정연복은 자신의 시, "기적"에서 이렇게 표현했다.

> 바닷물 위를 걸어야만
> 기적이 아니다
>
> 하늘을 날개 없이 날아야만
> 기적이 아니다
>
> 끝없이 펼쳐진 바다를 바라보며
> 가슴이 뻥 뚫리기만 해도
>
> 푸른 하늘 우러러
> 새 삶의 용기와 희망이 샘솟아도
>
> 적잖은 기적이다
> 가슴 설레는 기적이다.[48]

하나님의 나라를 대망하며 순례의 길을 걸어가는 사람들은 지금 여기를 지옥으로 살아서는 안 된다. 잠언 15장 15절의 말씀처럼 고난받는 험악한 나날이지만 마음을 지켜 잔치하듯 살아야 한다. 이집트의 바로를 만난 야곱의 고백, "험악한 세월을 보내었나이다^{창 47:9}"에서 "지금까지 지내온 것 주의 크신 은혜라. 한이 없는 주의 사랑 어찌 이루 말하랴^{찬송가 301장}"라는 '변형적 고백transformational confession'으로 대전환을 이루는 것이다. 다시 말해, 기적을 바라는 소극적 신앙에서 기적을 사는 '잔치의 영성'을 갖는 것이다. 그래서 정연복의 시는 예수 그리스도의 재림과 부활, 내세에 대한 영생의 소망을 가진 사람이 살아내는 기적의 특징을 가르쳐주는 지혜이다. '상상력'의 힘이다.

　　삶에서 마주하는 희로애락의 모든 것, 심지어 그것이 상처와 고통이라 할지라도, 그 모든 것에 대해 하나님을 상상한다는 것은 자연계시주의자가 되자거나 만신론자가 되자는 말이 아니다. 하나님께서 우리에게 부여한 모든 것에 대해 하나님의 뜻과 의미를 찾고 발견하며 하나님의 뜻을 깨닫자는 것이다창 1:28. 소박한 일상, 아니 모자라고 눈물 나는 오늘을 하나님을 상상하는 지혜로 충만해지자는 것이다. 이것이 '상상하기envisioning'의 실천적 모습이다. 일상과 평범, 고통과 눈물에서도 하나님께서 우리에게 무엇을 말씀하고 계시는지, 또 내가 과연 어떻게 하나님을 나의 현실에서 느끼고 누릴 수 있는지를 구체적으로 그려내는 것이다. 시인 김기현은 그의 동시, "비 오는 날"에서 떨어지는 빗방울과 그 빗방울이 그려내는 파동을 바라보며 이렇게 하나님의 뜻을 상상했다.

　　　　후둑 후둑 후두둑...
　　　　작은 물방울 글씨로
　　　　촉촉이 답안지를 가득 메워

　　　　주룩 주룩 주루룩...
　　　　여기도 동그라미
　　　　저기도 동그라미
　　　　채점을 한다

비 오는 날은
여기도 백점
저기도 백점

틀린 곳 하나 없이
사방이 동그라미
모두가 백점이다[49]

빗방울이 떨어지면 물이 조금이라도 고여 있는 웅덩이에는 파동이 인다. 이 파동은 세모나고 네모나게 일지 않는다. 모두 동그라미다. 이 동그란 파동을 바라보며 시인은 '너도 잘살고 있어', '당신도 백 점짜리야'라고 외치시는 하나님을 상상했다. 그래서 시는 병든 몸이지만, 또 눈물 나는 인생을 살아가지만, 왜 살아야 하는지, 또 왜 연약한 무릎을 일으켜 세워 일어나야 하는지, 그 의미를 깨닫게 한다. 무의미와 무존재의 암흑에서 하나님을 기억하는 '상상'의 의의를 알려 주는 것이다.

상담의 현장에서 만나는 내담자를 바라보며 '상상'할 수 없다면, 목회상담가는 깊은 허무주의에 빠질 수밖에 없다. 만남의 이유와 가치, 상담의 필요성조차 잃어버린다. 하지만 상상하게 되면, 하나님을 기억하는, 즉 실존적 삶의 반기로서 상상이 가능하다면, 생명과 회복을 찾을 수 있을 것이다. 머리끝에서 발끝까지 이어오는 전율과 감동 가운데 '우리가 살아 있다'라고, '이 세상을 하나님께서 다스리고 계신다'라고, 그리고 '어떤 순간에도 하나님께서 우리를 잘해주실 것'이라고 지혜를 갖게 될 것이다. 그러므로 '생명 회복'으로서 '상상'은 일상과 이례적 비일상, 고상함과 추함, 희극과 비극 등 실존의 모든 상황을 하나님과 연결 짓는 '영성'이며, 동시에

'아름다움'으로 해석하게 하는 '미학'이다.

그렇다면 '상상'을 위한 구체적 실천 과제로서 내적성찰과 자기분석은 어떻게 가능한가? 이 질문에 답하기 위해 필자가 제안하는 구체적인 방안은 '내관introspection'이다.

다. '인식appreciation'과 '상상envision'을 위한 미학적 실천 과제로서 '내관內觀'

'인식하기doing appreciation'와 '상상하기envisioning'를 촉진하는 구체적 실천 과제로서 '내관introspection'은 그 역사가 오랜 기독 전통 안에 있는 '자기-성찰self-examination' 혹은 '내적성찰內的省察'이라고 불리기도 하는 일종의 '자기분석'이다.[50] 또한 '자기'를 깊이 있게 바라보며 분석하는 심리학적이며 동시에 신학적인 자기 수련 혹은 자기관리의 방법이기도 하다.

'내관'은, 경험하는 실존이 느끼는 수많은 감정을, 인간적이라며 혹은 세속적인 것이라며 평가절하하거나 터부시하는 것을 경계한다. 경험을 외면하지 않는 것이다. 오히려 인간 실존으로서 경험과 그에 연결된 감정을 가치 있게 여기기에, 이를 분석하며 '자기self'라는 심리 내적 구조에 접근하고자 한다. 이런 점에서 내관은 영성 신학의 수련 방법으로 말하는 향심기도centering prayer나 관상기도contemplative prayer와 다르다. 이들 영성 수련 방법들은, 비록 인간의 경험과 감정에 대해 중요하게 인식하고 있다고 할지라도, 결국 수련의 과정에서 흘려보내거나 혹은 떠나보내어야 할 것들로 생각한다. 그래야 결국 하나님께 이를 수 있다고 믿기 때문이다.

하지만 '내관'은 이와 다르다. '실존으로서 인간이 반복적으로 경험할 수밖에 없는 경험과 그에 연결된 감정들을 흘려보내고 떠나보낼 수 있을까?'라는 질문에 부정적이다. 적어도 살아있는 인간이라면 경험과 감정을 실존의 영역에서 분리할 수 없다는 사실을 인정해야 한다고 생각하기 때문이다. 즉, 경험과 정서를 떠나보내려 아무리 애쓰고 노력한다고 할지라도, 시간과 환경의 제약 속에 경험을 반복할 수밖에 없는 실존으로서 인간은 감정의 반복을 경험하며 존재한다. 제아무리 극한의 수행을 한다고 할지라도, 아무리 대단한 영성의 경지에 이르렀다 할지라도, 사람은 사람이다. 사람은 초월적 존재도 하나님도 아니다. 사람이기에 어떤 특정 시공간에 위치할 수밖에 없고, 또 기쁘고, 슬프고, 화가 나고, 불안한 다양한 감정들을 느낄 수밖에 없다. 경험과 감정 발생 자체를 제어할 수 있다면 그는 산목숨이 아니다. 경험과 감정을 떠나 완벽하게 진공상태로 살아갈 수 있는 인간은 존재하지 않기 때문이다. 따라서 '내관'은 실존이 느끼는 경험과 감정을 흘려보내는 것이 아니라, 오히려 붙잡는 방식을 택한다. 현재와 현실의 '나'라는 존재로서 '자기'가 형성된 경험과 심리 내적 조직으로서 '자기'에 가득한 감정에 집중하는 것이다. 그리고 심리 내부에 형성된 '심리지도psychological mapping'를 끊임없이 탐색하는 것이다.

　　물론 과거와 현실에 발목잡힌 듯 경험과 감정을 붙잡고 싶지 않을 것이다. 떠나보내고 흘려보내 경험과 감정으로부터 자유를 얻고 싶을 것이다. 행복하고 즐거운, 그래서 기쁨을 불러오는 경험과 감정이라면 무엇이 문제일까. 하지만 끓어오르는 분노와 참을 수 없는 슬픔, 그리고 탄식과 절망을 불러오는 외상trauma과 같은 상처의 경험과 감정이라면 잊고 싶을 것이다. 기억에서 삭제하여 마치 그런 일이 없었다는 듯 살고 싶을 것이다. 하지만 내관은 현재를 살아가는 '나'라는 존재의 '자기' 구조에 쌓인 경험과 감정을 붙잡고 들여다보며 '지도mapping'와 '흔적stigma'을 분석하는 것을 말한다. 직면하고 싶지 않은 '자기'를 직면하는 용기를 갖고 '끊임없는' 질문들을 만들어 경험과 감정을 탐구하는 것이다. 그리고 '나'라는 존재의 경험과 감정을 해체하여 '나'라는 '자기' 구조의 특징과 핵심을 파악하고자 한다.

다만 경험과 감정에 매몰된 상태에서 경험과 감정을 붙잡거나 집중한다는 것은 어불성설語不成說이다. 경험이 주는 다급함과 위기, 또 감정이 주는 격한 출렁임의 중심에서 '자기自己'를 차분히 분석한다는 것은 사람이라면 거의 불가능하기 때문이다. 그렇기에 경험과 감정에 증폭된 상태가 어느 정도 해소되어 진정 상태가 이르는 시점을 내관의 시점으로 잡는다. 그리고 순식간에 의식과 인식 체계에서 사라지는 듯한 경험과 감정의 꼬리를 붙잡아 보는 것이다. 다시 말해, 경험과 감정의 쓰나미에서 벗어난 후, 이성적이며 합리적인 인식이 의식 수준을 재정비할 때, 느껴지는 수치심과 부끄러움, 현실을 부정하고 싶은 마음과 후회라는 '심리내적 저항intrapsychical resistance'을 견디며, 무뎌지는 경험과 사라지는 듯한 감정을 붙잡아 질문을 더하며 바로 그 경험과 감정에 관해 분석하는 것이다.

예를 들어, 부부싸움으로 화가 난 상태를 한번 상정해 보자. '화'에 매몰된 '나'라는 에너지 집중의 상태에서 어느 정도 벗어날 수 있는 상태가 되면, 노트를 꺼내 자신이 경험한 경험과 감정에 관한 질문을 적는 것이다. 후회와 복잡한 생각 등이 폐허 속 잔재처럼 남아 있을지라도 용기를 한 번 내 보는 것이다. 그리고 노트의 맨 위에 자신의 감정과 경험을 요약하는 주제 타이틀을 적어 보자. 한 예로, "부부싸움으로 인한 분노"라고 적는다. 타이틀을 적으며, 비록 자신을 부끄럽게 하고 후회하는 또 다른 감정을 느끼며 심리내적 저항을 경험한다 할지라도, 용기를 갖고 해당 타이틀 아래 '왜 화가 나는 것인가?'라며 분노에 대한 '내관 질문introspective question'을 시작하는 것이다.

이 '왜?'라는 질문에 자신의 경험과 감정을 깊이 생각하며 자신을 탐색해 보자. 그리고 탐색 과정 가운데 질문에 대한 자신만의 답변을 갖게 된다면, 그 응답 속에서 또 다른 질문을 만들어 노트에 적는다. 즉, 질문을 노트에 적고 그 질문을 바라보며 성찰하는 것을 반복하는 것이다. 예를 들어, '배우자의 행동과 말 때문에 화가 났다. 왜 나는 배우자의 행동과 말에 분노할까?'라는 질문을 적었다면, 그에 대한 응답으로서 자기성찰적이며 자기분석적인 고찰의 시간을 갖는다. 그리고 이러한 자기분석적 시간을 통해 배우자의 모든 행동과 말이 분노를 불러오는 것이 아니라, 특정 행동과 말의 특징이 분노를 조장^{trigger}한다는 사실을 파악하게 되었다면, 파악한 내용을 대상으로 또 다른 질문을 만드는 것이다. '왜 그 특정 행동과 말이 나에게 분노를 불러오는가?' 이어지는 질문을 통해 자기분석적 탐색을 이어가며 배우자의 행동과 말이 불러오는 다양한 경험과 감정들을 찾아낼 수 있을 것이다. 그리고 해당 응답들 속에서 또 다른 질문들을 만든 후, 또 다른 자기분석을 이루는, 다시 말해, 분석에 분석을 이어가는 것이다.

때로 관점을 바꿔, 배우자의 행동과 말이 자신의 분노를 조장한다는 생각에서 배우자의 행동과 말을 '나'라는 존재의 '자기' 구조에서 어떻게 받아들이고 있는지를 분석하며, '자기'에 대해 질문할 수도 있다. '내가 왜 배우자의 행동과 말에 분노를 경험하는가?' '나는 어떻게 배우자의 행동과 말을 받아들이고 있는가?' 이 질문들을 통해 분노 감정의 특징을 파악할 수도 있다. 예를 들어, 무시당했다는 정서를 분노의 특징으로 특정할 수도 있는 것이다. '배우자의 행동과 말에 왜 나는 무시 당했다고 생각하는 것일까?' '나는 무시당하면 안 되는가?' '왜 나의 분노는 무시당한다는 감정과 연결되어 있는가?' 이어지는 질문들을 통해 자기성찰적 과거 경험에 대한 탐색을 가능하게 해 보자. '왜 이러한 자기성찰적 탐색에 느닷없이 특정 인물인 그 사람이 생각나는 것일까?' '그는 나에게 어떤 존재인가?' '왜 나의 분노 감정에 무시당했다는 특정 인식이 연결되며, 또 '그'라는 특정 인물이 연결되는 것일까?' 과거 경험과 정서를 탐색하며 '자기' 구조에 쌓인 수많은 경험과 감정에 대해 차근히 하나하나 심층분석을 이루어 가는 것이다. 이렇게 '내관'을 진행하다 보면 자신의 경험과 감정, 그리고 그로 인해 쌓이고 형성된 자기 구조의 특징을 파악할 수 있다. 심지어 '무의식'이라는 심리 구조의 또 다른 차원에 대한 인식까지 지평을 넓혀갈 수 있다.

심층적 '자기'에 대한 분석 경험은 지그문트 프로이트Sigmund Freud가 말하는 '정화catharsis'를 불러와 심리내적으로 '에너지 집중cathexis'의 '수축deflation'을 경험하게 한다. 동시에 경험과 감정이 '자기' 구조에 습관적으로 불러왔던 병리적인 왜곡과 충동적인 반응에서 한 걸음 뒤로 물러나는 '자기-객관화self-objectification'를 통한 '환기evocation'를 경험할 수 있다. 그래서 가다머의 '지평융합fusion of horizons'과 같은 '환기' 현상이 가능한 것이다. 일례로, '내관'을 통해 화가 나고 짜증이 난다는 경험과 감정을 '분노'와 관계된 '심리적 파편들'이 자기구조에 하나의 응집체로 모인 상태란 사실을 깨닫게 되고, 또 이 응집체에 관한 내관 분석과정이 이어진다면, 즉 자기구조에서 분노 경험과 정서를 하나하나 분리하는 해체로서 해석학적 '재파편화refragmentalization'의 과정을 거치게 된다면, 응집 과정을 통해 형성된 심리내부의 에너지의 집중, 특히 이상심리나 병리성을 불러오는 편집적이며 분열적인 에너지의 집중을 해소하는 결과를 경험하게 될 것이라는 말이다.

더 나아가 '자기-객관화'와 '환기', '지평융합' 등은, 그동안의 경험과 정서로 형성된 '나'라는 실존의 자기구조를 직면하도록 이끌어, '이것이 바로 나'라는 사실을 인정하게 하는 '자기-수용'을 경험하게 한다. 이는 '실존 차원'에서 발견하는 '자기'에 대한 '미학적 경험aesthetic experience'이다. 왜 이를 '미학적' 자기 경험이라고 일컫는가 하면, 이 경험은 패배적이며 허무한 실존으로서 '자기-수용'을 경험한다는 차원에서 절망 경험이지만, 동시에 절망적 실존인 '자기'를 사랑하시는 하나님을 경험하는 초월적이며 초절적인 은혜 경험으로서 '긴장성 tensionity을 통한 질서와 조화'를 이루기 때문이다.

이를 좀 더 설명한다면, 경험과 감정에 매몰된 듯 감정에 따라 행동하고 사고하다가 어느 정도 감정에서 벗어나게 되면 자신의 감정에 관해 내관을 진행하는 것이다. 사라지는 듯한 경험과 감정을 붙잡고 '자기'를 분석하게 되면, 결국 경험하게 되는 것은 '자기'에 대한 투명한, 혹은 적나라한 모습이다. 심지어 실존으로서 '자기'를 직면하게 되면, 극심한 허무함에 절망하기도 한다. 이는 마치 칼 융 Carl G. Jung이 말하는 "밤의 항해 voyage in the night"와 같다.[51] 방향타도 엔진도, 나침반도 없는 방주, 또 어디에서 어떤 식으로 좌초할지 모를 방주를 타고 밤으로 떠나는 항해를 한다는 것은 불안 그 자체이기 때문이다. 그리고 그 불안이 예측한 대로 심리내적 분석의 종착지는 대부분 아픔이며 고통이다. 슬픔이며 절망이다. 그래서 '내관'을 깊이 진행하게 되면 어김없이 조우 하는 정서는 무의미와 무가치, 그리고 '자기'라는 심리내적 조직에 접근하고 싶지 않은 저항감에 따른 분노와 슬픔의 감정이다. 그러나 이러한 심리적 저항과 그에 잇댄 정서는 자연스러운 현상임을 인지할 필요가 있다.

프로이트가 자신의 억압 이론에서 분명히 밝혔듯, 무의식의 차원에 억압된 모든 잊힌 것들을 다시 의식 차원으로 재생하려 한다면 반드시 어떤 힘에 의해 방해받는다. 이 힘을 통칭하여 프로이트는 '방어기제 defense mechanism'라고 불렀다. 프로이트에 의하면, '방어기제'는 의식의 하층부와 무의식의 상층부에 거주하는 '자아 ego'를 보호하기 위해 형성된 심리적 '경계병 the watchman'이다. 생각하고 싶지 않거나 지워버리고 싶은 경험과 기억들, 상처와 아픔을 날마다 기억하게 된다면 얼마나 고통스럽겠는가. 이 때문에, 해당 경험과 정서를 '망각'이라는 '무의식' 차원에 가둬 놓기 위해 억압, 대치, 승화, 자기합리화 등의 '방어기제'는 생의 본능을 가진 존재의 필연성이다.

그러나 프로이트는 이 방어기제가 절대적이거나 완벽한 승리를 선언할 수는 없다고 보았다. 결국 급작스러운 '억압된 것들의 회귀return of the repressed' 현상을 막지 못한다는 측면에서 의식 혹은 '자아'에 더욱 위험할 수 있음을 경고했다. 하지만 인간 실존은 '망각'이라는 '무의식'의 차원에 '불호不好'의 경험과 감정을 억압하려는 시도를 멈추지 않는다. 지금 당장의 어려움에서 벗어나고자 하기 때문이다. 그러나 이렇게 되면 무의식 내부에서는 현실 논리로는 가늠할 수 없는 꿈의 논리로 벌어지는 편집적이고 분열적인 카덱시스cathexis, 결집 혹은 집중가 발생한다. 그래서 다양한 정신병리 현상들이 나타나는 것이다. 마음을 담는 그릇인 몸에 '신체화 장애somatic symptom disorder'가 나타나는 것이다.

그렇기에 '내관'을 통한 '밤의 항해'는 중요하다. 비록 조우 하게 되는 경험이 불쾌이며 고통이라 할지라도 말이다. 이를 프로이트의 정신분석학적 관점에서 말한다면, 일종의 "무의식의 의식화verdrängung ins bewusstsein"이다. 프로이트는 이를 "치료"라고 생각했는데, 무의식 차원에 집중된 에너지를 의식 수준으로 끌어올릴 때, 정신병리와 신체화 장애를 해결할 수 있다고 보았기 때문이다. 따라서 방어기제의 저항에 저항하며 '억압된 것들의 회귀'를 꾀하는 '내관'은 정신적이며 신체적인 조화와 치료를 위한 것이라고 할 수 있다. 다만 이는 무척 어렵다. 밤의 항해와 같은 고통스러운 몸부림을 전제하기 때문이다. 사막교부들이 생명을 찾기 위해 죽음의 땅인 사막으로 향했던 것처럼, 오히려 좁은 문처럼 여겨지는 괴로움과 고통, 아픔과 절망을 찾아가는 것이기 때문이다.

그러나 한 가지 기억할 것이 있다. '내관'은 단지 심리학적인 자기분석만이 아니라는 사실이다. '내관'은 신학적이며 영적인 자기성찰이다. 이 때문에 만약 하나님을 생각할 수 없다면 내관은 실존주의의 함정인 허무주의를 피해 갈 수 없다. 어떤 점에선 허무주의의 깊은 수렁에 빠져 절망과 무의미를 말하며 더 이상의 용기와 희망을 품을 수 없을 것이다. 하지만 이 '내관'을 시작하는 주체는 목회상담가이다. 그 목회상담가의 '내관'의 이유는 목회상담을 목회상담답게 하고자 함이다. 즉, '인식하기doing appreciation'와 '상상하기envisioning'를 통해 목회상담의 현장에 참여하는 목회상담가로서 하나님의 절대적 은혜를 깨닫고자 함이다. 내담자와 만남에서 목회상담가가 경험하게 되는 '부정'을 '부정'하기 위해, 그래서 발견하는 하나님이라는 지혜를 통한 '생명 회복'을 위함인 것이다.

기도하는 세리는 하나님 앞에서 그의 실존을 발견했다눅18:9-14. 자신이 어떤 존재인지, 어떤 경험과 정서에 매몰되어 불의, 토색, 간음과 욕심으로 살아왔는지를 투명하고 정확하게 분석할 수 있었다11, 13절. 이러한 내적성찰과 자기분석은 세리로 하여금 절망에 이르게 했다13절. 죽고 싶은 마음이었을 것이다. 하지만 이때 예수님은 세리를 '의롭다'라고 불러주셨다. 바로 이 '칭의稱義'의 은혜로 인해 세리는 자기 집으로 갈 수 있었다14절. 생명을 얻은 것이다. 앞선 장章에서 회개의 신학적이며 영적인 의미를 언급했던 것처럼, 이 신비한 경험은 내관에 있어 중요한 축이다. 절망적 실존인 '자기'를 사랑하시는 하나님을 경험하는 초월적이며 초절적인 은혜 경험이 없다면 실존으로서 인간은 무의미와 절망이라는 허무주의의 장벽을 허물 수 없기 때문이다. 그래서 '내관'을 통해 내적성찰과 자기분석이 가능한 것이다.

이러한 이유로 '내관'은 '미학적'이다. 절망과 희망, 죽음과 생명, 자포자기와 회복탄력, 무의미와 가치 등의 역설적 개념의 '긴장성tensionity'이

'질서'와 '조화'를 이루기 때문이다. 한 가지 짚고 넘어가야 하는 것은, 지금 여기에서 말하는 칭의의 신비는 실존 차원에서 이루어지는 현실적인 것으로 신비주의에서 말하는 신비가 아니라는 점이다. 그렇기에 회피나 무시로서 신비가 아니다. 현실을 부정하는 개념이 아니란 것이다. 이 신비는 실존으로서 '자기'를 '객관화'하도록 이끌며, '환기'와 '지평 확장'을 촉진한다. 심지어 절망에서 희망으로, 죽음에서 생명으로 '변형'을 가능하게 한다. 하나님 앞에서 자신을 바라보며 죽을 것 같았는데, 다시 집으로 돌아가 살아낼 수 있는 힘을 갖게 되는 것이다.

이제 '내관'의 실제를 간략히 간추려 핵심 과제들을 아래와 같이 요약하고자 한다. '내관' 진행에 대한 보다 정확하고 구체적인 방법을 이해할 수 있을 것이다.

① 조용한 가운데 침묵 속에 행해지는 자기성찰과 자기분석으로서 내관은 한 가지 경험과 그에 잇댄 감정에 대한 집중적이며 심층적인, 또 끊임없는 질문들로 이루어진다.

② 경험과 감정이 격해진 상황에서 내관은 불가능하다. 어느 정도 해당 감정이 진정되면 내관 노트를 꺼내 '내관 쓰기introspective journal'를 진행한다.

③ 분석하고자 하는 경험과 감정에 대한 주제 타이틀을 적고, 해당 타이틀에 관한 질문을 노트에 적는다. 질문에 대한 분석은 분석의 깊이와 확장을 위해 노트에 기록하지 않는다. 하지만 질문에 대한 분석을 통해 얻게 된 답변들에 기초하여 만든 심층적인 질

문을 노트에 기록한다. 이 과정을 반복하는 것이다.

④ 분석이 깊어지고 확장이 되면 질문들의 다양한 가능성이 열린다. 관점에 따라 또 성찰의 깊이와 넓이에 따라 '내관 쓰기'의 색채가 다양해지는 것이다. 특히 지나온 삶의 경험과 감정, 혹은 아주 어릴 때, 그래서 지금은 잊힌 것이라 여겼던 시절의 경험과 정서를 만날 수도 있다. '자기' 구조의 형태를 가늠하며 심리내적 '지도mapping'를 그릴 수 있는 것이다.

⑤ 한 가지 주의해야 할 것은, '내관 쓰기'가 일기는 아니라는 사실이다. 그렇기에 경험과 감정에 대한 상황설명은 필요하지 않다. 변명하거나 자신의 정당성을 위해 '합리화'라는 방어기제를 활용할 이유도 없다. 더욱이 '앞으로 무엇을 어떻게 할 것'이라는 다짐이나 결단도 필요치 않다. 오히려 다짐하고 싶은 마음이 든다면 그것은 내관을 그만하고자 하는 심리적 방어기제의 작동 때문이다.

⑥ 내관은 대부분 40여 분 진행하는 것을 추천한다. 만약 내관 진행이 더 이상 어렵다는 생각이 들면, 정리하지 않아도 된다. 해당 경험과 감정은 상황에 따라 또다시 재현될 것이기에 그때 내관을 이어서 진행하면 되기 때문이다. 그래서 몇 페이지를 건너뛰어 다른 경험과 감정에 대한 내관 쓰기를 진행하는 것을 추천한다.

⑦ 내관을 통해 내적성찰과 자기분석을 이어가다 보면, 종착지를 알 수 없다는 불안과 어떤 심연에 빠진 듯한 어두움, 그리고 '자기'

구조에 접근하며 경험하는 극심한 절망을 느낄 수 있다. 이때 '내관 기도introspective prayer'는 필수적이다. 하나님 앞에서 내관을 하고 있다는 사실을 기억할 필요가 있는 것이다. 내관 기도문의 전형적인 양식은 세리의 고백이다. "하나님이여, 나를 불쌍히 여기옵소서. 나는 죄인이로소이다눅 18:13." 자신에 대한 투명한 분석은 언제나 '자기' 구조의 한계와 연약함, 그리고 부조리한 모순과 같은 실존의 실체를 직면하게 한다. 이 때문에 '절망의 시점'은 언제나 고통스럽다. 하지만 그럼에도 불구하고 이 고통의 한가운데에서 내관 기도를 반복하며 자신이라는 실존을 하나님 앞에 세워 두는 것이다.

⑧ 슬픔과 아픔이 몰려올 때, 내관 기도에 '머무르는 용기'는 대단히 중요하다. 야고보서 4장 9-10절의 말씀, "슬퍼하며 애통하며 울지어다. 너희 웃음을 애통으로, 너희 즐거움을 근심으로 바꿀지어다. 주 앞에서 낮추라 그리하면 주께서 너희를 높이시리라"라는 말씀을 기억하며 하나님의 불쌍히 여기심을 기다려야 하기 때문이다.

⑨ 하나님은 여타의 신이나 무속신앙의 잡신이 아니다. 또 주술적 기도를 통해 움직일 수 있는 분도 아니다. 하나님은 "스스로 있는 자출 3:14"이다. 그렇기에 하나님은 자신의 때에, 자신의 의지로, 자신의 일을 이루실 것이다. 그러나 동시에 하나님은 인간의 고통과 신음에 응답하시는 분이시다창 35:3; 시 91:15, 120:1, 118:5, 138:3 사 30:19, 41:17, 65:24. 시편 탄식 시의 신비처럼 하나님께서는 인간의 탄식을 찬송으로 바꾸실 하나님이시다사 61:3; 시 30:11. 그는 긍휼에 풍성하

신 하나님이시기 때문이다^{단 9:9; 느 9:31; 시 145:9; 엡 2:4}. 이것을 믿으며 하나님의 불쌍히 여기심과 칭의의 은혜를 묵묵히 기다리는 것이다.

⑩ 하나님의 때에 하나님의 방식으로 누리게 하실 은혜를 경험한 목회상담가는 희망을 잃지 않는다. 소망의 하나님을 바라보며 실존에 드리워진 어두움을 걷어 낼 줄 안다. 그래서 내담자와 만남의 전 과정에서 내담자가 제시하는 '부정'에 대해 '부정'하는 '이중부정'을 이룰 수 있다. 더 나아가 '무의식적 반동형성'과 '전이-역전이', '병리적인 내사와 투사'라는 함정에 빠지지 않을 수도 있다. 목회상담가로서 자신을 지킬 수 있는 것이다.

목회상담가를 위한 자기관리의 한 방법론으로 지금까지 '내관'을 제안하고 논의한 데는 몇 가지 이유가 있다. 먼저는 인간 가치에 대한 미학적 인식이 있기 때문이다. 하나님께서 창조하신 피조물로서 인간은 안타깝게도 죄로 인해 일그러진 하나님의 형성을 갖게 되었다. 그러나 그 인간은 예수 그리스도로 말미암은 구원에 이를 가능성을 지닌 존재이다. 다시 말해, 예수 구원의 은혜로 하나님의 형상을 회복할 가능성을 가진 가치 있는 존재라는 것이다. 따라서 신적 가치를 품은 인간이 경험하는 모든 경험을 하나님의 창조와 구원의 경륜이라는 관점에서 바라보고 해석하고자 하는 것은 마땅하다.

쉽게 표현하자면, 인간 경험을 하나님의 뜻과 계획하심이라는 섭리를 찾고 확인할 수 있는 하나의 통로라고 생각하는 것이다. 그러므로 '내관'은 인간 실존의 경험에 가치를 부여하는 실천 활동이며, 동시에 인간 경험의 분석과 성찰을 통해 하나님의 뜻을 가늠할 수 있다는 가능성을 연다는 점에서 중요하다. 또한 이는 앞서 제시한 미학적 목회상담의 실천으로서 '인식appreciation'과 '상상envision'을 가능하게 하는 중요한 요인으로 기능한다. 왜냐하면 목회상담은 목회상담가로서 내담자의 경험을 분석하고 성찰하며 더불어 함께 하나님을 만나는, 하나님이 이끄시는 목회상담이라는 초월적이며 초절적인 관점을 포함한, 미학적이며 해석학적인 '인식'과 '상상'으로 내담자를 만나는 돌봄의 실천 활동이기 때문이다.

두 번째, '내관'은 일반적인 상담 방법론이 지향하는 '객관주의'에 대해 저항하는 실천 활동이기 때문이다. 즉 내관이 '객관'에 대한 비평적 인식 위에 서 있기 때문이다. 대부분의 심리학 방법론은, 데이비드 폰타나David Fontana가 지적한 대로, 인간에게 '객관적'으로 통용되는 심리적 특성을 찾기 위해 과학적 실험과 통계학을 활용하는 데 적극적이다.[52] 그래서 각종 설문조사와 실험실 실험과 같은 다양한 상황 조작, 그리고 그에 대한 반응과 행동 연구를 통해 유의미한 통계 수치를 확보하고자 노력한다. 좀 더 '객관적인' 수치, 즉 오차범위 내에서 유의미한 결과가 산출될 때까지 다양한 사례들을 통계적으로, 또 과학적인 방법론들로 측정한다. 이때 비로소 진리에 가까운 정확한 분석이 완성된다고 생각하기 때문이다.[53] 그러나 제임스 디츠James Dittes는 이렇게 비판했다.

멀리 보자면 칼빈주의가 미국 학계에 두 가지 유산을 가져다주었는데, 하나는 우리가 살고 있는 우주의 정해진 규칙에 대한 절대적 신뢰이며, 또 다른 하나는 우리가 행하는 불규칙한 내적 열정에 대한 완전한 불신으로 말할 수 있다. … 결과적으로 통제control가 중요한 키워드가 되었으며, 혼합과 통제되지 아니함, 혹은 주관 등의 말은 실패한 단어들로 이해되게 되었다. 때문에 과학자들은 살아있고 유동적인 "주관"을 버리고 실험실에서 죽은 "객관"으로 자신의 주장을 이어가고자 한다.[54]

디츠가 제기한 '객관이 진리'라는 발상에 대한 비판과 함께, '객관'을 주장하는 가운데 발생할 객관에 들지 못하는 부분에 대한 문제, 다시 말해, '소외'의 문제를 어떻게 이해할 것인가를 생각해 보지 않을 수 없다. 생각해 보라. 우리는 언제든 '객관'에서 밀려날 개연성을 가진 '주관적' 존재이다. 대부분의 사람들이 어떤 것에 대해 비슷하게 생각하고 느낄지라도, '나'라는 존재는 다르게 생각하고 느낄 수 있기에, 이를 단순히 이상심리나 병리로 치부置簿하거나, 비정상이라 진단하는 것이 과연 바람직한가를 생각해야 한다는 것이다.[55]

그렇다면 '객관'은 필요 없는 용어인가? 내관은, 그럼에도 불구하고, 객관을 말한다. 다만 과학자들과 스스로 과학자라 말하는 상담심리학자들이 추구하는 객관이 아니라, '주관'과 '객관' 사이의 긴장, 다시 말해 미학적 상호성의 관점에서 '객관'을 말한다. '이 세상 어디에도 절대적 객관성은 존재하지 않으며, 통계적 비객관성이 곧 객관성일 수도 있다'라는 '후토대주의적postfoundational' 인식 위에, '자기'라는 개인 역시 객관성을 가질 수 있음을 자각하는 것이다.[56] '주관적'이지만 동시에 '객관적'일 수 있는, '객관적'이라 말하지만 동시에 '주관적'일 수 있는 인간 심리의 역설적 특성을 잊지 않는 것이다. 특히 '나'라는 개인이 경험하는 경험에 동의하거나 혹은 같거나 비슷하다고 인식하는 사람이 단 한 사람이라도 있다면 객관성의 가능성이 열려 있다고 본다.

이러한 객관에 대한 비평적 인식은 상담의 현장에서 만나게 되는 내담자를 섣불리 분석하고 진단하며, 마치 그 분석과 진단이 진리인 양, 내담자를 함부로 규정하는 시대적 풍조를 거절한다.[57] 더 나아가 상담에서 만나는 내담자를 상담자 자신이 설정한 객관적 데이터에 기초한 방법론에 가두려는 의도도 거부한다. 목회상담가로서 만나는 내담자 한 사람 한 사람을 어떤 특정한 상담 방법론 안에 가둘 수 없다고 인식하며, 내담자만을 위한 상담 방법론을 고민하는 것이다. 즉 내담자를 독특한 개체적 심리 구조를 가진 객관적이며 주관적인 존재로 인정하며 그 한 사람만을 위한 상담을 진행할 줄 아는 것이다. 이를 자신에게 대입한 자기관리 상담 방법론이 바로 '내관'이다. 내관을 통해, 자신 역시 '인식'하며 '상상'하는 것이다.

세 번째, '내관'을 하는 이유는 '보편적 방법nomothetic method'보다는 '개별적 방법idiographic method'을 취하는 것을 더욱 중요하게 여기기 때문이다.[58] 윌리엄 제임스William James의 개별적 종교 경험에 관한 연구를 하나의 이론으로 형상화한 학자는 뉴턴 멜로니N. Newton Malony였다. 멜로니는 "N=1 방법론"을 주장했다.[59] 이 방법론의 특징은 인간 심리에 대한 객관화된 특징을 단 하나의 사례나 혹은 단 한 사람의 심리 구조를 분석하는 것에서 추출한다는 것이다.[60] 이 때문에 지극히 주관적이며 특수한 사례라고 생각해 온 종교 경험에 대해 객관성을 부여하는 작업이라는 점에서 멜로니의 "N=1 방법론"은 제임스의 종교 경험에 관한 연구에 과학적 근거를 세우는 작업이라고 볼 수 있다.[61]

그러나 이를 과연 과학적이라고, 혹은 객관적이라고 말할 수 있는지에 대한 의구심과 함께, 이러한 단 하나의 개별 연구가 다른 이들에게 동일하게 적용 가능한가에 대한 의구심을 가질 수 있을 것이다. 이러한 의구심에 대해 윌리엄 제임스는 자신의 책, 『심리학의 원리들』에서 자신이 연구한 종교 경험 연구의 근본 취지인 인간 경험에 대한 실용적 태도의 중요성을 주장하며 반론을 펼쳤다. 제임스에 의하면, "무엇이든 우리를 흥분시키거나 자극하는 것은 실제 한다"라고 주장했다.[62] 다시 말해, 소위 말하는 '객관적 데이터'에 의하면 실재하지 않는 것이라고 평가된다고 할지라도, 우리를 흥분시키는 강력한 느낌, 예를 들어, 성령 체험과 같은 신비적 경험을 경험한다면 그것은 실제 한다는 것이며, 이것이 실제 하지 않는다면 어떻게 하나님에 대한 초월에 대한 감각을 가질 수 있는지, 종교 심리는 불가능한 것은 아닌지를 반문할 수 있다는 것이다.[63]

더욱이 우리가 경험하는 독특하고 개별적인, 다시 말해, 산발적이며 한정적인 경험이라고 할지라도, 인간인 이상 비슷한 경험을 공유하는 사람들은 존재하게 마련이다. 예를 들어, 한 집단 혹은 한 민족만이 느끼는 집단적 끈끈함ex. 한恨의 정서, 정情의 정서 등, 그리고 한 문화 내에서만 존재하는 병리ex. 화병 등을 생각해 보자. 더 나아가 '아픔' '불안' 혹은 '미안함' 등 주관적인 정서들을 생각해 보자. 어떻게 타자의 감정을 '나'라는 주체가 이해할 수 있는가? 타인이 느끼는 아픔의 감정과 불안, 미안함의 감정은 내가 느끼는 것과 다를 수 있음에도 불구하고 우리는 타인을 이해할 수 있다고 생각한다. 다른 사람의 주관적 감정을 이해할 수 있다고 생각하는 이유는 타인의 주관적 감정을 나의 주관적 정서로 충분히 공감하고 있다고 믿기 때문이다. 즉 주관적이지만 객관성을 획득하고 있다고 믿기 때문이다.

그렇다면 이러한 '공감'에 대한 확신과 믿음은 과연 허상이며 실재하지 않는 것인가? 데이비드 바칸David Bakan이나 윌리엄 제임스William James 모두가 주장하고 있는 바는, 인간이 경험하는 모든 경험과 감정, 느낌과 생각은 모두 실재한다는 것이다.[64] 그러므로 내관은 한 개인에게 국한된 주관적 감정에 대한 심층적 분석이라 할지라도, 충분히 타인과 공유 가능한, 그래서 일종의 '객관적 데이터'로 역할 할 수 있다.

라. 새로운 가능성으로서 미학적 학제성

지금까지 새로운 학문 간 대화와 융합의 방향으로서 '미학적 학제성'에 대한 특성을 '목회상담하기'와 목회상담가의 관점에서 잠시 살펴보았다. '인식'과 '상상' 그리고 이를 위한 실천 과제로서 '내관'에 이르기까지 고찰한 특성들은 제안하고자 하는 '학제성'의 '미학적' 특성을 나타내는 중요한 개념들이다. 이를 잠시 요약 정리하자면, 신학과 과학 - 특히 상담심리학 - 양자의 만남에 대한 다양한 견해가 있으나, '미학적 학제성'에서 인식하는 '미학적 학문 간 대화 혹은 융합'은 '미학적'이라는 독특한 용어로 신학과 상담심리학의 만남 특성을 규정할 수 있다. 그렇다면 이 '미학적'이라는 용어의 특성을 어떻게 이해할 수 있을까?

신학은 하나님에 대한 학문이다. 그러나 인간이 초자연적이며 전능한 하나님을 연구하고 탐구한다는 것은 엄밀히 말해 불가능하다. 초월적이며 신비한 존재를 학문의 영역에 담을 수 있다는 생각 자체가 미숙한 것이기 때문이다. 이러한 딜레마는 상담심리학 역시 피해 갈 수가 없다. 인간의 마음과 생각, 그리고 경험에 관한 연구 역시 섣불리 규정하거나 단정지을 수 없기 때문이다. 생각해 보라. 상담심리학에 수많은 이론과 방법론이 있다는 사실은 인간 심리와 경험에 대한 정답은 존재하지 않는다는 간접증거는 아닐까.

이러한 이유에서 학문적이며 과학적인 연구와 사고를 통해 '정확무오正確無誤'한 진리와 같은 공식을 찾을 수 있다고 생각하는 것은 무척 섣부르다. 연구와 탐구를 통해 생각하지 못했던 새로운 사실들을 발견할 수 있기 때문이다. 따라서 신학과 상담심리학이라는 개별 학문의 특성을 역동적이며 창조적이라고 표현하는 것은 오히려 자연스럽다. 이것은 학문으로서 양자가 지닌 해석학적 특성이며, 이 해석학적 특성으로 인해 양자의 만남, 즉 학문 간 대화와 융합의 특성 또한 해석학적이어야 한다고 볼 필요가 있다는 것이다. 그러므로 제안하는 '미학적 학제성'의 '미학적'이라는 용어의 특성을 역동적이며 창조적인, 그래서 해석학적인 특성과 다름 아니라고 말할 수 있다.

이는 동시에 '실용성pragmatism'이라는 특성 역시 포함한다. 변함없는 하나님, 그리고 정확무오한 하나님의 말씀은 시간과 공간을 뛰어넘어 모든 시대, 모든 상황에 '적용practicality' 가능하다. 그러나 이 '적용'은 상명하복 형태의 폭력성을 나타내지 않는다. 물론 진리의 말씀은 "화평이 아닌 검마 10:34"처럼 여겨질 수 있다. 그러나 그것만이 아니다. 말씀은 "혼과 영과 및 관절과 골수를 찔러 쪼개기까지히 4:12" 하지만, 동시에 말씀이신 예수 그리스도요 1:1, "그는 우리의 화평이신지라. 둘로 하나를 만드사 원수 된 것 곧 중간에 막힌 담을 자기 육체로 허시고, 법조문으로 된 계명의 율법을 폐하셨으니, 이는 이 둘로 자기 안에서 한 새 사람을 지어 화평하게 하시고, 또 십자가로 이 둘을 한 몸으로 하나님과 화목하게 하려 하심이라. 원수 된 것을 십자가로 소멸하시고, 또 오셔서 먼 데 있는 너희에게 평안을 전하시고 가까운 데 있는 자들에게 평안을 전하셨으니, 이는 그로 말미암아 우리 둘이 한 성령 안에서 아버지께 나아감을 얻게 하려 하심"이라는 히브리서 2장 14-18절의 말씀처럼, 그는 화평 그 자체이기 때문이다.

더불어 이 '적용'은 종교다원주의와 같은 세속화일 수도 없다. 현 상황과 시대에 적용한다는 명목으로 말씀의 가치를 환원주의의 함정평가절하, 섣부른 판단 등에 빠트릴 수 없기 때문이다. 그러므로 '실용성'은 현재와 현 상황에 대한 완전하신 하나님의 계획하심과 뜻을 찾으려는 '해석학적 실용성 hermeneutical pragmatism'을 말한다. 즉, 종교다원주의를 배격하며 동시에 화평을 지향하는 실용성, 다시 말해, 진리의 말씀이라는 등불을 들고 어둠을 비추되 진리의 말씀 앞에서 자신을 쳐서 겸비하여, 역동적이며 창조적인 진리의 말씀을 지금 여기를 위한 말씀으로 적용하려는 실용성이다. 그래서 해석학적 특성이 실용성을 불러온다고 말할 수 있는 것이다.

상담심리학에 있어서도 마찬가지다. 인간 심리와 경험은 그 자체로 주관적이며 개별적이다. 사람 숫자만큼의 개연성과 다양성을 갖고 있다는 점에서 역동적이며 창조적이라 말할 수 있다. 동시에, 이러한 주관적이며 개별적인 인간 심리와 경험을 연구하며, 인간이라는 실존 전반을 해석학적 관점으로 바라보려는 상담심리학의 관점은 곧 주관적이고 개별적인 인간 심리와 경험에 대한 실용적 태도는 아닐까. 즉 한 사람의 심리와 경험이 지닌 가치와 의미를 역동적이며 창조적으로 해석하고자 하는 실용성인 것이다.

　　이러한 해석학적이며 실용적인 특성을 가진 '미학적' 관점은 신학과 상담심리학의 만남에 적용되어야 한다. 때문에 '학제성'은 역동적이며 창조적인 특성을 잃어서는 안 된다. 더 나아가 해석학적이며 실용적인 관점을 잃어서도 안 된다. 신학과 상담심리학의 학제성에 있어 '미학적'이어야 하는 당위성은 학문 간 담론과 융합에 참여하는 신학과 상담심리학 양자兩者가 지닌 특성이 그러하기 때문이며, 동시에 양자 사이의 대화와 융합이 해석학적이며 실용적인 관점에 의해, 단순 감각 수준의 외형적 미를 넘어, 상호호혜적 앎과 이 앎을 통한 상승효과로 깨달음의 지평을 확장하는 자기-다움, 앎-다움, 앎음-다움, 더 나아가 초월적 아름다움의 미학을 이룰 수 있기 때문이다.

　　이를 실천적으로 수행하기 위해 '인식appreciation'과 '상상envision'이라는 미학적 과제를 제시하였고, 이 미학적 과제를 유지하기 위한 내적성찰과 자기관리의 방향으로 '내관'을 제안한 것이다. 결국 긴장tension과 조화, 검과 화평, 개체성과 방향성, 한계와 무한, 현실과 초월, 정서와 영성 등의 역설적 딜레마와 같은 서로 다른 두 학문의 만남이 곧 '미학적 경험aesthetic experience'이 가능한 '학제성interdisciplinarity'이어야 함을 주장하고자 한 것이다.

　　필자가 제안한, 일견 난해해 보이는, '미학적 경험'의 의미와 느낌을 분명하게 설명하고자 앞서 언급한 히브리서 2장 14-18절 말씀이 함유하고 있는 '화평'의 뉘앙스^{nuance}에 대해 좀 더 부연 설명하고자 한다.

조르주 쇠라^{Georges Pierre Seurat}의 "그랑드 자트 섬의 일요일 오후^{Un diman-} ^{che après-midi à l'Île de la Grande Jatte}"를 바라본다면 그림에 등장하는 사람들이 많이 있음에도 이들 사이에 흐르는 어떤 긴장을 발견하기란 쉽지 않다. 갈등이나 다툼의 모습을 찾기가 어렵기 때문이다. 평면적 공간에 등장하는 여러 인물이 있음에도, 오히려 쉼, 한가로움, 여유, 따분함, 즐거움 등으로 표현할 수 있는 '화평'의 모습을 느낄 수 있다. 그러나 이를 역동적이며 창조적인, 또 해석학적이며 실용적인, 그래서 '미학적인 경험'으로서 '화평'이라할 수 없다. '미학적 경험'으로서 '화평'을 말하려면 그 내부에 '예리한 검'의 모습이 있어야 하기 때문이다.

다시 말해, 뭉크^{Edvard Munch}의 "절규^{The Scream}"에 등장하는 불안과 혼돈,

[그림 4] 조르주 쇠라, "그랑드 자트 섬의 일요일 오후", 1884.

그리고 공포와 절망, 이로 인한 고통과 아픔이 화평에 포함되어 있어야하기 때문이다. 마치 성경에서 말하는 샬롬^{ᵐᵂ}과 같이 빚이 청산되지 않았으나 또 전쟁은 여전하나, 빚이 청산된 것과 같은 혹은 전쟁이 종결된 것과 같은 화평, 즉 상호 양립할 수 없는 역설적인 의미로서 평화 말이다.

이 역설적 의미를 모두 담은 그림이라고 일견 생각할 수 있는 작품은 모네Claude Monet의 "인상, 해돋이Impression, Sunrise"이다. 프랑스 르아브르 항구의 일출 장면을 담은 이 작품에는 그랑자트섬의 화평과 함께 절규와 같은 신음을 발견할 수 있기 때문이다. 이른 아침 해가 뜨는 시간에 작은 배

[그림 5] 에드바르트 뭉크, "절규^{The Scream}", 1893.

를 타고 떠나는 사람들의 모습이 검은 점처럼 묘사되어 있지만, 그 안에서 여전한 어둠과 삶의 고통을 여실히 느낄 수 있기 때문이다.

하지만 이 작품에서는 '끝났다' '청산되었다'와 같은 종결의 의미를 찾기는 어렵다. 또 다른 하루를 맞이한 사람들이 겪을 현재진행형의 삶이, 또 고통이 느껴지기 때문이다. 그렇다면 완성된 느낌으로서 조반니 벨리니 Giovanni Bellini의 "십자가에 못 박힌 예수The crucifixion"일까?

앞선 작품들과 달리, 선명하고 분명한 채색으로 '완성'의 의미를 살린 벨리니의 그림은 "다 이루었다요 19:30"를 선언하신 예수님의 마지막 모습을 그리고 있다. 골고다에 그려진 인간의 고통과 절망, 맑고 푸른 하늘과 대비되는 무덤의 어둠, 십자가 형틀에서도 화평해 보이기까지 하는 예수님의 모습, 역설적 대비가 느껴지면서도 어떤 완성을 형성화한 작품으로 '미학적 경험으로서 화평'을 말하기에 손색없이 느껴지기까지 한다.

[그림 6] 클로드 모네, "인상, 해돋이", 1872.

하지만 '미학적 경험'은 완성이면서도 진행형인, 진행형이면서도 완성을 말하는 경험이다. '끝'이라는 '완성'만을 말한다면, '미학적'이란 용어가 지향하는 역동성과 창조성을 생각할 수도, 또 해석학적이며 실용적인 특성을 말할 수도, 더 나아가 '인식'과 '상상'이라는 미학적 실천 과제를 수행할 수 없기 때문이다.

이를 보완할 수 있는 작품은 밀레^{Jean-François Millet}의 "만종^{The Angelus}"이

[그림 7] 조반니 벨리니, "십자가에 못박힌 예수",
1501-1503.

다. 동화 속 장면과도 같은 몽환적 분위기임에도, 등장인물들의 얼굴과 자세에 나타난 삶의 애잔함과 피곤함, 그런데도 나타나는 쉼과 여유, 낭만과 감사는 무척이나 선명하다. 여전한 삶의 굴레가 현재진행형이지만 하루를 마치는 시점에 기도하는 부부의 모습에서 어떤 완성을 발견할 수도 있다. '이미already'와 '아직 아닌not yet' 모습 속에 드러난 역설적 상황을 '인식'하며 '상상'할 수도 있다.

더불어 이 단편적 장면에서 수많은 '해석'을 가능하게 하는 '실용성'도 찾을 수 있다. 잔잔하고 평온하나 괴로운, 여전한 인간의 고통을 담은 그림에서 역동적이며 창조적인 삶의 신비마저 깨달을 수 있다. '미학적 환기aesthetic evocation'를 통한 '자기-다움'과 '앎-다움', 그리고 '앓음-다움'을 넘어 초월적 아름다움이 무엇인지를 어렴풋이 헤아릴 수도 있다. 그렇기에 밀레의 "만종"이 나타내는 '화평'은 '미학적 경험'은 물론, 제시하고자 하

[그림 8] 장-프랑수아 밀레, "만종", 1857-1859.

는 '미학적 학제성'의 특징과 특성을 잘 드러내고 있다.

결론적으로 정의하자면, 신학과 상담심리학의 학문 간 대화는 '인식'과 '상상'이라는 독특한 실천 과제로 이루어지는 호혜적이며 미학적인 융합이다. '이미 already'와 '아직 아닌 not yet'의 역설 속에 '진행'과 '완성' 사이의 역동적이며 창조적인 과정이며, 동시에 해석학적이며 실용적인 관점을 유지하려는 '면학심 studiositas'의 과정이다.[65] 이를 위한 실천 과제로서 '내관'을 통해 '회개'라는 '긴장성'과 '은혜'라는 '영적 신비'를 경험하고자 하는 학문 이상의 학문을 지향하고자 하는 것이다.

마. 미학적 목회상담의 실제

이제 이러한 '미학적 학제성'에 기초한 '미학적 목회상담하기'의 실제에 대해 잠시 논의해 보자. 그러나 한 가지 주목할 것이 있다. 이 논의는 만고불변의 공식과도 같이 모든 사람에게 적용되는 구체적인 방법론에 대한 논의가 아님이 분명하다는 사실이다. 목회상담의 현장에서 만나는 내담자가 인지상정 人之常情의 인간 정서로서 일반적인 희로애락의 경험을 진술한다고 할지라도, 바로 그 내담자는 하나님께서 지으신 세상에서 단 하나밖에 없는 개별적 개체성과 주관성을 갖고 있기에, 그가 경험하는 심리 정서는 그 자체로 역동적이 창조적인, 그래서 특별하다는 인식에 기반을 두고 있기 때문이다. 그렇기에 논의하고자 하는 미학적 목회상담의 실제는 어떤 관점 혹은 방향성에 대한 담론이다. 그래서 담론 자체가 비非 도식적이며 비체계적인 논의로 여겨질 수 있으나, 이를 미학적 목회상담학의 특성과 차별성으로 인식할 필요가 있다.

역동적이며 창조적 개체로서 목회상담가가 마찬가지로 역동적이며 창조적인 개체로서 내담자를 만날 때, 그 만남은 앞서 논의한 '미학적 학제성'에 기초한 만남임을 잊지 말아야 한다. 이 때문에 양자의 만남을 '미학적인 만남aesthetic encounter'이라 정의할 수 있다. '미학적 만남'은 폴 리쾨르의 "시적poetic"인 만남이며, 슐라이어마허의 "기술technik"을 함유한 예술적인 만남이어서, 도널드 캡스의 "재구조화reframing"를 '촉진facilitating'한다. 왜냐하면 '미학적'이라는 용어가 제안하듯 유동적이며 역동적인, 그래서 창조적이라고 할 수 있는, 목회상담가의 해석학적이며 실용적 관점의 '인식'과 '상상'이 '목회상담하기'를 이끌기 때문이다.

물론 이를 저해하는 요소로서 내담자의 병리성이나 혹은 왜곡된 하나님 이미지, 그로 인한 심리 정서적 왜곡과 강박적인 '심리내적 에너지 집중intrapsychical cathexis'은 목회상담의 전 과정을 혼란으로 끌고 갈 수도 있다. 전이와 역전이의 함정에 빠지게 할 수도 있고, 목회상담가로 하여금 심한 좌절과 패배감에 상담을 그만두고 싶다는 무의미를 경험하게 할 수도 있다. 그러나 '미학적 만남'은 이런 혼란을 두려워하지 않는다. 오히려 불안을 지향하려는 자세를 유지한다. 그렇기에 불안함에도 이야기의 공간을 형성하려 애쓰며, 오히려 희망의 에이전트로서 자리매김하려 한다. 하나님을 믿음으로 견딜 줄 아는 것이다. "믿음이 없이는 하나님을 기쁘시게 하지 못하나니, 하나님께 나아가는 자는 반드시 그가 계신 것과 또한 그가 자기를 찾는 자들에게 상 주시는 이심을 믿어야 할지니라히 11:6." "우리가 선을 행하되 낙심하지 말지니 포기하지 아니하면 때가 이르매 거두리라갈 6:9"라는 말씀을 기억한다. 목회상담의 전 과정을 통해, '하나님 앞에서' 자신을 쳐서 복종케 하는 '내관'으로 세리의 회개와 같은 순전함과 긴장성을 유지하며 하나님께서 허락하실 은혜를 구할 줄 아는 것이다.

이러한 이유로 미학적 학제성을 실천하는 목회상담가는 미학적 만남이 반드시 '좋은' 결과를, 다시 말해, '내담자가 추구하는 직접적이며 임상적인 결과'를 가져올 것이라고 섣불리 예상하지 않는다. 그래서 목회상담가는 지금 당장 내담자의 '주 호소 문제' 해결이 목회상담의 성패와 연결되어 있다고 생각하지 않는다. 세상이 말하는 유능함과 효율을 따르지 않기 때문이다. 오히려 예수 그리스도의 사랑이 말하는 유능과 효율을 좇는다. 그래서 아흔아홉 마리 양을 두고, 잃은 양 한 마리를 찾아 떠나는 목자에게 쏟아지는 비난을 되레 환영한다. 때로 무능하고 비효율적인 방법이라고, 또 때로는 너무 욕심을 부리는 것 아니냐는 비아냥에도 꿋꿋하게 살아낼 줄 아는 것이다.

그러므로 목회상담가에게 목회상담의 성패는 결과가 아니다. 결과는 하나님께 맡긴다. 오히려 목회상담의 과정 가운데 얼마나 목회상담가 자신이 미학적이었는지, 즉 해석학적이었는지, 또 초월적 하나님이라는 틸리히의 '궁극에 대한 감각the ultimate concern'을 유지했는지를 상담의 성패와 연결 짓는다. 이러한 관점에서 목회상담을 실천하기에, 내담자가 원하는 주 호소 문제 해결과 또 상담자 자신이 설정한 임상적 치료에 도달하는 것은, 목회상담의 궁극적 목적이 아니란 사실을 잘 안다. 목회상담가로서 내담자의 주 호소 문제 해결과 상담자의 임상적 치료 과제를 하나님께 맡기고 있는지가 중요하고, 또 내담자가 하나님을 만날 수 있도록 울타리와 공간이 되어 '영적 환기spiritual evocation와 영적 깨달음spiritual awakening'을 촉진하고 있는가가 중요하기 때문이다.

따라서 미학적 목회상담의 목적은 내담자 스스로가 자신의 상처를 통해 하나님을 만나고, 그 상처에 임한 하나님의 뜻과 섭리를 해석할 줄 알게 되며, 더 나아가 자신의 상처와 더불어 함께 할 수 있도록 격려와 희망의 영적 울타리와 공간을 만드는 것이다. 이때 내담자는 자신을 옥죄는 주 호소 문제 해결이라는 과제 집중을 철회할 수 있으며, 동시에 '해결'을 자신이 원하는 방식이 아닌, 하나님의 뜻을 찾는, 즉 '자기-구조 재구조화'를 통한 상처 활용의 실용성에 대한 감각을 회복할 수 있다.

물론 임상적으로 이상심리를 가진 사람을 만나며 이러한 미학적 만남을 생각한다는 것은 무척 혼란스러운 일일 수 있다. 이 때문에 위기 상황과 병리적 상황에서 해결이 시급한 주 호소 문제 해결과 임상적 치료에 전념하는 것을 부정할 수는 없다. 오히려 그래야 할 때가 많을 수도 있다. 그러나 위기와 시급한 문제 해결 후, '미학적 만남'을 생각하지 않는다면, 그것은 목회상담가로서 직무 유기와 같다. 그렇기에 '목회상담하기'에 대한 후속 과정에 생각은 목회상담가에게 늘 열려 있어야 한다.

그러므로 지금 말하고자 하는 '미학적 만남'의 핵심은 문제 해결을 넘어선다. 오히려 이 만남을 '나'와 '너'의 인격적 만남으로 끌고 가겠다는 의지가 중요하다. 즉 '나'라는 존재가 '너'의 삶에 참여하고, '너'라는 존재가 '나'의 삶에 참여하는 호혜적 참여를 형성하겠다는 의지를 갖는 것이다. 그래서 섣부른 진단을 지양한다. 빠른 진단과 탁월한 처방으로 유능한 상담자가 되려는 것이 아니라, '만남' 자체를 살아있게 하는 목회상담가가 되려고 애쓰는 것이다. 이 때문에 빠르고 정확한 진단이라는 환상에 빠져 내담자를 어떤 정형화된 틀에 가두려는 화석화 작업을 하지 않는다. 또 목회상담가 스스로도 자신의 임상경험과 상담지식에 매몰되어 회칠한 무덤과 같은 딱딱한 사고로 상담하지 않는다. 역동적이며 창조적인 '말랑말랑한' 해석으로 자신과 내담자를 '하나님 앞에서' '인식'하며 '상상'하는 것이다. '하나님이 이끄시는 상담'이 바로 목회상담임을 잊지 않는 것이다.

이때 "사랑하는 자들아, 주께는 하루가 천 년 같고 천 년이 하루 같다는 이 한 가지를 잊지 말라^{벧후 3:8}"라는 말씀의 신비를 깨달을 수 있다. 목회상담 종료기에 바라던 결과의 유무에 경도되어 섣불리 지금까지 진행한 목회상담 효과의 유무와 가치를 따진다면, 이는 신적 계시^{divine revelation}의 신비를 알지도, 또 목회상담의 '미학적 만남'을 통한 '미학적 깨달음aesthetic awakening'의 의미도 이해하지 못한 것이다. 미학적 깨달음은 시공간을 넘어선다. 그렇기에 목회상담가는 목회상담의 구조화로서 회기 구성을 생각할 때, 내담자를 만나는 시간만을 상담 회기로 인식하지 않는다. 내적성찰과 자기분석을 위한 '내관'을 진행하며 자신을 관리하면서도 내담자를 위해 기도한다. 내담자의 실존적 안녕과 영적 회복을 위해 기도하는 것이다. 그래서 '반드시 상담 과정 내에서 이루어진 효과로 효율을 가늠해야 하는가?'라는 질문에 그렇지 않다고 확언할 줄 안다. 비록 목회상담의 현장과 상담회기 동안 아무런 일이 벌어지지 않는 것처럼 여겨지더라도, 하나님의 살아계심과 역사하심의 지속성에 대한 믿음을 갖는 것이다. 천 년이 하루 같고 하루가 천 년 같은 하나님께서 일하고 계시기에, 상담 종료 후, 한참의 시일이 지난 후, 그 효과가 나타날 수도 있다는 사실을 잘 알고 있기 때문이다.

따라서 이러한 미학적 목회상담의 관점과 방향성은 그 자체로 역동적이며 창조적이다. 그러나 벤첼 밴 후이스틴의 후토대주의의 특성과 같이 배타적 진리의 수호를 멈추지 않는다. 동시에 다양한 담론의 가능성을 열어 둔다. 하나님이 이끄시는 미학적 목회상담에서 경험할 수 있는 변형, 즉 제임스 로더와 데보라 헌싱어의 '변형 경험transformational experience'의 신비를 지향하기 때문이다. 여담이지만, 이때 일반상담자들이 여기는 상담의 성공 과제로서 '내담자를 다음 상담에 올 수 있도록 해야 한다'라는 목적도 이룰 수 있다. 내담자에게 변형 경험은 그 자체로 유의미한 경험이어서 문제 해결이라는 단순 과제를 넘어 '문제가 문제가 아니다'라는 성숙과 성장을 경험하기 때문이다. 즉 설령 자신이 원하는 결론에 이르지 못할지라도 상관이 없다는 듯, 홀로 하나이신 살아계신 하나님께서 하나님의 방식대로 하나님의 때에 일하실 것을 확신하며, 오늘을, 그것도 문제가 가득한 오늘을,

살아낼 줄 아는 신비한 경험을 하기에 다음 상담에 대한 매력을 느끼기 때문이다.

1) 요약

비체계적, 비조직적이라 할지라도 미학적 목회상담의 관점과 방향에 대해 요약하여 정리하자면, 첫째, 미학적 목회상담의 상담자는 내담자와 같은 차원에 위치한다는 의미에서 '참여'에 대한 개념 정의를 선행해야 한다. 그래서 '나'의 이야기가 '너'의 이야기가 되고, '너'의 이야기가 '나'의 이야기가 되도록 이끌어야 한다. '나'와 '너' 양자 모두가 역동적이며 창조적인 개체라는 사실에 대한 인식을 고취시킬 수 있는 격려와 희망, 사랑과 믿음의 울타리와 공간을 형성하는 '참여'를 이루는 것이다. 이때 목회상담가는 자기 자신이 하나님과 미학적 만남을 통해 미학적 깨달음을 경험했듯, 내담자도 이러한 만남과 깨달음을 경험할 수 있도록 마중물로서 역할해야 함을 잊지 않아야 한다.

이러한 미학적 만남으로서 미학적 목회상담은 상담자-내담자 상호 참여를 통해 '변형' 경험을 촉진하게 된다. 상담자와 내담자 모두를 아름다움, 즉 '자기-다움'과 '앎-다움', 그리고 '앓음-다움'을 통한 초월적 심미성을 경험하는 것이다. 다시 말해, 현실과 실존을 부정하지 않으면서도 생각과 마음을 지키는, 아직 도래하지 않은 하나님의 나라를 지금 여기에서 충분히 경험하는, 그런 신비를 경험하는 것이다. 이는 어떤 상상과 신기루와 같은 신비한 경험이 아니다. 현실적이며 실존적인 동시에 하나님이라는 초월을 경험하는 긴장성과 조화라는 미학적 깨달음으로서 경험을 체득하는 것이다.

목회상담가의 미학적 깨달음이 내담자의 미학적 깨달음으로 확장되는 신비는 공식이나 도식으로 가공할 수 없다. 하나님의 때에 하나님의 방식으로 하나님께서 이끄실 것이기 때문이다. 그러나 하나님 앞에서 단독자로 선 목회상담가가 내담자라는 실존을 만나는 '미학적 만남'을 포기 하지 않는 것이다. 끊임없이 '인식appreciation'하고 '상상envision'하는 과정을 반복하는 것이다. 그리고 인생을 불쌍히 여기시는 하나님을 바라는 것이다. 그러면 신비는 드러난다.

이것을 어떻게 설명할 수 있을까? 열역학 제1 법칙은 '에너지 보존의 법칙'이다. 제2 법칙은 '엔트로피entropy'와 연결하여 에너지 분포의 균일화, 열의 자발적인 흐름, 자연 현상의 불가역성 등으로 본다. 쉽게 말하자면 모든 에너지는 '엔트로피 0'이라는 불확실성이나 무작위성이 없는 완벽하게 질서 정연한 상태를 향해 흐르게 되어 있다는 것이다. 적어도 '같은 차원'에 있다면 에너지는 높은 쪽에서 아래쪽으로, 큰 쪽에서 적은 쪽으로 흐르게 되어 있다는 것이다.

미학적 만남에서 '나와 너'의 인격적 만남, 즉 상호 참여를 지향한다고 할지라도, 한 가지 간과할 수 없는 사실은, 목회상담가의 내담자에 대한 사랑과 관심이 내담자가 가진 목회상담가에 대한 사랑과 관심보다 크다는 사실이다. 그렇다면 사랑이라는 에너지를 상담자에서 내담자로 흐르게 하려면 상담자와 내담자가 '같은 차원'에 있기만 하면 되는 것이다. 여기에서 말하는 '같은 차원'의 만남을 '미학적 만남'이라고 생각해 보자. 이 만남을 유지하기 위해 '내관'은 중요할 것이다. '목회상담하기'의 과정이 그 자체로 역동적이며 창조적이어서 빛을 경험하기 위한 어둠과 혼돈, 공허와 불안을 반드시 경험하기 때문이다창1:1-3. 즉 이 고통스러운 경험을 감내하고자 내관을 통해 영적 감각을 유지하면, 내담자를 회피하거나 거부하지 않고 또 지배하거나 옥죄지 않고, 상담자와 내담자 사이의 상호 참여라는 '같은 차원'에 위치할 수 있을 것이다. 이때 에너지의 흐름이 시작되는 것은 자연스럽다. '엔트로피 0'을 지향하는 흐름이 형성되기 때문이다.

'인식'과 '상상'이라는 과정이 반복되는 '미학적 만남'을 위해 상담자에게는 상담 후 일정 시간의 휴식이 필요하다. 자신을 관리하는 것이다. 그리고 내담자를 생각하며 기도하며 산책한다. 상담을 반추하며 다음 상담에 대해 자신의 상담이론과 임상 경험을 총동원해 그려보기도 하는 것이다. 이러한 에너지의 재충전 과정을 통해 목회상담가는 후속 회기에 내담자를 만나며 또 다른 에너지의 흐름을 촉진할 수 있다. 또다시 신기루를 보고 달려가는 듯한 '엔트로피 0'을 지향하는 것이다. 이러한 '미학적 만남'은 곧 '변형'이라는 신비를 촉매하고 촉진한다. 그래서 주 호소 문제 해결이라는 과제에 골몰하는 내담자로 하여금 상담자를 미학적으로 만날 수 있게 하고, 내담자 자신의 상처로 왜곡된 표상이 아닌 재구조화를 통한 성숙한 표상으로서 하나님을 경험할 수도 있게 되는 것이다. 물론 그 시점을 예측한다는 것은 불가능하지만 말이다.

2) 미학적 목회상담 사례지도 supervision 의 방향

'미학적 목회상담'의 '미학'을 생각한다면, 목회상담에 있어 '사례지도 supervision' 역시 일반상담의 사례지도와 무척 다름을 이해할 수 있을 것이다.

잠시 미학적 목회상담의 사례지도를 생각해 본다면, 먼저, 목회상담 사례지도자 supervisor 는 '사례지도 수련생 supervisee'의 목회상담을 형성하는 학제성 interdisciplinarity, 즉 신학과 상담심리학의 만남과 융합으로서 학문 간 대화의 특성이 무엇인지, 그것이 어떤 특성과 방식 mode 으로 드러나고 있는지를 점검해야 할 것이다. 예를 들어, 필자가 미학적 목회상담을 제안한 것처럼, 또 미학적 목회상담의 특성을 '인식'과 '상상'이라는 용어로 설명한 것처럼, 목회상담가인 자신의 학제성과 그 학제성의 방식을 특징짓는 주제어들을 밝힐 수 있어야 한다. 이 때문에 사례지도 수련생이 자신의 '신학적 경향성'과 '상담심리학의 관점'을 분명히 인식하고 있는지를 사례지도자가 확인하는 것은 사례지도의 중요한 핵심과제라 할 수 있다.

신학과 상담심리학의 만남은 단순한 조합이 아니다. 어떤 필요성에 의한 협력으로서 연합도 아니다. 또 취사선택을 통한 활용의 개념도 아니다. 두 학문의 만남은 각 학문의 퇴색과 변질로 점철되어서는 안 된다. 오히려 양자의 배타적이며 개체적인 특성을 유지하는 긴장성이 있음에도 조화와 질서를 찾을 수 있는 학문 간 대화와 융합이어야 한다. 이 때문에 '양자는 어떻게 만나는가? 특히 자신이라는 목회상담가 내부에서 양자가 어떻게 만나고 있는가?'라는 질문에 대한 답으로 자신의 학제성을 밝힌다는 것은 곧 목회상담가인 자신이 목회상담에 대한 구체적인 정체성과 방향 혹은 방법론을 확립하고 있다는 것으로 이해할 수 있는 것이다. 즉 자신의 신앙과 신학함의 의미와 가치가 어떻게 상담심리학이라는 사회과학적 가치관과 만나 자신을 형성하고 있는지를 분명히 알고 있다는 말이며, 또 자신의 학제성이 지닌 특성을 몇 가지 주제 용어로 밝힐 수 있다는 것은 자신의 '목회상담하기' 즉 자신만의 목회상담의 방법론을 가지고 있다는 말과 다름이 아니다.

그러므로 신학과 상담심리학의 만남으로서 학제성에 대한 논의가 반드시 이루어져야 하는 이유는, 첫째, 목회상담을 목회상담답게 세울 수 있기 때문이다. 목회상담은 일반상담의 아류가 아니다. 신학과 상담심리학의 학문 간 대화와 융합을 통해, 일종의 연금술alchemy과 같이, 일반상담과 완전히 다른 상담 세계관을 형성하고 상담 방법론을 제안하는 것이기 때문이다. 둘째, 학제성의 필요성은 배타적이나 호혜적인, 개체적이나 보편적인, 긴장성에도 조화로운, 역동적이며 창조적인 진리의 순전성을 보호하기 위함이다. 다시 말해, 신학과 상담심리학의 학문 간 대화의 필요성은 양자의 부족함에 기인한 것이 아니다. 또 이 만남의 필요성이 어느 한쪽의 우월성 때문도, 또 어느 한쪽의 열등성에 기인한 것도 아니다. 오히려 진리의 순수성과 확장성을 지키기 위함이다. 이는 곧 '세상 밖으로 교회가 아닌 세상 안으로 교회Ecclesia non extra mundum, sed intra mundum'라는 복음과 진리의 선교적 과제를 수행하기 위함이며, 동시에 복음 진리의 수호자로서 그리스도인이 어떻게 세상을 살고 만날 수 있는지, 그 실천적 대안을 제시하고자 함이다.

이러한 학제성에 대한 점검과 함께 그 학제성이 지닌, 또는 그 학제성을 실현할 수 있는 특성으로서 주제어와 용어들이 무엇인지를 확인해야 한다. 필자의 예를 들자면, 미학적 학제성이 지향하는 '미학적 만남'을 위해 '인식'과 '상상'이 목회상담의 현장에서 훼손되지 않고 잘 실현되고 있는지를 확인하는 것이다. 그러므로 사례지도 수련생의 학제성과 그 학제성을 대변하는 특성으로서 주제어들이 일반상담과 비교해 어떤 독특한 개체성과 방식을 나타내고 있는지, 목회상담의 현장에서 잘 유지되어 나타나고 있는지를 살펴보아야 한다. 이는 곧 상담자의 상담 방법론이 어떤 식으로 전개되고 있는지, 또 상담자의 정체성과 세계관이 상담의 진행 과정에 어떻게 나타나고 있는지를 점검하는 것과 같다.

사례지도에 있어 큰 두 번째 점검 주제는 '하나님이 이끄시는 목회상담'을 하고 있는지를 확인하는 것이다. 하나의 준거로 말할 수 있는 것은 내관을 통한 내적성찰과 자기분석이 목회상담의 과정에 실행되고 있는지를 확인하는 것이다. 반드시 내관이 아니어도 좋다. 목회상담가 자신에게 적합한 영적-정서적-신체적 자기관리가 '목회상담하기'의 과정에 순전하게 지켜지고 있는지를 점검하는 것이다. 특히 영적 자기관리는 미학적 목회상담가에게는 정말 중요하다. '삼자 대화'로서 하나님께서 이끄시는 미학적 목회상담이 '실존적 vs. 초월적' 또 '긴장성 vs. 조화'라는 심미성에 기초한 '변형'을 목적으로 삼기 때문이다. 즉 '엔트로피 0'을 향한 에너지 흐름이 자연스럽도록 '하나님 앞에 선' 상담자와 내담자가 '같은 차원'에 위치하고 있는지를 철저히 점검하는 것이다. 이러한 점검은 자칫 상담을 통해 내담자에 대해 스스로 하나님이 되고자 하는 상담자의 의식적, 무의식적 욕구를 제어하여 목회상담을 목회상담답게 한다는 점에서도 무척 중요하다. 그러므로 상담자의 자기관리는 아무리 강조해도 부족하다. 자칫 방심하면 상담자 자신은 물론 내담자에게도 돌이킬 수 없는 파국적 결과를 초래하기 때문이다.

사례지도에 있어 중요한 점검 주제 세 번째는, 제안한 미학적 목회상담이 지향하는 바의 실천 과제들로서, '믿음'과 '용기', '사랑'과 '희망' '창조성'과 '역동성' 그리고 '따뜻함'이 상담의 전 과정에서 어떻게 유지되고 실행되고 있는가를 살펴보아야 한다는 점이다. 이 부분에 대한 구체적인 논의는 본서의 1장과 2장의 내용으로 가름하기로 하나, 목회상담을 도대체 어떤 이유로, 또 누가, 그리고 어떻게 하는 것인지에 대한 사항들을 점검의 준거로 사례지도를 하는 것은 꼭 필요하다.

마지막으로 생각할 수 있는 것은 '미학적 만남'이 하나님-상담자-내담자 사이에서 이루어지고 있는지를 점검해야 한다는 점이다. 목회상담가로서 내담자와 만나며 스스로 하나님과 미학적으로 만나고 있는지, 또 그 만남의 심미성에 기초해 내담자를 미학적으로 만나고 있는지, 내담자는 상담자를 만나며 어떻게 '참여'를 이루고 있는지, 더 나아가 내담자가 만나는 하나님 경험은 어떻게 이루어지고 있는 것인지를 살펴보아야 한다. 이를 통해 에너지의 흐름 양상이 어떻게 전개되는지, '변형'의 양상은 어떻게 이루어지고 있는지를 살펴보는 것도 잊지 말아야 할 점검 요소이다.

그러므로 미학적 목회상담의 사례지도는 상담의 긍정적인 결과를 도출하기 위해, 특히 내담자의 주 호소 문제 해결과 상담자의 임상 목표 달성이라는 과제를 성취하기 위한 것은 아니다. 또 어떻게 하면 효율적으로 상담을 구성하고 또 효과적으로 상담 회기를 진행하고 있는지를 지도하고자 하는 목적을 위한 것도 아니다. 오히려 목회상담의 본질적 정체성 수호와 목회상담가로서 순전성과 온전성을 확립하기 위함이다. 그렇기에 성공과 실패, 효율과 효과, 구조화와 절차, 분석과 해석의 적절성 등에 매달리지 않는다. 미학적 목회상담을 통해 이루실 하나님의 뜻을 믿고 미학적 목회상담가로서 미학적 목회상담을 하고 있는가를 점검하는 것이 사례지도의 핵심이라고 생각하기 때문이다.

앞선 장(章)에서부터 지금까지, 목회상담학의 학문적 가능성으로서 다섯 가지 학제성, 즉 상보적, 변형적, 횡단적, 예술적, 그리고 미학적 학제성에 대해 논의하였다. 이제 '목회상담가로서 당신은 어떤 학제성, 즉 학문간 대화와 융합을 견지하고 있는가?'라는 질문에 자신의 답변을 준비할 필요가 있다. 더 나아가, '당신의 학제성이 지닌 특성이 어떻게 드러나며 실현될 수 있는가?'라는 질문의 답변을 위해 몇 가지 주제어들을 찾고 규정하는 것도 필요하다. 이를 위해 다음 장(章)에서는 자신의 학제성과 그 학제성에 기초한 주제어들을 구체적으로 살펴보고자 한다.

3. 읽어 볼 책과 논문

김용민. 『해석학적 목회상담』. 대전: 엘도론, 2011.

김태형. "타자성으로의 접근 가능성을 시도한 상담 사례 연구: 라깡의 타자성을 중심으로." 『목회와 상담』 20 (2013), 7-29.

이상억. "내관 방법론(Introspection Methodology)에 기초한 창조적 학습 방법론에 대한 연구." 『교수·학습에 대한 연구보고서』 3 (2007), 77-113.

_____. "미학적 학제 간 융합으로서 장신목회상담학의 의미와 방향에 대한 연구." 『장신논단』 48-2 (2016), 225-52.

_____, 김태형, 유영순. "미학적 목회상담학의 가능성에 대한 연구." 『목회와 상담』 17 (2011. 11), 171-97.

정연득. "목회상담은 아름다움을 구원할 수 있는가? - 숭고미의 목회신학." 『장신논단』 52-1 (2020. 3), 145-74.

Deleuze, Gilles. *Difference et Repetition*. 김상환 역. 『차이와 반복』. 서울: 민음사, 2004.

Deleuze, Gilles, Félix Guattari. *Qu'est-ce que la Philosophie?* 이정임, 윤정임 역. 『철학이란 무엇인가』. 서울: 현대미학사, 1995.

Derrida, Jacques. *De l'esprit: Heidegger et la Question*. 박찬국 역. 『정신에 대해서』. 서울: 동문선, 2005.

Malony, H. Newton. "N=1 Methodology in the Psychology of Religion." Edited by H. N. Malony. *Current Perspectives in the Psychology of Religion*. Grand Rapids: William B. Eerdmans Publishing Company, 1977.

Simms, Karl. *Paul Ricoeur*. 김창환 역. 『해석의 영혼, 폴 리쾨르』. 서울: 앨피, 2009.

제 V 장.

학제성 정립을 위한 워크숍

목회상담은 신학과 상담심리학이라는 서로 다른 관점을 지닌 학제 간 대화와 융합에 기초한 돌봄 활동이다. 목회상담가 혹은 그리스도인으로서 '신학함'과 '신앙'을 '세상'과 완전히 분리한 채 이분법의 함정에 갇혀 살 수 없다는 사실을 잘 알기 때문이다. 즉 '배타적이나 동시에 보편적인 사랑'이라는 진리의 신비성을 담은 성경의 진의眞意를 바르고 건강하게 해석해, 신비한 인생을 살아내야 하는 목회상담가 자신과 내담자가 '어떻게 세상을 살아야 할까?'를 고민하게 하고, 또 고민한 바를 신비한 믿음으로 실천할 수 있도록 도와야 하기 때문이다.

이는 믿음과 행위, 말과 행동, 깨달음과 삶의 적용, 초월적 인식과 현실 적용이라는 양자兩者의 '일치성integrity'을 위해서도 대단히 중요한 일이다. 양자의 일치성을 잃어버린 채 자기 분열적 삶이 지닌 비인간적 이중성과 비인격적 몰상식으로 살아간다면, 그를 어떻게 그리스도인이라고 또 하나님을 믿는 사람이라고 할 수 있겠는가. 그러므로 '순전한 온전성mere whole-ness'의 삶을 살아낼 수 있도록, 또 진리의 역동적 신비를 깨달으며 인생이라는 삶의 신비와 연결해, 현재에서 하늘을 바라볼 줄 아는 감각을 잃지 않도록 자신은 물론 내담자를 격려하고 힘을 북돋는 것은, 목회상담가에게 있어 무엇보다 중요한 일일 것이다. 이를 위해 학제성에 대한 논의는 필수적이라 할 수 있다. 이제 자신의 학제성, 즉 학문 간 대화 혹은 융합이 어떤 식으로 이루어지는지, 또 그 학제성은 어떤 양상으로 자신의 목회상담학 방법론으로 드러날 수 있는지를 살펴보고자 한다.

1. 자신의 신학적-심리상담학적 경향성 찾기

학제성을 정립하기 위해 가장 먼저 생각해야 하는 것은 '목회상담 가인 자신이 어떤 신학적 경향성과 상담심리학적 방향성을 갖고 있는가?' 라는 질문에 답을 찾는 일이다. 수많은 신학자의 신학 담론들이 있고, 마찬가지로 상담심리학의 다양한 이론가들과 방법론들이 있는데, 그 가운데 자신의 신학과 상담심리학을 먼저 찾아야, 이 양자가 자신 안에서 어떤 학제성을 이루고 있는지를 논의할 수 있기 때문이다.

이를 위해 제안하고자 하는 워크숍은 자신의 삶을 돌아보며 '심리 내적 신념 체계intrapsychical belief system'를 고찰하는 것이다. 이는 초 심리학meta-psychology에서 말하는 의식Cs은 물론, 전의식Pcs과 무의식Ucs 구조 모두에 영향을 줄 수 있는 '심리적 흔적 impressio psychologica' 탐색을 통한 자기 직면의 활동이다. 여기에서 말하는 '흔적'은 스트레스로 통칭하는 '해로운 스트레스distress'와 '유익한 스트레스eustress'는 물론 콤플렉스의 역학이 밀집된 일종의 심리욕동psychological drive 구조를 형성하는 모든 삶의 경험을 말한다. 따라서 반드시 상처trauma에 기반을 둔 경험이나 기억만을 말하는 것이 아니다. 아주 기뻐했거나 정말 행복했던 경험도 포함될 수 있다. 어떤 것이 되었던 자신에게 강렬한 인상으로 남아있는 경험을 일컫는다.

다양한 경험 가운데 발달 단계의 시기 구분에 따라, 또 각 시기에 있어 자신이 생각하기에 가장 강렬한 경험 가운데 또 자신이 생각하기에 긍정적인 경험 한 가지와 부정적인 경험 한 가지를 각각 선택하여, 자신의 현재 나이에 해당하는 발달 시기 난에 자세하고 솔직하게 또 가감 없이 적어보자. 그리고 점점 더 과거로 돌아가 해당 시기 자신의 삶을 돌아보며 스스로 판단에 긍정적인 경험과 부정적인 경험 각 한 개를 선택하여 기술하는 것이다. 필자가 진행한 그동안의 임상 사례 통계를 살펴본다면 '아동기'를 적는 임상 대상자는 약 80% 정도였고, '영·유아기'를 채우는 사람들은 대략 20%에 조금 미치지 못했다.

특히 자신이 살아온 지난날들을 연령대별로 살펴보며 자신의 기억에 남아있는 '흔적' 혹은 '장면still frame'을 떠올려 보자.[1] 이 장면을 긍정 혹은 부정으로 구분하는 것은 다른 사람들의 의견이나 어떤 객관적인 기준에 의한 것이 아니다. 자기 자신이 긍정적인 장면이라고 여긴다면 긍정적인 방향에, 부정적이라고 판단한다면 부정적인 방향에 기록하는 것이다.

물론 같은 발달 시기에 여러 가지 긍정적이고 부정적인 장면들이 있다고 할지라도, 그 가운데 자신의 인생에서 더욱 중요하고 가장 선명한

[표 1] 신념을 밝히는 인생 파노라마

구분	항목		영·유아기(0-3)	아동기(4-10)	청소년기(11-17)	청년기(18-26)	성인초기(27-35)	성인중기(36-44)	성인후기(45-53)	장년초기(54-62)	장년중기 이후(63-)
긍정적 방향	장면에 대한 나의 느낌										
	장면 참여인물										
	기억에 남는 장면 내용										
	환경	가정환경									
		사회환경									
발달단계			영·유아기(0-3)	아동기(4-10)	청소년기(11-17)	청년기(18-26)	성인초기(27-35)	성인중기(36-44)	성인후기(45-53)	장년초기(54-62)	장년중기 이후(63-)
부정적 방향	환경	사회환경									
		가정환경									
	기억에 남은 장면 내용										
	장면 참여인물										
	장면에 대한 나의 느낌										

장면 한 가지를 골라내, 긍정적인 방향에 하나, 또 부정적인 방향에 하나를 적는다. 부정적인 방향에 더 많은 장면이 떠오르고 기록하는 시간도 더 적게 걸린다고 속상해하지 않는 것이 좋다. 필자의 임상 경험을 통해 파악할 수 있었던 것은, 참여자 대부분은 부정적인 방향의 난을 더 빨리, 또 더 분명하게 기록한다는 사실이었다.

[표 1]의 '장면'에 대한 기록을 모두 마쳤다면, 자신이 작성한 표를 바라보며 어린 시절부터 현재까지 어떤 삶의 굴곡을 경험해 왔는지를 살펴보자. 이를 '파노라마적 조망panoramic perspective'이라고 한다. 그리고 잠시 자신이 겪어온 삶의 여정을 반추하자.

그다음에 할 일은 자신이 작성한 표에 적힌 내용 가운데 자신의 인생을 가장 잘 반영하고 있다고 여기는 인생 키워드나, 혹은 삶에서 가장 중요하다고 생각하는 단어들을 골라 모두 동그라미 표시하는 것이다. 가능한 최소 총 10개 이상의 단어, 다시 말해 형용사, 명사, 혹은 동사형 단어들을 골라내는 것이다. 단 부사어는 제외한다.

자신의 인생 주제어들이라 여길 수 있는 단어들을 10개 이상 골라내 동그라미 표시한 후, 해당 단어들 가운데 단 세 단어만을 선택해 골라내자. 그 세 단어를 이용해 [표 2]의 "세 개의 단어" 난에 적는다. 그리고 각 단어를 연결하여 하나의 문장을 만들어 보자.

[표 2] 신념과 반영 1

세 개의 단어	하나의 문장을 만들어 봅시다. (신념)	왼쪽에 기록한 '신념'이 자신에게 어떻게 반영되는가?	
		긍정적인 측면	부정적인 측면
1. 2. 3.			

예를 들어, 최종 골라낸 단어들이, '돈' '수치심' '참는다'라고 한다면, '돈을 많이 벌기 위해 참아야 수치심을 느끼지 않는 삶을 살 수 있다.' 혹은 '수치심을 느끼지 않으려면 돈을 벌어야 하고 돈을 벌려면 참아야 한다'라는 식으로 문장을 만드는 것이다. 이 문장을 '신념belief'이라 말한다. 여기에서 말하는 신념은 어떤 다짐이나 결심이 아니다. 오히려 '자동화 사고automatic thoughts', 혹은 자신의 심리 내부에 만들어진 '심리코드 혹은 심리대응지도psychological code or mapping'라고 말한다. 쉽게 말하자면, 여기에서 말하는 신념은 '이렇게 혹은 저렇게 살겠다'라는 식으로 나타나는 것이 아니다. 농촌이나 섬에 살든지, 도시에 살든지, 혹은 외국에 살든지, 마치 그렇게 살기 위해 태어난 사람처럼 해당 신념으로 살아가는 것을 뜻한다.

더불어 [표 2]에 세 단어를 연결한 문장, 즉 신념이 자신의 삶에 어떻게 긍정적인 측면으로 혹은 부정적인 측면으로 나타나고 있는지를 적어보자. 더 나아가 [표 3]에 해당 신념이 자신의 가정에, 직장에 또 교회공동체에 어떻게 반영이 되고 있는지를 기술해 보자.

여기까지 했다면 [표 1]로 다시 돌아가, 동그라미 표시한 단어들 가운데, 또다시 세 단어를 골라내 보자. 앞서 골라낸 단어 가운데 꼭 연결되어야만 하는 단어가 있다는 생각이 든다면 한 개까지는 중복해도 좋다. 그리고 앞서 했던 작업을 반복하는 것이다. 동그라미 표시한 단어가 10개라면 세 번 정도, 15개라면 다섯 번 정도, 20개라고 한다면 일곱 번 정도를

[표 3] 신념과 반영 2

나의 신념 :		
가정	직장	교회

할 수 있다.

제안한 워크숍은 자신의 '심리 대응지도psychological mapping'로서 '신념 체계belief system'를 찾고 이해하는 작업이다. 이 대응지도와 체계, 즉 신념을 사람들은 의식적으로 혹은 무의식적으로 드러내며 각자의 삶이라며 자신만의 방식으로 산다. 그래서 저마다의 개성과 성격이라며, 혹은 자신의 세계관이나 철학이 그러하다며 살아가는 것이다.

이렇게 신념 체계를 특정 주제 없이 일반적이고 광범위한 측면에서 분석하고 확인할 수도 있지만, 앞에서 제안한 방식을 특정 주제 아래 좀 더 협소한 한정적인 측면에서 수행할 수 있다. 예를 들어, 자신의 신학적 방향성을 찾기 위해 '하나님' 혹은 '신앙'이라는 주제어를 두고 자신의 신념 체계를 탐색하는 것이다. 혹은 자신의 상담심리학적 경향성을 확인하기 위해 '인간에 대한 이해' 혹은 '사람에 대한 경험'이라는 주제를 두고 분석하는 것이다.

이렇게 두 가지 주제, 즉 '하나님' 혹은 '신앙'이라는 주제와 '인간에 대한 이해' 혹은 '사람에 대한 경험'이라는 주제를 자신의 신학과 상담심리학을 찾고 정립하는 자료로 사용할 것을 제안한다.

먼저 자신의 신학적 경향성을 찾기 위해, [표 1]에서 자신이 찾은 주제 단어들을 통해 가능한 신념들을 찾아보자. 그리고 그 신념들을 아우르는 몇 가지 주제어나 혹은 개념들을 분석하여 도출하는 것이다. 그리고 찾아낸 주제어와 개념들과 연결되는 성경의 본문들을 찾아보자. 인공지능 검색엔진을 활용하든 혹은 성경 앱이나 온라인 서비스를 활용하든 자신의 '신념'과 깊은 연관성을 나타내 보이는 성경 말씀들을 확인하는 것이다. 더 나아가 해당 성경 본문에 대한 성서학자들의 견해를 각종 서적이나 주석서, 혹은 논문들을 살펴보며 탐색의 폭을 넓혀보자. 그리고 해당 학술 자료들과 학문적인 파트너가 되거나 혹은 반대쪽 파트너가 되는 조직신학, 역사신학, 혹은 실천 신학자의 책이나 논문을 확인하며 연구의 폭을 깊고 넓게 가져가 보는 것이다. 이런 일련의 과정을 통해 자신의 신학을 정립해 보자.

이와 비슷하게 [표 1]을 활용하여 찾아낸 '사람'에 대한 신념 혹은 주제어들과 가장 잘 연결이 된다고 판단하는 상담심리학의 이론들 가운데 하나를 선택해 마찬가지의 방식으로 깊이 분석하며 연구해 보자. 혹 자신의 '신념' 체계에서 특이하거나 전혀 다른 양상을 나타내 보이는 신념과 주제어들이 있다면, 이를 더욱 확대 적용하여 한두 개 정도의 또 다른 상담심리학 이론을 선택하여 해당 학자에 관한 추가 연구를 이어갈 수도 있을 것이다. 이렇게 자신의 신학과 상담심리학의 경향성과 방향성을 정립하는 것이다.

이를 통해 한 가지 독특한 경험을 할 수도 있다. 자신이 선택한 신학자와 상담심리학자의 인생 여정을 탐색해 본다면, 자신과 비슷한 삶의 여정을 가졌거나, 자신의 생각과 철학, 세상을 바라보는 관점이나 세계관과 비슷한, 혹은 극단적으로 대립하는 모습을 그들이 나타낼 개연성이 크다는 것을 발견할 수 있을 것이다.

제안한 개인 워크숍의 원활한 수행을 위해 몇 가지를 언급하자면, 먼저, 위의 표는 편의를 위해 크기를 줄인 것인데 확대하여 최소 A3용지 정도의 큰 종이에 작성하는 것이 좋다. 혹은 컴퓨터 문서 프로그램에 담아 작성하는 것도 좋은 방법이다.

다음은, [표 1]을 작성할 때 "기억에 남는 장면 내용"부터 적는다. 그리고 해당 장면에 참여하는 인물과 그에 대한 자신의 느낌을 적는 순으로 기록한다. 그 장면이 사회환경과 가정환경 등 연결이 된다면 기록하고, 연결되는 사회/가정환경이 없다고 판단한다면 빈칸으로 둔다.

세 번째는, 특히 [표 1]을 작성할 때, 빨리 진행하는 것보다는 2-3일 정도의 시간을 두고 자신을 살펴보며 작성하는 것이 더 효과적이다. 그래야 아동기와 영유아기 작성 확률이 높아지기 때문이다.

네 번째는, 제안한 "신념 탐색"을 누군가와 나누고자 한다면 [표 1]은 나누지 않는 것이 더 좋다. 하지만 [표 2]나 혹은 [표 3]의 내용은 나눌 수 있다. 단, '나는 이런 신념을 가진 사람이다'라며 자신에 대한 설명서의 용도로 나누는 것이지, 어떤 좋고 나쁨, 유익과 무익 등 가치 판단이나, 편견과 차별을 통한 갈등을 부추기기 위함이 아님을 분명히 해야 한다. 그렇기에 비밀을 유지할 수 있는 신중하고 안전한 사람 혹은 그룹과 나누는 것이 더 현명하다.

마지막으로, 유념해야 할 것은 "신념 탐색"의 유효기간이 대략 6개월 정도라는 점이다. '선택이론'에 기초한 워크숍의 특성상 시간이 지나면 달라진 장면을 선택할 수 있고, 이에 따라 달라진 신념 체계를 확인할 수도 있기 때문이다. 하지만 인생 대반전의 사건이나 사고, 혹은 큰 질병 경험이 아니라면, 극적이거나 급격한 신념 변화는 일반적이지 않다는 점도 유념할 필요가 있다.

이렇게 신념 탐색을 통한 자신의 신학과 상담심리학을 정립하는 방식에 대한 논의의 이유는 인간 감정과 정서, 그리고 경험이 가진 가치에 대한 인식 덕분이다. 즉 인간 실존의 감정, 정서, 경험 등이 하나님에 대한 초월적 경험과 연결될 수 있다는 '미학적 인식' 때문이다. 이제 잠시 인간의 감정과 정서, 그리고 경험에 관한 '미학적 인식'에 대해 잠시 고찰하고자 한다. 이를 통해 인간 감정과 정서, 혹은 경험이 지닌 무게의 엄중성을 나타내고자 하기 때문이다.

2. 인간 실존의 경험에 대한 미학적 인식

하나님의 영시 51:11; 마 10:20이신 성령은 하나님의 깊은 곳까지 통달하시는 하나님고전 2:10이시다. 그렇다면 '인간이 느끼는 감정, 즉 감성과 정서는 하나님이신 성령과 어떤 연관성을 갖는가?' 좀 더 구체적으로, '성령의 감동과 인간 감정 사이에는 어떤 관계성이 존재할 수 있는가?' '과연 "성령의 감동하심계 1:10"은 인간의 감정과 전혀 관계없는 계시적 영역에만 존재하는가벤후 1:21? 아니면 성령은 인간의 감정과 함께 존재하는가?' 이러한 질문들이 자연스레 꼬리에 꼬리를 무는 것은, 실천신학의 아버지로 불리는 슐라이어마허Friedrich Schleiermacher 이래로 인간 경험으로서 감정에 대한 찬반 양론이 신학적 담론으로 대두되었기 때문이다.

역사적으로도 인간 경험과 감정에 대한 탐구는 교회공동체 구성원들 사이에서 성령의 감동하심과 인간의 감정 사이에서 야기되는 혼동을 불러일으켰다. 이에 따라 자아도취 된 인간 감정을 성령의 계시라고 말하기도 하고, 성령께 감동받았다고 주장하며 자신의 욕구를 멋대로 분출하여 교회공동체를 어지럽게 하기도 했다. 이제 성령 하나님과 인간 감정과 경험 사이의 관계성에 대한 성서적-신학적 연구를 통해 인간의 감정에 대한 '미학적 의의'를 고찰해 보고자 한다.

먼저 성경이 말하는 성령 하나님을 묘사하는 감정적 측면에 대해, 구약성경은 하나님 스스로가 질투하시고신 4:24, 분노하시고시 7:11, 후회하시는창 6:6 등, 인간의 감정과 유사한 감정을 묘사하고 있다는 점에 주목할 필요가 있다. 물론 성령께서 직접 드러낸 감정에 대한 성경의 표현은 매우 드물지만[2] 그럼에도 이사야 63장 10절은 성령께서 나타내신 감정에 대해 구체적으로 언급한다.[3] 본문의 "그들"은 하나님의 백성들이다. 그들이 하나님을 반역했고 언약을 버렸기에 성령께서 근심하셨다고 말한다. 물론 하나님이신 성령께서 느끼신 근심이 능동적이었는지, 혹은 인간의 행위로 형성된 수동적인 것이었는지는 분명하지 않으나, 이는 하나님의 영이신 성령과 인간 사이의 관계 형성을 보여주는 단적인 예라고 할 수 있다.

재미있는 것은 구약성경과 달리 신약성경에는 성령을 분명한 하나의 인격적 존재로 묘사함에 따라 성령께서 가지신 감성적 요소를 나타내는 표현들이 많다는 점이다.[4] 인간을 위로하시고, 말할 수 없는 탄식으로 간구하기도 하시고, 아파하며 근심하기도 하시고, 또 사랑과 화평, 지혜로 자신을 나타내신다고 묘사하기 때문이다. 물론 성령께서 가지신 감정적 측면이 우리가 느끼는 감정과 동일한 것이라고 말하기는 어려우나, 분명한 것은 성령께서 나타내신 감성이 인간의 감정과 연결될 가능성이 무척 크다는 점은 간과할 수 없다.

이를 증명하기 위해 성경에 나타난 성령의 감성적 측면을 두 가지, 독자적 측면과 상호 관계적 측면으로 구분하여 잠시 살펴보자. 성령은 하나님이시다. 이 때문에 독자성을 가지신다. 이 독자성은 하나님과 인간 사이를 구분 짓는 하나의 분기점이다. 기독교의 하나님은 열등 종교에서 말하는 신이 아니다. 따라서 인간은 하나님을 조종할 수 없다. 그렇기에 예배와 성례 등 기독교의 모든 활동은 하나님을 조종하는 행위로서 기능할 수 없다. 다만 하나님의 섭리와 통치에 감사하는 인간의 마땅한 도리이며, 더불어 인간 자신의 한계와 불완전성에 대한 '하나님 앞에서 coram Deo의 깨달음'이 기초가 되는 인격적 행위이다.

독자성을 가지신 하나님은 하나님 스스로 방향성을 가지신다. 어떤 인간도 가히 가늠할 수 없는 생각과 계획을 세운 하나님께서는 만물과 만유를 그의 선하신 섭리로 움직이신다욥 38-41장. 그래서 하나님의 영이시며 하나님 자체인 성령은 인간의 감정과 정서의 흐름과 상관없이 자신의 감동을 우리에게 전하신다. 그래서 성령은 인간의 감정에 동화되거나 함몰되지 않는다. 더불어 우리 역시 성령이 주시는 감동을 우리가 느끼는 감성과 마찬가지의 것이라고 동화시켜 말할 수 없다^{막 12:36; 눅 2:27; 고후 6:6; 계 1:10; 벧후 1:21; 딤후 3:16}.

그러나 이와 동시에 성령은 '삼위일체의 한 위격^{una persona Trinitatis}'이시다.[5] 따라서 성령은 삼위의 관계 안에 계심과 동시에 인간과의 관계를 형성하신다. 그래서 성령은 언제나 인격적이며 관계적이다.[6] 그래서 하나님과 인간이라는 절대적 차이를 아랑곳 하지 않으시고 성령은 인간과 만나신다. 참된 인격은 관계 안에 있을 때 비로소 빛이 나는 것임을 보여주신 것이다. 창조주 하나님께서는 사람을 자기의 형상대로 창조하시고 그의 경륜 아래 두셨다. 그리고 메시아이신 예수 그리스도를 보내 사람을 만나셨다. 또 사람들에게 보혜사인 성령을 약속하셨다^{요 14:16}. 이 성령은 우리의 연약함을 가치 없다고 여기지 않고 인간을 도우신다. 또 말할 수 없는 탄식으로 사람들을 위하여 친히 간구하신다^{롬 8:26}. 즉 창조주 하나님과 임마누엘의 예수께서 성령으로 우리와 함께 하시는 것이다. 우리와 영원토록 함께 하시며^{눅 14:16} 우리의 연약함을 도우시는^{롬 8:26} 성령은 그래서 인간이 경험하는 희로애락의 감정을 잘 아신다^{사 61:1-3; 눅 10:21; 엡 4:30; 약 4:5}. 더 나아가 성령은 인간의 감정을 일으키기도 하시고^{삼상 11:6; 겔 3:14; 사 11:2; 렘 31:25; 행 13:52; 갈 5:22}, 감정과 잇대어 사람을 치유하길 원하기도 하신다^{사 61:1-3; 잠 15:13; 17:22; 18:14}.

이렇듯 성경이 말하는 성령의 감성적 측면은 역설적이다. 독자적이며 동시에 상호 관계적이기 때문이다. 그래서 인간의 감성과 연계성을 가지시나 전혀 연관이 없을 수 있다고 말할 수 있다. 그렇기에 실존의 입장에서 성령은 여기에 함께 계시나 동시에 저 멀리에 존재하고 계신다고 할 수 있다. 즉 성령을 초월적 하나님이시며, 동시에 인격적인 하나님이라고 말할 수 있는 것이다. 앞서 필자는 성령의 감성이 인간이 느끼는 감정과 같은 것인지, 아니면 그것은 어떤 심연이나 궁극의 느낌이어서 인간의 감정과 경험을 벗어난 어떤 것일까를 질문했었다. 성경에 기초해 답할 수 있는 것은 모두가 가능하다는 것이다.

이제 또 다른 질문을 생각해 보자. '인간이 가진 감정과 경험이 단순히 유한한 인간의 전유물에 불과한 것인가? 아니면 초월적 하나님과 소통이 가능한 도구로서 역할 할 수 있는가?' 인간의 감정, 다시 말해, 정서, 느낌, 기분 등의 경험은 유한한 인간의 한계를 드러내는 특징이다. 이 때문에 감정을 인간이기에 경험하는 지극히 인간적인 것으로 생각할 수 있다. 사람이 경험하는 감정은 희로애락, 즉 기뻐하고 분노하고 또 슬퍼하고 즐거워하는 인간 실존의 굴곡을 표현한다. 그래서 감정을 인간의 유한성에 기인하고 있다고 판단한다. 유한하기에 인생의 굴곡을 경험하고 인간이기에 그에 따른 감정과 느낌이라는 경험을 하는 것으로 생각하는 것이다. 그러나 반드시 그럴까? 물론 인간으로서 겪는 경험에는 반드시 어떤 특정 감정이 따라오게 마련이다. 슬픈 일을 경험하면 슬퍼질 것이고, 아픈 일을 경험하면 아파할 것이며, 즐겁고 좋은 일을 경험하면 행복해 할 것이기 때문이다. 그러나 반드시 이를 공식화할 수 있을까?

인간 경험의 다양성을 밝힌 미국의 철학자인 윌리엄 제임스[William James]는 그의 책, 『종교적 경험의 다양성』 가운데 네 번째와 다섯 번째 강의에서 "낙관주의 성품의 종교경험"에 대해 논하며 낙관적 종교경험이 반드시 찬란하거나 밝은 이미지로 인간 경험에 영향을 미치는 것이 아님을 반박하였다. 더 나아가 여섯 번째와 일곱 번째 강의의 주제인 "고뇌하는 영혼"에서는 앞선 주장과 전혀 반대되는 상황을 역설했다. 음울하고 침울해 회색빛이라고 여기는 고뇌하는 종교경험을 오히려 사람들이 알지 못했던 전혀 다른 색채의 세상을 여는 신비한 경험으로 해석했기 때문이다.7

의미요법Logotherapy의 창시자 빅터 프랭클Viktor Frankl 역시 제임스와 비슷한 주장을 했다. 아우슈비츠 수용소에서 살아남은 유태인 심리학자인 그는 죽음의 수용소에서 희망을, 증오 가득한 삶의 경험에서 사랑을 느끼는 것이야말로 인간 존엄성의 참된 승리라고 주장했다. 그리고 이를 신념과 의지로 만드는 이성적 결과이기보다 인간 심연 깊은 곳에서 발견해야 하는 참된 인간성의 본질이라고 역설했다.[8]

프랭클의 주장은 희망의 신학자로 불리는 신학자 위르겐 몰트만Jürgen Moltmann에게서도 분명히 나타난다. 몰트만은 자신이 경험했던 전쟁포로라는 부정적 경험 속에서 경험했던 신비한 경험을 이렇게 표현했다.

나는 1945년부터 1948년까지 3년간 전쟁포로로 있으면서 이 두 질문들에 대한 해답을 찾기에 충분한 시간을 가질 수 있었다. 특히 첫해에 나는 하나님에 대한 질문과 부단히 씨름하는 나날을 보냈다. 나는 하나님의 불확실한 측면, 그의 '감추어진 얼굴'과 나를 철조망 뒤의 비참함 속에 몰아넣은 그의 치명적인 부정으로 인해 괴로워하였다. 1945년 말에 나는 한 친절한 군인 채플린chaplain으로부터 성서를 선물로 받았다. 나는 그를 무언가 이해하기 어려운 태도로 응시하였다. 하필이면 성서를 주다니! 나는 이스라엘의 탄식 시편들을 읽을 때까지 별 깊은 이해 없이 성서를 읽었다. 그러나 시편 39편은 나의 주의력을 사로잡았다. "나는 입을 다물고 아무 말도 하지 않았다. … 걱정 근심만 더욱더 깊어 갔다. … 내 일생이 주님 앞에서는 없는 것이나 같다. … 나 또한 나의 모든 조상처럼 떠돌면서 주님과 더불어 살아가는 길손과 나그네이기 때문이다2, 5, 12절." 괴테와 니체가 나에게 더 이상 아무것도 말하지 못하게 된 상황 속에서, 나는 이 시편을 내 영혼 속에서 듣게 되었다. 이후에 나는 마가복음을 읽었다. 나는 "나의 하나님, 어찌하여 나를 버리셨습니까?"라는 예수의 죽음의 부르짖음을 들을 때에, 나를 이해하는 한 사람이 바로 여기에 있다는 깊은 감명을 받았다. 나는 그리스도로부터 이해를 받고 있다고 느껴졌기 때문에, 하나님으로부터 논박을 당하고 하나님에게서 고난을 당하는 예수를 이해하기 시작하였다. 그것은 나에게 새로운 삶의 용기를 부여하였다. 나는 다시금 예전처럼 색깔들을 볼 수 있었고, 다시금 멜로디를 들을 수 있었으며, 다시금 생명력을 느낄 수 있었다.[9]

이러한 역설적이며 신비한 경험은 신학자 폴 틸리히 Paul Tillich 에게서도 발견할 수 있다. 베를린대학과 튀빙겐대학, 그리고 할레대학 등에서 신학 및 철학을 공부하고 베를린대학, 마르부르크대학, 드레스덴대학, 라이프치히대학 등에서 교수로 일했던 틸리히는 1차 세계대전 당시 종군목사로 복무했다. 그는 그곳에서 말할 수 없는 전쟁의 참혹함을 온몸으로 느꼈다. 인간이 겪을 수 있는 절망의 바닥을 경험한 그가 아픔과 상실의 감정으로 슬픔에 잠겨 있을 때 휴가를 얻게 되었고, 베를린의 카이저 프리드리히 미술관에서 산드로 보티첼리 Sandro Botticelli 의 "아기 예수를 안고 있는 마리아와 노래하는 천사들 Mary with the Child and singing angels"을 대면하게 되었다.

마리아의 눈이 어디를 향하고 있는지, 아기 예수의 모습은 어떠한지, 노래하는 천사들은 모두 몇 명인지, 등등을 따지고 분석하기보다는 그림을 찬찬히 그리고 온몸으로 경험했던 그는 그림 앞에서 고꾸라졌다. 특이하게도 그는 보티첼리의 그림 속에 등장하는 구슬픈 마리아의 얼굴 속에서, 또 마치 조용한 무반주의 그레고리안 성가 gregorian chant 를 부르는 듯 보이는 천사들의 얼굴 속에서, 전쟁에서 죽어간 사람들의 얼굴을 떠올리며 놀랍도록 '계시적인 환희'를 느꼈다. 부대원의 75%가 전멸하는 전쟁의 참혹함 속에서 생존이라는 절박함에 온몸을 떨어야 했던 그가 느꼈던 '계시적 환희'는 틸리히에게 오열로 나타났다. 이 느낌은 단지 전쟁의 참혹한 상황에서 살아남았다는 인간 실존의 생에 대한 희열이 아니었다. 틸리히 마음 깊은 곳에서 느껴지는 실존의 불일치와 그와는 정반대처럼 여겨지는 역설적 신비, 즉 하나님이라는 "궁극의 느낌das Gefühl des Unbedingten" 경험이었다.[10]

　제임스와 프랭클 그리고 몰트만과 틸리히의 사례들은, 인간의 유한한 경험과 그로 인한 경험이라는 인과관계의 공식을 뛰어넘는 또 다른 개연성과 가능성을 보여준다는 점에서 대단히 특이하다. 어떤 특정 경험에 잇댄 부차적인 결과로써 감정이 아니라, 특정 경험과 전혀 상관없는 감정으로서 경험과 감정이 분리된 채 나타날 수도 있고, 심지어 신비하고 역설

[그림 9] 산드로 보티첼리, "아기 예수를 안고 있는 마리아와 노래하는 천사들", 1477.

적인 감정이 인간 실존의 경험과 상관없는 또 다른 경험을 경험하게 할 수도 있음을 보여주었기 때문이다.[11]

그렇다면 인간 감정과 경험이 실존의 유한성을 넘어서는 초월과 궁극과 연결될 가능성과 개연성이 있기에, 인간 실존이 느끼는 감정과 경험을 단지 유한한 인간 실존의 전유물이라고 쉽게 평가절하할 수 없는 것은 아닐까? 빅터 프랭클은 평소 그가 궁금해했던 "세계-내-존재In-der-Welt-Sein"의 개념을 마틴 하이데거Martin Heidegger를 직접 만나 그 의미를 분명히 이해했다.

> 그렇지만 실존적 정신의학 분야의 각 저자들은 공통적인 어떤 것 — 공통분모 — 를 가지고 있다. 이 저자들이 아주 흔히 사용하면서도 또한 너무 흔히 잘못하고 있는 말은 "세계 내 존재being-in-the-world"라는 말이다. 이 저자들의 상당수가 "세계 내 존재"라는 말을 되풀이해서 사용하면 진정한 실존주의자로 간주되기에 충분한 자격이 있는 줄로 생각하는 모양이다. 나는 이것이 한 인간을 실존주의자라고 부를 충분한 근거가 된다고는 생각지 않는다. 왜냐하면 특히 쉽게 증명될 수 있는 바와 같이, 대부분의 경우 하이데거의 "세계-내-존재"라는 개념은 단순한 주관주의의 방향에서 마치 인간의 "존재하는 세계"는 존재 자체의 자기표현에 지나지 않는 것처럼 잘못 이해되고 있기 때문이다. 나는 우연히 하이데거와의 개인적인 대화에서 세계 내 존재에 관해 논할 기회가 있었으며, 또한 그가 나와 의견을 같이했기 때문에, 이 만연된 오해를 감히 비판할 수 있는 것이다.[12]

프랭클은 하이데거의 용어, "세계-내-존재"가 그동안 지나치게 한정된 개념으로만 이해되었다고 보았다. "세계-내-존재"가 유한한 인간의 한계를 극명하게 보여주는 단어로만 오인되어 왔다는 것이다. 하지만 프랭클은 이러한 이해가 정확하지 않다고 생각했다. 오히려 실존이 실존다워지려면 실존의 또 다른 차원으로서 초절적이며 초월적인 개념이 포함되어야 한다고 보았다.[13] 그래서 하이데거를 직접 만나 "세계-내-존재"의 의미를 분명히 알고자 했던 것이다. 즉 존재의 유한성에 대한 비관적 이해를 넘어 '참된 실존'으로서 무한과 초월에 대한 이해에 이르러야 함을 확인한 것이다. 그래야 "세계-내-존재"라는 실존이 자칫 빠질 수 있는 허무주의로부터 안전할 수 있기 때문이다. 그러므로 실존의 감정과 경험을 "세계-내-존재"로서 경험하는 유한한 인간 존재의 특성이라고만 정의하는 것은 불완전하다. 실존의 감정과 경험이야말로 유한한 실존으로서 초월적 궁극성에 접근할 수 있는 통로라는 가능성을 포함해야 하기 때문이다.

이러한 관점과 함께 폴 틸리히 역시 "하나님에 대한 관심은 인간 심리를 뛰어넘는 특수한 영역에서 이루어지는 것이 아니다"라고 역설했다.[14] 틸리히에 의하면 하나님에 대한 "궁극적 관심ultimate concern"은 "인간 정신의 심미적 기능 속에서 궁극적인 의미를 표현하려는 무한한 감정"으로 나타난다.[15] 다시 말해, 인간에게 감정이 없다면 하나님에 대한 궁극적 관심 역시 존재하지 않을 것이며 그렇다면 성령의 감동과 역사하심도 인간 실존의 입장에서는 깨닫지 못할 것이라고 본 것이다. 이 때문에 틸리히는 믿음과 그에 따른 역동에 대해 논하며, "인간 경험의 신비처럼 빚어지는 믿음이란 강렬한 느낌은 이성의 지성적 활동에 의해 만들어지는 것이 아니라, 어떤 궁극의 강렬한 느낌으로 인간의 내부는 물론 외부의 모든 것에서 전해지는 독특한 느닷없음의 감동"이라고 주장했다.[16]

물론 하나님께서는 사람이 경험하는 감정과 전혀 상관없이, 그의 힘과 능력으로 사람의 마음을 감동하게 하시며, 사람의 마음에 새 영과 힘을 불어 넣어 주셔서 치유를 경험하게 하실 것이라는 사실은 두말할 필요 없다.[17] 전지전능한 하나님이시기 때문이다. 그러나 동시에 하나님은 인간의 경험과 전혀 상관없이 인간을 움직이시는 비인격적인 하나님은 아니시라는 점도 간과할 수 없다. 우리를 꼭두각시 인형으로 기능하게 하시는 하나님이 아니라는 것이다. 그래서 신명기 4장 9절은 이렇게 말한다. "오직 너는 스스로 삼가며 네 마음을 힘써 지키라. 그리하여 네가 눈으로 본 그 일을 잊어버리지 말라. 네가 생존하는 날 동안에 그 일들이 네 마음에서 떠나지 않도록 조심하라. 너는 그 일들을 네 아들들과 네 손자들에게 알게 하라." 또 잠언 4장 23절은 "모든 지킬 만한 것 중에 더욱 네 마음을 지키라. 생명의 근원이 이에서 남이니라"라고 권면한다. 즉 하나님께서는 사람들에게 하나님을 만났던 경험을 잊지 말기를, 또 그 경험들을 자손들에게 전하기를, 더 나아가 희로애락의 인간 경험 속에서 마음을 지킬 수 있기를 인격적으로 당부하고 계신 것이다.

심지어 성경은 마음이라는 인간 감정과 경험을 적극적이며 능동적인 자세로 초월과 궁극에 연결해 하나님을 찾는 근거로 활용해야 한다고 역설한다. "오늘 주 너희의 하나님이 이 규례와 법도를 지키라고 너희에게 명령하시니 너희는 마음을 다하고 목숨을 다하여 이 모든 계명을 지켜라표준새번역. 신 26:16." "주의 교훈을 지키며 온 마음을 기울여서 주님을 찾는 사람은 복이 있다표준새번역. 시 119:2." "나를 깨우쳐 주십시오. 내가 주의 법을 살펴보면서 온 마음을 기울여서 지키겠습니다표준새번역. 시 119:34." "온 마음을 다하여 부르짖으니 주님, 나에게 응답하여 주십시오. 내가 주의 율례를 굳게 지키겠습니다표준새번역. 시 119:145." 이러한 말씀들에서 발견할 수 있는 것은 인간의 마음, 즉 감정 경험과 하나님 사이에 어떤 만남의 가능성이 열려있다는 것이며, 더 나아가, 하나님과 맺은 언약을 이루어 가는 중요한 중추 역할로서 기능할 수도 있다는 것이다.

재미있는 것은 이러한 인간 감정의 가능성에 대해 틸리히를 비판했던 칼 바르트Karl Barth 역시 비슷하게 생각하고 있었다는 것이다. 김명용은 바르트가 인간의 감정에 대해 비관적으로 이해한 신학자가 아니라며 이렇게 주장했다. "바르트는 하나님의 인간성을 발견한 놀라운 신학자였고 인간성 속에 깊은 신비와 기쁨이 있고 하나님의 형상이 존재하고 있다는 것을 발견한 신학자였다."[18] 인간의 본질을 "함께함"이라는 '더불어 사는 인간성mitmenschlichkeit'으로 본 바르트는 인간성의 보고寶庫로서 인간 감정과 경험이 지닌 신비한 특성에 대해 간과하지 않았던 것이다.

바르트의 인간론, 특히 하나님의 형상으로서 인간에 대한 교리는 매우 관심을 끄는 교리이다. 바르트는 남자와 여자의 사랑의 관계를 하나님의 형상으로 이해했다. 어거스틴 이래로 서방 기독교의 신학 전통은 인간의 영적 특징을 하나님의 형상으로 이해해 왔다. 이 이해에 따르면 인간의 영혼이 하나님의 형상이지 인간의 육체는 하나님의 형상이 아니다. 어거스틴은 육욕을 죄의 근원으로 보았기에 인간의 육체를 결코 하나님의 형상으로 볼 수 없었다. … 그러나 이와 같은 영성신학들은 그 근본적인 전제에 큰 문제점을 안고 있다. 그 큰 문제점은 성서가 인간의 육체성을 부정적으로 보고 있지 않다는 점과 관련되어 있다. 바울에 의하면 인간의 몸은 하나님이 거하시는 성전이다. … 서방의 기독교 전통은 어거스틴과 헬라철학의 영향을 받아 남자와 여자 사이의 에로스적 사랑을 폄하했다. 이 폄하의 배후에는 육체를 매개로 하는 사랑은 저급하다는 비성서적 관점이 깊게 자리 잡고 있었다. 바르트는 이와 같은 서방의 기독교 전통을 그 근원에서 뒤집었다. 남자에게 여자가 없는 것, 반대로 여자에게 남자가 없는 것은 본질적으로 악마적dämonisch이다. 왜냐하면 인간의 본질과 신비는 '더불어 사는 인간성Mitmenschlichkeit'에 있는데 이 더불어 사는 인간성의 기본적 형태가 남자와 여자 사이의 사랑에 있기 때문이다. … 휴머니즘의 진정한 본질은 더불어 사는 인간성이고, 남자와 여자의 사랑의 기쁨이 휴머니즘의 핵심이다. … 남자와 여자 사이의 사랑의 관계는 삼위일체 하나님의 사랑의 관계의 유비이다. 그런 까닭에 남자와 여자 사이의 사랑의 관계는 삼위일체 하나님의 모습을 닮은 하나님의 형상이다. 바르트는 창세기 1장 26절에서 28절의 하나님의 형상에 대한 해설에서 남자와 여자를 창조하셨다는 말씀의 깊은 의미를 강조했고, 창세기 2장 18절 이하의 본문에서 나오는 아담이 하와를 보고 기뻐하는 장면이 하나님의 창조 사역의 절정으로 보았다.[19]

바르트에 의하면 인간의 사랑이라는 감성은 삼위일체 하나님에 대한 유비analogy로 작용한다. 이는 인간 감정이 지닌 초월적 가능성에 대해 긍정하는 것이다. 인간이 느끼는 감정을 타락한 인간성 아래 두어 그 가치를 평가절하하는 것이 아니라, 여전히 삼위일체 하나님의 형상을 나타내 보여주는 하나의 유비로 실존 경험이 지닌 가치와 초월적 가능성을 인정한 것이다. 남자와 여자 사이에서 경험할 수 있는 사랑이라는 감성과는 다르지만, 위르겐 몰트만 역시 사람과 사람 사이에서 느낄 수 있는 '우정'이라는 경험에 대해 언급하며 인간이 느끼는 감정을 하나님 이해의 도구로 생각했다.

우정은 애정과 신실성을 함께 가지고 있다. … 우정은 결국 자유에서 생겨나고, 친구 쌍방 간의 자유 안에서 유지되며, 이 자유를 지속시키는 인간관계이다. … 새로운 인간, 참된 인간, 자유로운 인간은 친구다. … "죄인 및 세리들"과 사귄 예수의 우정눅 7:34의 내적 근거는 그가 그들과 함께 잡수신 메시야 축연의 기쁨 가운데 있다. … 하나님 나라의 의란 바로 이

은혜의 법 이외의 다른 것이 아니다.[20]

　　몰트만은 예수 그리스도께서 죄인들의 친구였고, 친구로서 느낀 우정을 통해 하나님의 나라가 이 땅에서 실현된 것이라고 보았다. 물론 예수 그리스도께서 느끼신 우정이라는 감정이 인간 실존의 그것과 동일한 것인가에 대해서는 논란의 소지가 있음에도, 참 하나님이시나 참 인간이신 예수께서 느끼신 감정이 우리의 감정과 완전히 다른 별개의 것으로 생각하기는 어렵다.21 그렇다면 사람이라는 인간 실존으로 경험하는 감정을 가치 있게 여기는 것은 성경적으로 또 신학적으로 마땅한 것이다.[22]

　　성경적이며 신학적인 인간 감정과 경험에 대한 이러한 이해는 사람에 대한 심미성, 즉 미학적 인식이 절대적으로 필요한 목회상담에서는 빼놓을 수 없다. '목회상담하기'를 통해 삶의 굴곡에서 느끼는 다양한 인간 경험과 상처, 그리고 수많은 감정을 불러일으키는 경험을 내담자와 나누며 하나님을 바로 경험할 수 있도록, 또 참된 치유를 위해 하나님께서 이끄시는 목회상담을 경험할 수 있도록 촉매해야 하기 때문이다. 이를 위해 목회상담가는 내담자의 감정과 경험에 대한 섣부른 판단과 진단을 내려서는 안 된다. 일반화의 함정에 빠져서도 안 되고 사람의 경험과 감정에 대한 자신의 선이해에 경도되어서도 안 된다. 오히려 내담자의 경험과 감정에 대한 미학적 이해를 위해 철저한 '해체deconstruction'가 선행되어야 하는 것이다.

　　자크 데리다Jacques Derrida는 "해체주의deconstructionism"를 역설했다.23 해석을 이성적 분석 작업으로 생각해 온 서양 철학의 근간을 허물고 해체를 이야기한 그의 미학은 질 들뢰즈Gilles Deleuze의 미학 방법론인 "되기becoming"와 깊이 잇대어 있기도 하다. 서구 형이상학이 표방한 이성 중심주의의 폭력성을 지적한 그는 해체만이 철학을 철학답게 지키는 길이라고 생각했다.

하지만 그가 말한 "해체"는 서구철학의 전통적인 형이상학을 부정하고 그 개념에서 벗어나려는 철학적 시도이지 철학 자체를 완전히 파괴하여 말살하겠다는 것은 아니었다. 그래서 엄밀히 말해, 그의 해체는 철학적 체계나 방법론이 아니라 하나의 실천이라 부를 수 있다.[24] 즉 실천적 맥락에서 데리다는 추상적이며 막연한 형이상학적 상상으로 해석하고자 하는 대상을 분석해서는 안 된다고 보았다. 오히려 들뢰즈의 주장처럼 생생한 오감, 즉 시각, 청각, 후각, 미각, 촉각을 동원한 살아있는 경험을 통해 해석하고자 하는 대상을 경험해야 한다고 보았다.[25] 따라서 데리다의 해체를 오히려 해석 대상에 대한 '심층적 몰입'을 위한 철학적 실천이라고 생각할 수 있다.

때로 사람들은 자신이 경험하는 감정과 경험을 천편일률적인 시각으로 제한하여 해석할 때가 많다. 쓸데없는 혹은 쓸모없는 감정과 경험이라고 깎아내리기도 한다. 그러나 목회상담은 사람의 '폄훼된 인간 감정과 경험'에 대한 '심층적 몰입', 즉 데리다와 들뢰즈의 미학적 관점에 기초해 인간 감정에 대한 기존의 이해를 "해체"하고, 인간 실존 경험으로서 감정이 지닌 가치를 "되기becoming"라는 해석적 과정을 통해 인식하고자 하는 '미학적 실천'이다. 이러한 미학적 실천으로서 목회상담이기에 목회상담가는 사람을 만나며 그의 이야기를 듣고, 그의 감정과 경험에 공감empathy하며 친밀감rapport을 형성한다. 이러한 '실존적 참여inter-pathy participation' 경험과 함께 하나님을 만나는, 즉 혼돈 속의 깨달음, 혹은 지혜의 문을 여는 우울 경험이라는 치유와 회복을 이루고자 하는 것이다.

많은 이들은 풀리지 않는 숙제를 만나면 이를 빨리 풀어야 한다고 생각한다. 숙제와 같은 문제가 없다면 인간 실존이라 말할 수 없을 텐데도 인간임을 부정하고자 하는 듯 문제를 없애고 정답을 빨리 찾고자 한다. 참을 수 없어 한다. 심지어 불안 자체에 대한 혐오증과 같은 병리적 특성을 갖는다. 정답을 찾으면 행복해질 것이라 믿기 때문이다. 그러나 이는 행복에 걸려 비틀거리는 것은 아닐까.[26] 심지어 풀어내고 얻어낸 정답이 과연 정답일까를 반문하지 않을 수 없다. 그래서 정답을 찾기보다는 삶의 문제를 인간 실존의 신비로 누려보는 것은 어떨까를 제안하고자 하는 것이다. 그래야 자신이 원하는 정답이 아닌 답을 비로소 정답이라고 깨달을 수 있는 지혜를 얻을 수 있기 때문이다. 다시 말해, 정답을 해체하고 정답에 대한 미학적 해석을 통해 정답 그 자체인 하나님을 경험하자는 것이다. 데리다가 말하고자 했던 것이 바로 이런 진리에 대한 미학적인 접근이었다. 그러므로 실존의 경험과 감정, 문제와 숙제, 삶의 고통과 상처를 쉽게 판단하거나 섣불리 분석하는 어리석음을 경계해야 한다. 오히려 인간 감정과 경험에 대한 지혜로서 미학적 인식을 가져야 하는 것이다.

그리스도인으로 이 세상을 산다는 것은 '지혜와 더불어 살아가는 것'이다. "하나님을 경외하는 것이 지혜의 근본이요 거룩하신 자를 아는 것이 명철 [잠 9:10]"이기에 기독교인이 된다는 것, 그 자체는 이미 진리와 잇대어 있다고 말할 수 있다. 그렇다면 '지혜'란 무엇일까? 성경이 말하는 지혜는 "하나님을 경외하는 것 [잠 1:7]"이다. 그렇다면 하나님을 경외한다는 것은 무엇을 말하는가? 신명기 31장 12절은 "하나님의 말씀을 지켜 행하는 것"이 하나님을 경외하는 것이라고 단언한다. 더 나아가 하나님을 경외하기 위하여 우리에게 필요한 것은 "하나님의 말씀을 듣는 것"이라고 말한다 [11-13절].

하나님의 말씀을 듣는 것은 '믿음'을 촉진한다 [롬 10:17]. 더불어 믿음에는 능력이 있어 "겨자씨 한 알 같은 믿음만 있어도 산 위의 뽕나무더러 뿌리가 뽑혀 바다에 심기어라 하여도 그것이 순종 [눅 17:6]"하는 기적을 낳는다. 또한 성경은, 믿음을 "바라는 것들의 실상이며, 보지 못하는 것들의 증거 [히 11:1]"라고 말한다. 실재하지 않는데, 눈으로 볼 수 없는데, 바로 여기에 있다고 또 보았다고 주장하는 것이다. 그래서 '믿음'은 볼 수 없는 것을 보고, 들을 수 없는 것을 듣고, 느낄 수 없는 것을 느끼는 '신비'이다. 그러므로 지혜로서 믿음은 볼 수 없는, 들을 수 없는, 느낄 수 없는 것을 보고 듣고 느끼는 역설이다.

이러한 이유로 지혜는 문제를 빨리 풀어야 한다며 재촉하지 않는다. 오히려 문제가 주는 고통을 느끼며 그 경험 속에서 함께 아파하시는 하나님을 발견한다. 문제를 온몸으로 누리는 것이다. 문제에 함몰되어 좌절하거나 절망하는 것이 아니다. 문제에서 하나님이라는 소망을 발견하며 살아내는 것이다.

괴테의 전 인생을 투자해 지은 역작, 『파우스트』는 괴테의 나이 20대 때 시작해 생을 마감하는 날까지 이어진 대작이다. 이 책이 말하는 중심 주제는 '한 인간의 삶과 인생은 인류 역사가 지닌 가치의 무게만큼 무겁고 중요하다는 것'이다. 그냥 한 사람이 경험하는 단편적 경험일 뿐이라며 함부로 대하거나 다루어선 안 된다는 것이다. 하나하나의 경험이, 하나하나의 인생과 삶이 가치 있고 중요하다는 것을 『파우스트』는 보여주고 있기 때문이다. 삶은 그 모습이 어떠하든 아름다운 것이며 누릴 가치가 있다는 것이다.

솔제니친의 『이반 데니소비치의 하루』는 억세게 재수 없는 수용소에서의 하루를 소상하게 기록한 단편 소설이다. 그런데 주인공인 이반은 이렇게 말한다. "오늘은 참 운이 좋았다"라고 말이다. 이것은 단순한 긍정주의의 찬가가 아니다. 삶에 대해 진정성을 지닌 사람, 그리고 자신이 살아가는 삶의 한 걸음 한 걸음을 정말로 누릴 줄 아는 사람의 인생이 지닌 가치가 얼마나 위대한지를 보여주는 것이다.

고흐Vincent van Gogh가 1885년에 그린 "신발 한 켤레A Pair of Shoes"를 감상

한 실존주의 철학자, 하이데거는 고흐의 그림을 보고 "진리의 성전"이라고 말했다. 다 떨어진 구두 한 켤레에 삶과 실존의 무게를 적나라하게 느꼈기 때문이다. 그는 구두에 비친 한 사람의 일생이 진리와 같이 빛을 발한다고 느꼈다. 신발에 담긴 신발 주인의 생, 즉 눈물과 땀, 고통과 한숨, 그리고 삶의 성취와 쉼, 기쁨과 행복을 경험할 수 있었기 때문이다.

 물론 이 그림을 감상하며 누구나 그렇게 느낄 수는 없을 것이다. 아니 그렇게 느낄 필요도 없다. 단지 따분한 그림이라고, 다 떨어진 작업화 하나 그려놨다고 대수롭지 않게 말할 수도 있다. 그러니 '그림이 지닌 의미를 왜 제대로 느끼지 못하냐?'며 못마땅해할 필요도, 그렇게 판단하는 사람을 틀렸다며 함부로 정죄할 필요도 없다. 다만 그가 하이데거와 같은 깨달음을 갖게 되는 그 '순간^{καιρός}'을 안타까움으로 기다리는 것이다. 그리고

[그림 10] 빈센트 반 고흐, "신발 한 켤레", 1886.

그 깨달음의 때까지 함께하는 것이다. 살아내는 것이다. 언젠가 그도 나처럼 지혜를 누릴 수 있을 것이라는 희망으로 인내하는 것이다. 이것이 목회상담이다.

그러므로 자신의 학제성 정립을 위해 감정과 경험을 탐구하고 분석하여 자신의 신학과 상담심리학의 경향성과 방향성을 찾는 것과, 더 나아가 목회상담의 전 과정에서 내담자의 감정과 경험을 만나며 하나님을 찾는 일은 신학적 타당성을 가진 유의미한 작업이라고 할 수 있다.

3. 자신의 학제성 구성을 위한 제안

앞서 여러 번 강조했듯 목회상담은 일반상담이 아니다. 더불어 일반상담의 한 아류亞流도 아니다. 물론 때로 목회상담은 일반상담의 모방이나 갈래처럼 인식되어 온 것이 사실이다. 일반상담의 여러 이론을 사용하며 기독교 자원, 즉 기도와 말씀 묵상, 예전 등을 추가하면 목회상담이라고 생각할 때가 있었기 때문이다. 이러한 이유로 '심리학에 물든 부족한 기독교'라는 비판을 받아 온 것도 사실이다. 그러나 목회상담학은 일반상담의 제 이론들과 담론을 이루고 있으나, 단순한 차원의 대화나 어떤 취사선택의 용도, 혹은 신학과 상담심리학의 혼합 등의 의도로 일반상담과 담론을 형성하는 학문은 아니다. 오히려 전혀 다른 새로운 학문체계로 구성된 독자적 특성으로 형성된 학문이다.

이렇게 보는 두 가지 본질적인 이유가 있다. 먼저는 목회상담을 이루는 구성요소에 일반상담이 언급하지 않는, 아니 정확히 말하자면, 언급하지 못하는 또 다른 구성요소를 포함하기 때문이다. 그 구성요소는 바로 초월적인 신적 존재로서 하나님이다. 그래서 목회상담은 상담 관계를 형성하는 상담자와 내담자의 관계 역학에 하나님을 포함하여 '삼자대화'의 상담 역동에 대해 말한다.[27] 또한 두 번째로는 일반상담의 제 이론들을 파트너 삼아 신학적 관점과 '학문 간 대화와 융합', 즉 '학제성'을 도모하기 때문이다. 그렇기에 목회상담은 일반상담과 전혀 다른 관점과 세계관, 그에 잇댄 방법론을 구성한다.

예를 들어, 라이너스 폴링 Linus Pauling에 의해 창안되고 발전된 '분자교정 의학orthomolecular-medicine'은 신체 내 세포의 분자들이 활동을 제대로 할 수 있도록 도와주는 치료법으로, 신체 내 분자들의 농도를 비타민, 광물질, 아미노산 등을 사용하여 신체 분자 성분의 균형을 정상화한다는 생명공학의 한 분야이다. 분자교정 의학에서는 유사한 분자식을 가진 물질이라도, 특정 원소의 변화를 통해 전혀 다른 물질로 전환될 수 있으며, 이를 통해 이전과 다르게 생화학적 기능을 조절할 수 있다고 본다.[28] 이처럼 목회상담에 있어 중요한 요소인 하나님이라는 초월적 존재에 대한 관점은 상담 과정에서 일반상담과 다른 독특하고 새로운 관점과 세계관을 갖게 하며, 동시에 일반상담의 여러 이론이라 할지라도 신학적 담론과 학제성을 형성한다면 전혀 다른 상담 세계관과 관점, 그리고 그에 잇댄 방법론을 형성할 것이다. 결과적으로 목회상담에 참여하는 상담자와 내담자 모두 일반상담과 전혀 다른 임상 결과를 경험하게 되는 것이다.

그러므로 목회상담가는 목회상담을 목회상담답게 이끌기 위해, 다시 말해, 하나님께서 이끄시는 목회상담을 형성하기 위해, 먼저 자신이 가진 하나님에 대한 이해를 투명하고 온전하게 분석해야 한다. 자신의 신앙 경험과 하나님 경험을 분석하고 점검하는 것이다. 좀 더 정확하게 말하자면, 자신의 하나님 경험, 즉 하나님 이미지와 표상representation이 어떤 양상을 나타내고 있는지를 적확하게 이해할 수 있어야 한다. 자신이 경험한 하나님 경험, 특히 상처 경험과 맞물려 하나님 경험이 어떤 병리성이나 기복적 신비주의에 물들어 있는 것은 아닌지, 혹은 계급적이며 비인격적인, 심지어 강박적이고 폭력적인 양상의 신적 경험으로 채워져 있지 않은지 살펴야 한다. 이러한 분석과 이해를 통해, 온전하고 건강한 바른 신학 정립을 위해 최선을 다해 자신의 신학을 다듬고 정립해야 하는 것이다.

더불어 목회상담가는 자신이 가진 사람에 대한 경험을 점검하고 분석할 필요가 있다. 섣부른 선이해의 함정에 빠져 사람을 일반화하고 있지 않은지 성찰해야 하는 것이다. 이를 통해 의식적이거나 무의식적으로 '사람은 이러이러한 존재다'라는 개인의 경험에 기초한 명제에 매몰되어 상담의 현장에서 만나는 내담자를 자신의 이해 안으로 몰아넣을 개연성을 사전에 방지할 수 있어야 한다. 더 나아가, 수많은 상담심리학의 제 이론 가운데 자신이 가진 인간 경험과 이어지는 하나 혹은 둘을 선정하여 해당 이론과 방법론에 관해 깊이 연구하고 숙지해야 한다. 상담을 통해 사람을 살리고 죽일 수 있기에 생명의 가치와 의미에 대한 깊은 이해의 기초 위에 철저한 임상 훈련을 통한 연마를 게을리하지 않아야 한다.

따라서 목회상담가는 자신의 하나님 경험과 사람에 관한 경험에 관한 분명하고 구체적인 분석이 필요하다. 그리고 분석을 통해 비상식적이거나 비인격적인, 혹은 병리적인 양상을 나타내는 점들에 대해서 판단중지와 해체, 그리고 재구조화를 통해 건강하고 온전한 신학과 상담심리학을 정립해야 한다. 이를 위해, 앞서 신념 탐색의 표들을 활용하여 자신에게 걸맞은 신학과 상담심리학을 찾고 자신의, 혹은 자신만이 말할 수 있는 학문적 정립을 이루어야 한다.

한 가지 반드시 짚고 넘어가야 할 부분은, 자신의 학문 체계 유지를 위해 자신을 돌아보는 내적성찰과 자기분석을 잊지 않아야 한다는 점이다. 앞서 제안한 내관을 통해 자신의 신학으로서 하나님 경험과 상담심리학으

로서 사람에 관한 경험에 대해 살펴보며 관행과 관습, 화석화와 같은 일반
화와 관성, 무기력과 무관심, 그리고 욕심과 죄악으로부터 자신을 지켜야
한다.

　　여기까지 진행했다면, 이제 자신의 신학과 상담심리학이 자신 안에
서 어떻게 만나고 융합될 수 있는지, '학제성'을 설정해야 한다. 앞선 장章
들에서 제안한 다섯 가지의 학제성 가운데 하나를 택하거나, 혹은 택한 하
나에 대해 수정 보완하여 자신의 학제성을 보다 구체화하고 다변화 및 확
장할 수 있다. 혹은 또 다른 자신만의 학제성을 제안하고 형성해 보는 것도
가능할 것이다.

　　중요한 것은 자신의 내부에서 서로 다른 관점과 세계관을 지닌 두
학문 체계가 어떻게 만나고 있는지를 끊임없이 관심을 두고 섬세하리만치
민감해야 한다는 사실이다. 그렇지 않으면 프랑스의 문학가 폴 발레리Paul
Valéry의 말처럼 "생각한 대로 살지 않으면, 사는 대로 생각하게 된다Si tu ne vis
pas comme tu penses, tu finiras par penser comme tu vis."[29] 자신의 목회상담이 향방을 잃고
헤매게 되는 것이다. 또 자신이 목회상담가인지, 혹은 일반상담가인지, 도
대체 어떤 사람인지에 대한 혼란을 경험하게 된다. 사실 학제성에 대한 고
민은 그리스도인이라면 누구나 반드시 해야 할 과제이기도 하다. 믿는 바
를 실존의 삶에 어떻게 적용할 것인지를 고민하는 것은 그리스도인으로서
'일관성 혹은 일치성integrity'을 견지하는 일이기 때문이다. 그렇지 않으면 엄
두섭의 말대로 "얼간이 그리스도인, 얼빠진 그리스도인"이 된다.[30]

　　이렇게 학제성, 곧 학문 간 대화와 융합을 숙고했다면, 앞서 제안한
"신념 탐색"으로 돌아가 자신의 삶에서 '치유'와 '회복'이라는 주제에 대한
경험을 다시 한번 탐색하는 것은 목회상담가로서 목회상담의 온전한 방향
성 확보를 위해 무척 중요하다. 현재부터 과거에 이르기까지 '치유'나 '회

복' 혹은 '해결'이나 '해소' 등과 같은 주제 아래 자신의 경험을 반추하며, 그 경험에 기초한 신념들을 찾고, 그 신념들이 목회상담가인 자신에게 어떤 영향을 미치며, 또 어떻게 목회상담의 방향성을 결정하고 있는지를 살펴보는 것이다. 그리고 이에 대한 신학적이며 상담심리학적인 점검과 분석, 그리고 건강한 재정립을 도모하는 것이다.

좀 더 구체적으로 부연하자면, 한 인간 개체로서 목회상담가는 특정 시대, 특정 상황에서 자신만의 경험을 통해 치유와 회복에 대한 자신만의 독특한 신념 체계를 형성할 수 있다. 이는 대단히 자연스러운 일이기도 하다. 하지만 목회상담가의 치유와 회복에 대한 신념 체계는 상담심리학적으로 철저히 분석되고, 또 신학적으로 분명히 점검되어야 한다. 해당 신념 체계가 목회상담가인 자신과 내담자 그리고 하나님에 대한 이미지와 표상에까지 큰 영향을 끼칠 것이 분명하고, 이는 곧 목회상담에 지대한 영향을 미칠 것이기 때문이다. 따라서 목회상담가의 치유와 회복에 대한 신념 체계에 신학적-상담심리학적 온전성을 부여할 수 있도록 '신념 체계 재구조화'의 과정을 거치는 것은 목회상담가에게 있어 반드시 행해야 할 필수 작업이라 할 수 있다.

이러한 일련의 과정을 통해 목회상담가인 자신이 지향해야 할 치유와 회복에 대한 방향성을 정립할 수 있을 것이다. 특히 특정 주제어를 통해 그 방향성을 폭넓게 채색하면서도 하나의 독특한 관점으로 나타낼 수 있을 것이다. 예를 들자면, 필자의 '인식하기appreciating'와 '상상하기envisioning' 등으로, 혹은 다른 목회상담가들이 주장하는 '미학적 순간 경험하기', '함께하기', '놀아주기', '삶을 적어보기', '담아주기', '기다리기', '깨트리기', '즐기기', '이야기하기', '노래하기' 등의 주제어로 나타낼 수 있을 것이다.

어떤 주제어든지, 신학적-상담심리학적 정립이라는 신념 체계의 재구조화를 통해 찾게 된 회복과 치유를 위한 주제어에는 목회상담가인 자신의 독특한 신학적-상담심리학적 세계관과 관점, 그리고 그가 이 땅에 형성하는 '지금 당장' 실현될 하나님의 나라, 즉 집과 같은 울타리와 공간의 특성이 담기게 될 것이다. 목회상담가인 자신의 주제어가 주는 심연과 같은 뜻에 무엇이 있는지, 또 해당 주제어가 어떤 확장성을 가지고 다양한 측면에서 해석되고 적용될 수 있는지, 목회상담의 현장에 어떻게 적용 가능한지를 연구하고 임상 실천에 몰두해 보는 것이다.

이렇게 되면 자신의 '목회상담하기^{doing pastoral counseling}'가 가능해진다.

4. 읽어 볼 책과 논문

안석모 외 7인. 『목회상담 이론입문』. 서울: 학지사, 2009.

엄두섭. 『예수의 얼』. 서울: 은성, 1988.

이상억. "성령 하나님과 인간 감정의 상관관계에 대한 상담미학적 연구." 『장신논총』 3 (2011. 2), 302-34.

이상억 외 9인. 『목회상담 실천입문』. 서울: 학지사, 2009.

이지훈. 『존재의 미학』. 서울: 이학사, 2008.

임창복, 현요한, 오방식, 이상억. 『화풀이 신앙여정』. 서울: 한국기독교교육교역연구원, 2009.

한국목회상담학회 편. 『현대 목회상담학자 연구』. 서울: 돌봄, 2011.

Erikson, Erik H. *Young Man Luther: A Study in Psychoanalysis and History.* 최연석 역. 『청년 루터』. 고양시: 크리스천 다이제스트, 2000.

Jones, Stanton L., and Richard E. Butman. *Modern Psychotherapies: A Comprehensive Christian Appraisal.* 이관직 역. 『현대 심리치료와 기독교적 평가』. 서울: 대서, 2009.

제 VI 장.

목회상담가를 위한 자기관리

목회상담을 목회상담답게 이끌고 유지하기 위해, 또 자신의 신학과 상담심리학 사이의 학문 간 대화와 융합이라는 자신의 학제성에 기초한 목회상담을 건강하게 세우고 이를 바르게 실천하고 지탱하기 위해 목회상담가인 자신을 관리한다는 것은 아무리 강조해도 부족하다. 이제 본 장後에서는 목회상담가라면 반드시 경험하게 되는 탈진burnout에 대해 논의하며 어떻게 탈진을 예방할 수 있을지, 더 나아가 목회상담가인 자신을 보호하고 영적, 정서적, 신체적 건강을 지키는 실천적인 방안을 생각해 보고자 한다.

1. 자기관리를 위한 신학적 의미 이해

한계 있는 존재로서 실존의 삶은 문제가 없을 수 없다. 흔들리지 않는 사람이 존재하지 않으며 무거운 발걸음을 내딛지 않는 인생이 존재하지 않으니 말이다. 특히 흔들리는 내담자와 '함께하며mitmenschlich' 그의 상처와 아픔을 '낭만화' 혹은 '재구조화'를 통해 회복과 치유를 도모하고자 하는 목회상담가이기에 신체적, 정서적, 영적 에너지 소진으로서 탈진을 경험할 수밖에 없다. 때로 심리내적 혹은 영적 전쟁과 같은 긴장 관계를 내담자와 형성하며 친밀감rapport을 이루어야 하고, 미학적인 관계 역학 속에서 하나님을 끊임없이 구하며, 내담자로 하여금 자신의 상처와 하나님 경험에 대한 재구조화와 변형을 이룰 수 있도록 촉진하고 촉매해야 하기 때문이다. 이러한 이유로 자기관리는 목회상담가에게 필수적이며 절대적이기까지 하다.

　그런데 목회상담가를 위한 자기돌봄으로서 자기관리를 논할 때 영적인 관리만을 말한다는 것은 조금 부족하다. 영성신학자들 역시 전인적全人的이며 전인격적全人格的 차원에서 영spirit과 몸body과 정서soul에 대한 돌봄의 필요성을 역설하기 때문이다.[1] 따라서 목회상담가를 위한 자기관리는 '전인성全人性'이라는 넓은 스펙트럼으로 이해해야 한다.

　특히 목회상담가의 전인적이며 전인격적 자기돌봄과 자기관리는 목회상담가 자신을 하나님 앞에 세우는 것과 다름이 아니다. 그래서 하나님께로 돌이키는 신학적 표현인 '회개悔改'와 깊은 관련이 있다사 55:7; 렘 25:5; 욥 42:6; 겔 18:30; 마 3:6-9; 눅 5:31-32. 앞선 2장의 '지혜의 문을 여는 우울로서 회개하는 목회상담가'와 '묵상가로서 목회상담가'에서 회개에 대해 논의했기에, 본 장에서는 '자기돌봄을 위한 자기관리로서 회개'라는 관점에서 논의를 전개하고자 한다.

　회개에는 세 가지 차원의 자기관리 '양상phase'이 전개된다. 먼저는 '자기-발견self-awareness', 두 번째는 하나님의 수용이라는 은총 경험을 통한 자기-수용self-acceptance, 그리고 마지막으로 '자기-계발self-improvement'의 양상이다.

　하나님이라는 진리의 빛 앞에서 자신의 모든 것이 투명하게 드러나기에 갖게 되는 '자기-발견self-awareness'의 양상은 회개의 첫 특징이다. 자신을 하나님 앞에 세우는 것이 먼저인지, 혹은 하나님이라는 진리의 빛이 강권적이거나 혹은 계시적으로 비추어지는 것이 먼저인지는 개개인의 경험에 따라 다를 것이다. 그러나 한 가지 분명한 것은, 회개의 첫 양상은 아무래도 하나님과 인간 실존의 '만남encounter'으로 전개된다는 사실이다. 이 만남은 인간 실존의 참모습을 가감 없이 드러내게 한다. 자신이 어떤 존재인지 진면목眞面目을 발견하는 것이다. 키에르케고르Søren Kierkegaard는 실존의 진면목을 파악하고자 한다면 삶의 발자취를 반추해야 한다고 강조했으나,[2] 지워버리고 싶은 지난날을 돌아보는 것은 고통스러운 일이 아닐 수 없다. 단 한 번도 생각하고 싶지 않은 기억을 떠올리면 마치 죽을 것 같은 마음이 들기 때문이다. 그러나 자신의 현재를, 또 실존의 모습을 구체적으로 이해하고자 한다면 필요한 작업임을 부인할 수는 없다. 청년 루터Martin Luther가 자신의 아픔과 직면했던 것처럼[3] 또 어거스틴Aurelius Augustinus이 참회록을 통해 자신을 드러냈던 것처럼[4] 자신에 대한 철저한 성찰은 실존을 실존답게 세우는 첩경이다. 왜냐하면 이를 통해 타인은 물론, 자기 자신마저 속여왔던 모든 가면과 허울을 벗고 자신의 참모습을 찾을 수 있기 때문이다.

'자기-발견'의 과정에 이어진 회개의 두 번째 양상은 '자기-수용self-acceptance'이다. 온갖 가식을 벗은 진정한 자기 모습을 받아들이는 '자기-수용'은 스스로에 대한 투명한 내려놓음의 결과물이며 또 내려놓은 자신에 대한 용기 있는 포용을 의미하는 것이다. 그런데 자신의 상처와 아픔과 지난날의 지우고 싶은 경험, 심지어 수치스러움을 불러오기까지 하는 과거를 회피하거나 혹은 극복하려 애쓰는 것이 아니라, 투명하게 내려놓고 포용한다는 것이 과연 가능할까를 반문하지 않을 수 없다. 자신의 상처를 부끄러워하지 않고 더불어 살 줄 알게 되었다는 뜻과 다름이 아니기 때문이다. 그래서 '자기-수용'은 거의 불가능에 가깝게 여겨진다. 이 때문에 자신을 포용하는 '자기-수용'을 위해 여타의 종교는 고통스러운 수행, 즉 고행苦行을 요청한다. 그러나 고행을 통한 '자기-수용' 역시 요원하게 여겨질 수밖에 없다. 이 때문에 기독 신앙은 하나님의 전권적이며 전격적인 개입으로서 '하나님의 수용'이라는 신적 사랑으로서 은총을 제안한다.

기도하는 세리눅 18:9-14는 성전 멀리 서서 감히 하늘을 우러르지 못했다. 자복하며 통곡하며 자신을 불쌍히 여겨달라고 하나님께 통곡했다. 자신을 죄인이라며 절규했다. 이러한 자기 고백은 패배자의 실패 인정과 비슷하다. 그러나 세리는 실패자가 아니다. 왜냐하면 예수께서 그를 "의롭다"라고 선언하셨기 때문이다.[5] 이 '칭의justification'의 사건은 하나님 앞에서 자신의 연약함을 직면하는 '자기-발견'이 결국 자기파괴가 아닌 자기-수용에로의 과정이 될 수 있을 보여주는 '하나님의 사랑'의 사건이다.고후 7:10.[6]

물론 '자기-발견'의 과정이 고통스럽지 않다고 생각하는 사람은 존재하지 않을 것이다. 그렇기에 가면과 겉치장 뒤에 숨은 자신의 참모습을 발견하게 되는 힘들고 고통스러운 과정을 하나님이라는 초월적 존재 앞에서 하지 않는다면, 먼저는 공상적 허언증이라는 '리플리 증후군Ripley syndrome'과 같이 가면과 겉치장을 자기 자신이라 맹신하거나, 혹은 괴로움에 자신의 삶을 더 이상 이어갈 수 없다는 수치심과 자책감의 심연에 빠지게될 것이다. 그러나 '자기-발견'의 고통, 그 한가운데에서, 하나님은 '자기-발견'으로 고통스러워하는 인간 실존의 모습을 "의롭다"라고 정의했다. 바로 그 '칭의justification'라는 사랑의 힘 덕분에 '자기-발견'의 양상이 죽음이라는 파괴의 과정으로 전개되는 것이 아닌, '자기-수용'의 양상으로 전환될 수 있는 것이다. 결국 '자기-수용'의 과정은 '하나님의 수용'이라는 '신적 수용divine acceptance'의 경험을 전제하고 있다. 하나님께서 '자기'라는 실존의 모습을 인정하셨다면, 자기 자신도 자신을 부정할 이유가 없기 때문이다.

그러므로 하나님 앞에서 연약한 실존임을 가감 없이 투명하게 드러내는 회개는 하나님의 수용을 매개한다. 하나님께서 '내가 너를 사람으로 지었다. 네가 내 앞에서 연약하고 죄 많은 인간임을 인정한다면 그 모습이 참사람의 모습이다. 그것이 곧 의로운 것이다'라며 '칭의'의 은총과 사랑으로 회개하는 인간 실존을 수용해 주실 것이다. 이는 전적으로 값없이 주어지는 하나님의 선물이다.

'자기-수용'은 곧 '자기-계발self-improvement'의 양상을 촉진한다. 자신의 실체를 분명히 인식하고 하나님의 은혜로 용기 있게 포용하게 되었으니, 자신의 상처와 고통스러운 경험들과 '더불어' 어떻게 살아가야 할지를 생각하기 때문이다. 예를 들어, 베드로의 설교를 들었던 많은 사람들은 마음이 찔렸다. 자신들의 실체를 발견한 것이다. 그럼에도 이 세상에 드러난 예수 그리스도의 '십자가의 사랑'을 깨달으며 이렇게 질문했다. "어떻게 해야 하겠습니까?행2:37" 그리고 사람들은 예수의 이름으로 세례를 받고 죄 사함을 받았다. 결과적으로 그리스도 공동체인 '교회ἐκκλησία'를 형성했다.

이렇듯 '자기-계발'의 양상은 자기에 대한 직면과 수용의 과정에 연결된 결과물이다. 이때 도드라지는 '계발improvement'의 특징은, 자기라는 존재 밖에서 무엇인가 새로운 것을 들여오는 듯한 '개발development'의 개념이 아니라는 점이다. 외상과 상처, 고통스러운 과거 등 자기라는 실존의 형성에 개입하고 있는 모든 경험의 '활용cultivation'과 깊이 연결되어 있기 때문이다. 이를 통해 자기 자신은 왜 그런 삶의 굴곡을 살아야 했던 것인지, 왜 그 아픔들을 경험해야 했던 것인지, 자신이라는 실존이 걸어온 삶의 모든 여정에 담긴 신적 목적과 가치를 가늠할 수 있게 된다. 설령 그 가치를 가늠할 수 없다 할지라도 '왜?'라는 질문의 늪에 빠지지 않는다. 오히려 이후로 어떻게 살아야 할지, 삶의 굴곡과 아픔과 더불어 무엇을 해야 하는 것인지 등에 관한 인생이 나아갈 본질적인 방향에 대한 이해를 갖기 때문이다.

지금까지 회개의 세 가지 양상을 살펴보며 그 특징들을 생각해 보았다. 이는 목회상담가로서 지향하고자 하는 목회상담의 본질적인 실천 방향과 유비를 이루고 있다는 점에서 특별하다. 더욱이 흔들리는 내담자를 만나며 다양한 심리내적 반응과 심각한 반향을 경험하고 감내해야 하는 목회상담가로서 자기관리의 방향을 회개의 양상과 연결 짓는다는 것 역시 특별하다. 결국 내담자의 회복과 치유를 위해 걸어야 할 길을 목회상담가 자신이 걸어야 함을 뜻하기 때문이다. 그러므로 목회상담가의 자기관리는 내담자의 치유와 회복을 위한 여정과 같이 '하나님 앞에 섬'이다. '하나님 앞에 섬'으로서 '회개'를 잃어버린 목회상담가의 자기관리는 피상적이다. 내담자에 대한 기만이며, 동시에 이는 목회상담가가 이루어야 할 '자기 사랑'을 저버리는 것이기 때문이다.

'자기 사랑'은 어떤 이상과 목적을 이루는 자기 성취가 아니다. 자기를 사랑한다는 것은 자신의 욕구와 이기심에 경도되어 살아가는 것도 아니다. '자기 사랑'은 '참 자기'를 회복하는 것이다. 이는 회개를 통해 가능하다. 즉 회개의 세 가지 양상, 자기-발견, 자기-수용, 그리고 자기-계발을 이루는 것이다. 이를 좀 더 정확하게 이해하려면 생각해야 할 성경 말씀이 있다. "예수께서 이르시되 네 마음을 다하고 목숨을 다하고 뜻을 다하여 주 너의 하나님을 사랑하라 하셨으니, 이것이 크고 첫째 되는 계명이요, 둘째도 그와 같으니 네 이웃을 네 자신 같이 사랑하라 하셨으니, 이 두 계명이 온 율법과 선지자의 강령이니라^{마 22:37-40}"는 말씀이다.

한 율법사의 "율법 중에 어떤 계명이 큽니까?"라는 질문에 답한 예수님의 말씀은 단지 '하나님 사랑'과 '이웃 사랑'만이 아니다. 이 말씀은 '자기 사랑'에 기초한 '하나님 사랑'과 '이웃 사랑'에 대한 정의로 해석할 수 있다. 쉽게 말해, '하나님 앞에 섬'이라는 '회개'로 이루는 '자기 사랑'이 가능할 때, 마음을 다하고 뜻을 다하고 목숨을 다해 하나님을 사랑할 수 있다. 그렇지 않으면 자신의 이기적 욕구와 욕망을 하나님 사랑이라 말하며, 하나님 사랑을 빙자하여 자기 욕심을 채우려 할 것이기 때문이다. 또한 회개라는 자기 사랑에 기초한 사랑이 가능하지 않다면 '네 자신처럼 이웃을 사랑해야 한다'라는 말씀 역시 도무지 이해할 수도, 실천할 수도 없다. '이웃 사랑'을 이기심과 자기애, 혹은 자기도취와 연관한 자기 사랑과 혼동할 것이기 때문이다.

그러므로 회개를 통해 하나님이라는 진리의 빛 앞에서 목회상담가 자신의 모든 것을 고백하고, 그럼에도 불구하고 선물처럼 주어지는 하나님의 사랑으로서 칭의의 은혜를 통해 자기를 수용하며, 수용된 감격으로 자신의 상처와 한계를 활용하여 계발하는 '자기 사랑'에 기초하여 마음을 다하고 뜻을 다하고 목숨을 다해 하나님을 사랑하는 것이 바로 '하나님 사랑'이며, 또 동시에 이렇게 자기를 사랑할 줄 아는 목회상담가를 만난 내담자가 자신의 한계와 실존을 하나님 앞에서 고백하며 전적 은혜로서 주어지는 칭의의 은총에 기초하여 자신을 수용하고 계발할 수 있게 되는 것이 '이웃 사랑'인 것이다.

2. 자기관리를 위한 '자기 사랑' 워크숍

그렇다면 지금까지 논의한 목회상담가의 자기관리로서 회개, 즉 '자기 사랑'을 현실적으로 이루기 위해 우리는 무엇을 또 어떻게 할 수 있을까? 이 질문에 대한 정답이라고 말할 수는 없으나, 하나의 답변으로서 데살로니가전서 5장 23절에 기초한 워크숍을 제안하고자 한다.[7] 자신을 발견하고, 또 신적 수용에 기초한 자기수용을 경험하고, 더 나아가 자신을 계발할 수 있기 위해 고안된 하나의 방안을 소개하고자 한다.

가. 자가 진단 검사지를 활용한 자기 점검

먼저 몇 가지 자가 진단 검사지를 통해 자신을 분명하게 발견할 필요가 있다. 제안하고자 하는 첫 검사지는 유재성의 탈진에 대한 자가 진단지이다.[8] 항목마다 자신의 상태에 해당한다고 생각하는 곳에 √ 표를 한 후,

오름차순 스케일로 계산한다. 즉 "매우 그렇다"면 1점, "매우 그렇다"와 "어느 정도 그렇다" 사이라면 2점, "어느 정도 그렇다"면 3점, "어느 정도 그렇다"와 "전혀 아니다" 사이라면 4점, "전혀 아니다"에 해당한다면 5점

[표 4] 탈진에 대한 자가 진단지

번호	탈진증상	매우 그렇다		어느정도 그렇다		전혀 아니다
1	나는 맡은 역할을 제대로 못하고 있는 것 같아 죄책감을 느낀다.	□	□	□	□	□
2	나는 요즈음 권태감과 무력감, 조급함, 분노, 냉소적 태도 등을 느낀다.	□	□	□	□	□
3	나는 최근에 자주 두통이나 불면, 식욕부진 등의 신체적 증상을 느낀다.	□	□	□	□	□
4	나는 내 자신이 누구인지, 무엇을 하는 사람인지 모르겠다.	□	□	□	□	□
5	나는 노력한 만큼의 결과나 자신의 진가가 인정되지 않는다고 생각한다.	□	□	□	□	□
6	나는 집에서 대화가 줄어들고, 부부관계, 성생활에 어려움을 느낀다.	□	□	□	□	□
7	나는 요즈음 사람 만나기를 피하고, 거리감, 소외감, 고립감을 느낀다.	□	□	□	□	□
8	나는 요즈음 일에 대한 압박감과 책임감으로 사람 만나기가 두렵다.	□	□	□	□	□
9	나는 최근에 일을 계획하고 실행하는데 예전처럼 집중을 하지 못한다.	□	□	□	□	□
10	나는 내가 하는 일이 가치가 없으며 희망이 없다고 느낀다.	□	□	□	□	□
11	나는 예전보다 어떤 일을 명료하게 생각하고 결정하는 것이 어렵다.	□	□	□	□	□
12	나는 내가 해야 할 일이 너무 많아 일에서 손을 떼기가 힘이 든다.	□	□	□	□	□
13	나는 요즈음 자주 나 자신이나 타인을 비난 혹은 책임을 돌린다.	□	□	□	□	□
14	나는 내 인생의 수고와 노력이 공허하고 무의미하게 느껴진다.	□	□	□	□	□
15	나는 최근에 웃음과 유머, 운동이나 여가시간을 갖기가 어렵다.	□	□	□	□	□
16	나는 내 자신이 막다른 골목에 도달했다는 생각이 든다.	□	□	□	□	□
17	나는 최근에 말씀묵상과 기도에 어려움을 느낀다.	□	□	□	□	□
18	나는 늘 피곤하고 활력이 없으며, 일상의 일들을 수행하기 어렵다.	□	□	□	□	□
19	나는 최근에 교회 혹은 직업을 바꾸고 싶다는 생각을 자주 한다.	□	□	□	□	□
20	나는 요즈음 자살하고 싶은 충동을 느끼곤 한다.	□	□	□	□	□
	항목 총점			점		

으로 계산하는 것이다. 자신의 상태를 점검해 보고 1점에서 5점까지의 수준으로 측정하는 것이다. 그리고 측정한 점수를 합산하게 되면 자신의 탈진 증상 지수가 나온다.

이때 탈진 지수가 25점 이하에 해당한다면 심한 탈진 가운데 있는 상태로, 즉시 정신건강의학과 전문의나 전문상담가의 도움을 받아야 한다. 더불어 지금 하는 일들 가운데 우선순위를 정하여 하위에 해당하는 상당수를 정리한 후 쉼과 안식의 시간을 가져야 할 것이다. 만약 지수가 26-50에 해당한다면 이미 탈진의 기초적인 증상이 나타나고 있거나 탈진을 향해 가고 있다고 볼 수 있다. 이때는 자신이 하는 일 가운데 스트레스가 되는 몇 가지를 정리한 후 정신건강 전문가의 도움을 받을 수 있어야 한다. 만약 지수가 51-75에 해당한다면 자신을 관리하는 데 신경을 써야 한다. 영적, 정서적, 신체적 관리를 위한 자발적이며 체계적인 접근이 필요하다. 하지만 지수가 76-100에 해당한다면 대체적으로 건강하고 균형 잡힌 삶을 살아가고 있다고 말할 수 있다.

두 번째로 검사해야 할 자가 진단지는 모리스 로젠버그Morris Rosenberg가 개발한 검사를 전병재가 번안한 "자아존중감척도Self Esteem Scale: SES"이다.[9] 이 척도 검사를 통해 탈진의 요인을 가늠할 수 있으며, 동시에 최근 3개월 이내에 자신에게 어떤 일들이 있었는지를 성찰할 수도 있다. 검사지에 대한 진단은 "대체로 그렇지 않다"를 1점, "보통이다" 2점, "대체로 그렇다" 3점, "항상 그렇다"를 4점 등 오름차순 스케일로 계산한다. 하지만 3, 5, 8, 9, 10번 항목의 경우는 내림차순으로 채점하여 합산한다. 예를 들어, "대체로 그렇지 않다"를 4점, "보통이다" 3점, "대체로 그렇다" 2점, "항상 그렇다"를 1점으로 계산하는 것이다. 점수 측정 후 합산하는데, 합산 점수의 총점 범위는 10-40점이며, 점수가 높을수록 자아존중감이 높은 것을 의미한다. 이때 기준으로 삼는 평균 수준의 점수는 25-29점이다.

[표 5] 자아 존중감 척도

문 항	대체로 그렇지 않다	보통 이다	대체로 그렇다	항상 그렇다
1. 나는 내가 다른 사람들처럼 가치 있는 사람이라고 생각한다.	□	□	□	□
2. 나는 좋은 성품을 가졌다고 생각한다.	□	□	□	□
3. 나는 대체적으로 실패한 사람이라는 느낌이 든다.	□	□	□	□
4. 나는 대부분의 다른 사람들과 같이 일을 잘 할 수가 있다.	□	□	□	□
5. 나는 자랑할 것이 별로 없다.	□	□	□	□
6. 나는 내 자신에 대하여 긍정적인 태도를 가지고 있다.	□	□	□	□
7. 나는 내 자신에 대하여 대체로 만족한다.	□	□	□	□
8. 나는 내 자신을 좀 더 존경할 수 있으면 좋겠다.	□	□	□	□
9. 나는 가끔 내 자신이 쓸모없는 사람이라는 느낌이 든다.	□	□	□	□
10. 나는 때때로 내가 좋지 않은 사람이라고 생각한다.	□	□	□	□

더불어 점검해야 할 자가 진단지는 윌리엄 줌William Zung의 우울증 자가 진단지이다.[10] 이를 통해 자신에게 우울증이 있는지, 그 정도가 어느 정도인지를 가늠해야 한다. 각 항목의 배점은 "아니다 또는 거의 그렇지 않다"를 1점, "때때로 그렇다"를 2점, "자주 그렇다"를 3점, "거의 항상 그렇다"를 4점으로 오름차순 스케일로 배점하여 계산한다. 하지만 2, 5, 6, 11, 12, 14, 16, 17, 18, 20번의 항목은 내림차순으로 배점한다. 즉, "아니다 또는 거의 그렇지 않다"를 4점, "때때로 그렇다"를 3점, "자주 그렇다"를 2점, "거의 항상 그렇다"를 1점으로 계산하는 것이다. 점수분포에 따른 진단은, 스무 가지 항목에 솔직하게 표시한 후, 표시한 점수를 합산하고, 합산한 점수에 1.25를 곱하여 나온 숫자가 자신의 우울증 지수라고 이해하면 된다.

따라서 지수가 51-60점 사이면 어도 우울증 증세를 보이는 상태이며, 61-70점 사이라면 우울증 증세를 완연히 나타내는 상태, 71점 이상이라면

[표 6] 우울증 자가 진단지

내 용	아니다 또는 거의 그렇지 않다	때때로 그렇다	자주 그렇다	거의 항상 그렇다
1. 나는 의욕이 없고 슬프다	☐	☐	☐	☐
2. 하루 중 아침에 가장 기분이 좋다	☐	☐	☐	☐
3. 갑자기 울거나 울고 싶을 때가 있다	☐	☐	☐	☐
4. 잠을 잘 못자거나 아침에 일찍 깬다	☐	☐	☐	☐
5. 나는 평상시와 같이 잘 먹는다	☐	☐	☐	☐
6. 나는 이성과 이야기하고 함께 있기를 좋아한다	☐	☐	☐	☐
7. 체중이 줄고 있다	☐	☐	☐	☐
8. 변비가 있거나 배변 활동이 원활하지 못하다	☐	☐	☐	☐
9. 심장이 평상시보다 빨리 뛰거나 두근거린다	☐	☐	☐	☐
10. 별 이유 없이 몸이 나른하고 피곤하다	☐	☐	☐	☐
11. 나의 정신은 예전처럼 맑다	☐	☐	☐	☐
12. 나는 어떤 일이든지 예전과 같이 쉽게 처리한다	☐	☐	☐	☐
13. 나는 안절부절 해서 가만히 있을 수가 없다	☐	☐	☐	☐
14. 나의 장래는 희망적이라고 생각 한다	☐	☐	☐	☐
15. 나는 평소보다 짜증이 많아졌다	☐	☐	☐	☐
16. 나는 매사에 결단력이 있다고 생각한다	☐	☐	☐	☐
17. 나는 유익하고 필요한 사람이라고 생각한다	☐	☐	☐	☐
18. 나는 내 삶이 충만하고 가치가 있다고 느낀다	☐	☐	☐	☐
19. 내가 죽어야 남들이 편할 것 같다	☐	☐	☐	☐
20. 나는 전과 같이 즐겁게 일한다	☐	☐	☐	☐
합 계 점 수				

약물을 포함한 전문가 그룹의 즉각적 치료가 필요한 상태라고 볼 수 있다.

네 번째로는 찰스 스필버거Charles D. Spielberger의 "상태불안척도State-Trait Anxiety Inventory"를 사용하여 자신의 불안 지수를 점검하는 것을 제안한다.[11]

[표 7] 상태 불안 척도

	항목	전혀 아니다	약간 그렇다	그런 편이다	아주 그렇다
1	나는 마음이 차분하다	□	□	□	□
2	나는 마음이 든든하다	□	□	□	□
3	나는 긴장되어 있다	□	□	□	□
4	나는 후회스럽고 서운하다	□	□	□	□
5	나는 마음이 편하다	□	□	□	□
6	나는 당황해서 어찌할 바를 모르겠다	□	□	□	□
7	나는 앞으로 불행이 있을까 걱정하고 있다	□	□	□	□
8	나는 마음이 놓인다	□	□	□	□
9	나는 불안하다	□	□	□	□
10	나는 편안하게 느낀다	□	□	□	□
11	나는 자신감이 있다	□	□	□	□
12	나는 짜증스럽다	□	□	□	□
13	나는 마음이 조마조마하다	□	□	□	□
14	나는 극도로 긴장되어 있다	□	□	□	□
15	내 마음은 긴장이 풀려 푸근하다	□	□	□	□
16	나는 만족스럽다	□	□	□	□
17	나는 걱정하고 있다	□	□	□	□
18	나는 흥분되어 어쩔 줄 모른다	□	□	□	□
19	나는 즐겁다	□	□	□	□
20	나는 기분이 좋다	□	□	□	□

불안과 스트레스가 자신에게 어느 정도로 분포해 있는지를 확인해 보는 것이다. 아래 자가 진단 검사지에 대한 진단은 "전혀 아니다"를 1점, "약간 그렇다" 2점, "그런 편이다" 3점, "아주 그렇다"를 4점 등 오름차순으로 배점하여 계산한다. 하지만 1, 2, 5, 8, 10, 11, 15, 16, 19, 20번 항목의 경우는 내림차순 스케일로 채점한다. 예를 들어, "전혀 아니다"를 4점, "약간 그렇다"를 3점, "그런 편이다"를 2점, "아주 그렇다"를 1점으로 계산하는 것이다. 합산 점수의 범위는 20-80점이며, 결과 점수가 52-56점의 경우는 상태불안 수준이 약간 높으며, 57-61점의 경우는 상태불안 수준이 상당히 높은 상황이며, 62점 이상의 경우에는 상태불안 수준이 매우 높다고 볼 수 있다.

마지막으로 점검해야 할 것은 공황장애의 유무이다. 불안이 증폭되어 나타나 신체화 장애를 동반하는 '공황발작panic attack 에피소드'를 경험한 적이 있는지, 있다면 그 횟수와 양상이 어떠한지를 살펴보는 것이다. 1) 호흡곤란질식감, 2) 현기증어지럼증, 3) 심계항진빈맥, 4) 땀 흘림이나 진땀, 5) 비현실감, 6) 통제력을 상실하거나 미쳐버릴 것 같은 공포, 7) 떨림이나 전율, 8) 죽음에 대한 공포, 9) 오한이나 열감, 10) 흉부 통증이나 조여듦, 11) 구역질 혹은 속이 거북함, 12) 감각 이상 등의 증상들 가운데, 네 개 이상의 증상을 동시에 2-30분 정도 경험한 적이 있다면, 이를 '공황발작'이라고 말한다.

더 나아가 이러한 공황발작이 주기적으로 반복되거나1-3개월 가량, 발작 후 '또다시 공황발작이 오면 어떻게 하나?'하는 불안과 걱정, 혹은 공황발작으로 인해 나타날 결과에 대한 예기불안, 예를 들어, 통제력 상실이나 심장마비에 대한 걱정, 혹은 '내가 미치면 어떻게 하나?' 하는 걱정 등을 1-2개월 이상 할 때, 이를 공황장애라고 진단한다. 공황장애는 광장공포증을 수반할 수도 있고 아닐 수도 있다.[12]

나. 영과 혼과 몸을 위한 자기관리의 실제

앞선 자가 진단검사 가운데 단 하나라도 문제가 있다고 여기는 부분이 있다면 '자기 사랑'을 위한 전인적 자기돌봄이 필요하다. 먼저는 '자기 사랑'을 위한 '영적인 돌봄으로서 말씀 묵상'이다.

제안하는 말씀 묵상은 세 가지 특징aspect으로 구성되어 있다. **첫째는 자신의 선택으로 말씀을 읽고 묵상하는 양상phase이다.** 인간은 경험하는 존재다. 그래서 경험은 인간 실존에게 '심리적 흔적vestigia psychologica'을 남긴다. 이 흔적을 긍정적으로 표현하면 내적 동기inner motivation라고 하고, 부정적으로 표현하면 상처 혹은 외상trauma이라고 한다. 내적 동기라 불리건, 외상이라 불리건 간에, 형성된 흔적은 계속하여 경험되는 경험들과 특정한 구조를 형성한다. 이를 '개성화individualization'라고 한다. 이를 통해 형성된 '개성personality'이 습관적이나 반복적으로 외부에 표출이 되면 그것을 '성격character'이라고 한다. 이 때문에 개성이건 성격이건 오랜 세월에 걸쳐 경험 위에 경험이 누적되어 형성된 인간 심리의 '프레임'이라고 할 수 있다.

이 프레임은 개개인에게 독특한 '선입견' 혹은 '선이해'를 갖게 하는데, 이는 인간 실존에게는 세상을 만나게 하는 관점으로 작용한다. 새롭게 마주하게 된 정보나 환경이 선입견이나 선이해에 맞으면 이해할 수 있다고 여기고, 잘 부합하지 않는다면 이해가 안 된다고 말하는 것이다. 그렇기에 하나님의 말씀을 읽고 묵상할 때, 말씀의 본질과 의미보다는 자기를 중심으로 말씀이 읽히는 이유이며, 또 자신이 보기에 좋은 말씀만 눈에 들어오는 이유이기도 하다. 프레임이 어떠하든 먼저 자신이 읽고 싶은 성경을 선택하여 자신이 정한 시간과 장소에 말씀을 읽어 보자.[13]

초대교회로부터 이어져 온 전통을 따라, "그러므로 믿음은 들음에서 나며 들음은 그리스도의 말씀으로 말미암았느니라롬 10:17"라는 말씀에 기초해, 자신의 귀에 들릴 정도로 말씀을 조곤조곤 '낭송lectio'하는 것이다. 그리고 낭송한 말씀 가운데 현재 자신에게 가장 필요하거나 중요하게 여겨지는 말씀이 있다면, 한 구절이라 할지라도 그 말씀을 반복하여 낭송한다. 이를 '암송meditatio'이라고 한다. 더 나아가 암송한 하나님의 말씀을 '기도oratio'에 접목해야 한다. 이때의 기도는 우리의 삶의 필요를 하나님께 구하는 '개인 간구personal petitionary prayer'일 개연성이 가장 크다. 그러나 말씀을 낭송하고 암송한 후, 암송한 그 말씀을 기도에 접목하는 방식이기에 기존의 '개인 간구'의 형식과 틀을 깰 수 있다.

부연하여 말하자면, 말씀에 기초하지 않은 간구는 대부분 일정한 패턴을 형성한다. 늘 하던 방식대로, 또 늘 하던 내용을 순서대로 기도하게 된다. 그러나 말씀에 기초한 기도는 설령 '개인 간구'라 할지라도 내용의 반복과 형식을 넘어설 수 있게 한다. 즉 패턴을 깰 수 있는 것이다. 예를 들어, 어제 낭송하고 암송한 본문과 오늘 낭송하고 암송한 본문과 다르다. 내일도 마찬가지일 것이다. 매일 달라지는 본문을 매일의 기도에 접목해, 해당 말씀이 오늘 자신에게, 또 가족과 교우, 환우들과 사회, 공동체와 나라, 전 세계에 임하게 해 달라고 기도하는 것이다. 기도가 확장성을 갖고 넓어진다. 이렇게 낭송-암송-기도하는 과정을 반복하며 자신의 삶을 말씀으로 채우는 것이다.

두 번째는 말씀이 자신을 읽는 양상이다. 비록 말씀을 기도에 접목하여 간구한다고 할지라도 '낭송-암송-기도'라는 과정은 아무래도 말씀을 읽는 자신의 선택이 대부분 중심에 있음은 부정할 수 없다. 그런데 이 과정을 반복하면 자기중심으로 읽던 말씀이 하나님 중심으로 전환되어 읽히는 '양상phase'을 경험하게 된다. 이때 경험하는 신비한 전환을 계시적이며 예언자적인 변형의 경험이라고 할 수 있다. 인간 관점에서 신적 관점으로의 변형이라는 점에서 이는 대단히 놀라운 경험이다. 사실 이 과제를 해결하기 위해 많은 종교에서는 고행과 수행이라는 훈련을 제안한다. 무아의 경지에 이르기 위해, 또 해탈과 열반이라는 큰 깨달음大悟을 위해 자신을 깊은 고통으로 몰아가기도 하는 것이다. 혹은 일상생활에서 피정避靜하여 무성無聲과 침묵으로 자신을 이끌어 어떤 고요를 경험하고자 한다. 깊은 명상 속에 자신을 무無의 상황으로 이끄는 참선參禪을 이루려고도 한다.

그러나 말씀 묵상에서 경험하는 이러한 변형의 신비는 사람의 노력에 의한 결과가 아니다. 값없이 주어지는 하나님의 선물과 같은 은혜로 가능하다. 따라서 말씀을 묵상하는 자신이 어떤 존재이건 어떤 상황이건 상관없다. 또 이를 이루기 위한 어떤 노력이 필요치 않고 공식도 없다. 변형의 때와 시, 상황을 가늠할 수 없기 때문이다. 하나님의 때에, 하나님께서 원하시는 형태의 감동으로 변형을 경험할 수밖에 없는 것이다. 예를 들어 설명하자면, 낭송-암송-기도를 반복하던 어느날, 분명히 오늘 낭송한 말씀 가운데 일부를 암송하여 기도에 접목하고 있는데, 갑자기 지난주 혹은 지난달에 낭송하고 암송한 말씀으로 기도하는 것이다. 대부분 이때의 기도는 오늘 자신의 상황 혹은 자기 자신에게 도전이 되는 기도일 때가 많다. 즉 자신이 말씀을 읽고 기도하는 것이 아니라, 말씀이 자신을 이끌어 자신의 생각을 내려놓게 하거나 혹은 자신의 고집과 아집을 철저하게 깨트리게 하는 것이다. 예언적이며 계시적인 기도를 하게 되는 변형의 신비를 경험하는 것이다.

예언과 계시는 단지 미래 예측을 말하는 신비한 주술이 아니다. 성경 고린도전서 14장에 의하면 예언은 교회의 깨달음과 덕을 위한 것이라고 말한다고전 14:12, 14. 예언과 계시를 통해 깨닫고 덕을 세우면 이전과 이후가 달라지는 것은 분명하다. 미래가 변화될 테니 예언과 계시가 암시하는 미래 예측의 개념도 포함되는 것이다. 그러나 예언과 계시의 핵심은 깨달음과 덕이다. 말씀 묵상을 통해 자신을 깨트리고 말씀이 자신을 읽는 수준을 경험하게 되는 예언적이며 계시적인 신비를 경험하는 것이다.

이때 말씀이 자신의 삶에 '체화體化' 혹은 '자기화'되는 '관상contempla-tio'의 수준을 경험한다. 자동차 작동의 원리에 대해 배우는 것을 뛰어넘어, 자동차와 한 몸이 되는 것과 같은 어떤 통찰력insight을 갖게 되는 것이다. 즉 하나님의 말씀이 자기화 혹은 체화되어, 하나님의 말씀이 자신이 되는 '즉흥impromptu'의 경험을 갖는다. 어려운 일을 당하면 즉각적 반응과 같이 말씀을 떠올리며 기도하는 것이다. 예전에는 힘든 일을 당하면 인간적인 방식으로 해결 방법을 찾으려 했었다면, 이제는 그 순간 하나님을 기억하고 하나님을 찾는다. 이러한 즉흥 경험을 '낭송-암송-기도'의 반복에 따른 훈련의 결과물처럼 생각할 수 있지만, 앞서 밝힌 대로 말씀의 '체화'는 노력의 결과가 아니다. 하나님의 절대적 은혜의 산물이다. 구하는 자에게 후히 주시는 "하나님은 곧 사랑이시다"라는 사실을 하나님 스스로 증명하는 사건인 것이다약 1:5; 요일 4:8, 16. **이를 말씀 묵상의 세 번째 양상으로 '말씀을 사는 양상'이라고 말한다.**

'말씀을 산다'는 것은 삶을 통해 말씀을 실천한다는 말이며, 이는 자신에게 이미 규격화 되어버린 개성, 성품, 선입견 등에 대한 대변혁이다. 이 때문에, 이어령의 『지성에서 영성으로』라는 대반전처럼, 전혀 다른 차원의 해석과 판단, 결단과 실천으로 살아간다. 더불어 이러한 변형이 하나님으로부터 가능했다는 것을 알고 있기에 자신의 지분을 완전히 내려놓고 하나님께 영광을 돌리며 스스로 '무익한 종이라. 제가 해야 할 일을 한 것뿐입니다눅 17:10'라며 '사라질' 줄 아는 것이다. 성숙과 완성의 개념인 '사라짐'은 역사에 자신의 이름을 새기려는 인간적 욕망을 거절하고[14] "지극히 높은 곳에서는 하나님께 영광이요, 땅에서는 하나님이 기뻐하신 사람들 중에 평화로다눅 2:14"라는 메시야이신 예수 그리스도의 임재와 구원의 뜻에 참여하는 것이다.

큰 두 번째로 제안하고자 하는 '자기 사랑'을 위한 자기관리의 방법론은 '정서적인 자기돌봄'이다. 정서 돌봄의 방법론에는 정말 다양한 프로그램과 워크숍이 있다. 그러나 여기에서는 아주 간단한, 그럼에도 자신의 감정이 지닌 역동과 특징을 확인할 수 있는 세 가지 방법을 제안하고자 한다.

먼저 최근 3개월 이내의 일, 다시 말해 삶의 여정을 반추하고 살펴보는 것이다. 조용한 장소에서 자신의 만의 시간을 가지며 자신을 살펴보자. 그리고 아래의 상자에 있는 다양한 형용사들 가운데 자기 자신을 가장 잘 설명하고 있거나 어울린다고 생각하는 단어들을 대략 7~8개를 골라내보는 것이다. 자기 자신을 잘 나타내고 있거나 자신이 그런 상태라고 여길 수 있는 단어들을 골라낸다.

소중한, 찬란한, 소심한, 기쁜, 염려하는, 능글거리는, 섭섭한, 담담한, 사랑스러운, 섬세한, 과격한, 거친, 발랄한, 솔직한, 깊은, 얌전한, 제멋대로인, 능글거리는, 매혹적인, 말 많은, 도전하는, 못난, 논쟁하는, 욕심 많은, 욱하는, 고상한, 경쟁적인, 배려 있는, 창피한, 가슴 두근거리는, 슬픈, 애원하는, 날씬한, 구걸하는, 병약한, 둔감한, 반발하는, 죽을 것 같은, 웃기는, 가증스러운, 조롱하는, 멋진, 부풀리는, 권위적인, 설득하는, 애교 있는, 친절한, 모자란, 뚱뚱한, 천하태평인, 따뜻한, 아름다운, 우울한, 약한, 영리한, 우아한, 부정적인, 능글능글한, 이해할 수 없는, 부드러운, 병든, 아픈, 신중한, 살고 싶은, 못생긴, 신경질적인, 조급한, 텅 빈, 가슴이 아픈, 떨리는, 자상한, 놀라운, 분위기 있는, 무뚝뚝한, 불안한, 예민한, 걱정하는, 무시하는, 엄청난, 무식한, 민망한, 어쩔 줄 모르는, 조그마한, 아픈, 미운, 화나는, 속상한, 구슬픈, 똑똑한, 긍정적인, 무딘, 교활한, 풍성한, 볼품없는, 무심한, 해로운, 서글픈, 터질 것 같은, 덕스러운, 시끄러운, 마른, 강한, 씩씩한, 어울리는, 잘 노는, 안달복달하는, 쾌활한, 대담한, 긴장되는, 큰, 과격한, 탐욕스러운, 더러운, 깨끗한, 화려한, 이중적인, 밝은, 순수한, 순종적인, 어여쁜, 게걸스러운, 바보 같은, 죽어야 하는, 이상한, 천한, 혹은 본인이 직접 표현하고 싶은 형용사 두 개를 적어보자 (,   )

혹 상자 안의 형용사들이 자신을 제대로 나타내지 못한다고 여긴다면 상자의 맨 아랫부분의 빈칸에 자신을 잘 나타내는 형용사를 두 개까지 추가할 수 있다. 이제 최근 3개월 이내의 자신을 설명하는 찾아낸 7~8개의 형용사 가운데에서 또다시 세 개를 골라보자. 자신이 최종 선택한 세 개의 형용사를 바라보며 자신에게 일어났던, 혹은 자신이 경험했던 일들을 잠잠히 성찰한다. 그리고 자신의 정서, 감정과 느낌을 투명하게 가감 없이 노트에 기록한다.[15] 이 작업을 통해 무엇인가 혼란한, 혹은 들떠있는 자신의 마음을 차분히 정리할 수 있을 것이다. 자신의 현재 위치를 분명하게 파악함과 동시에 건강한 방어기제의 한 갈래로서 승화sublimation 작용에 의한 어떤 후련함마저 느낄 수 있을 것이다.

두 번째는 개성과 성격의 특징을 형성하는 '정서 패턴'을 분석할 것을 제안하고자 한다. 인간의 감정을 크게 네 가지, 즉 기쁨, 슬픔, 분노, 그리고 불안이라는 각각의 그룹으로 구분하여 나눌 수 있다. 먼저 각 감정 그룹이 발생하는 상황을 스무 가지씩 노트에 적어보자. 기쁨의 상황 스무 가지, 슬픔의 상황 스무 가지, 분노와 불안의 상황 각 스무 가지씩을 적는 것이다. 각각 스무 가지 상황을 모두 적고자 애를 쓰지만, 몇 개 밖에 쓰지 못하고 자신이 언제 해당 감정을 느끼는지 모르겠다는 생각을 갖게 된다면, 자신을 잊은 채, 아니 무시한 채 바쁘게, 혹은 어떤 목적을 이루고자 정신 없이 살았다는 방증일 수 있다. 그래서 스스로에 대해 생각할 겨를이 없었던 것이다. 자신이 언제 기쁘고 슬픈지, 어떤 상황에서 화가 나고 불안한지에 대해 생각하지 못하는, 다시 말해, 자신을 방관한 채 살았던 것이다. 이 때는 자신에게 '미안하다'를 고백하며 스스로에게 사과해야 한다. 방임과 방치가 폭력의 일종이기에 '자신을 폭력적으로 대해왔던 것은 아닐까'를 반성하는 것이다.

시간이 얼마나 걸리더라도 네 가지 감정 그룹에 대해 각 스무 가지씩, 총 여든 가지 상황을 찾아 적는 것이다. 그리고 각 감정의 그룹에 적은 스무 가지 상황을 면밀히 살펴보며, 그 안에서 특징적인 패턴을 찾아보는 것이다. 기쁨을 예로 들자면, 기쁨이 언제 발생하는지 그 상황을 스무 가지 적은 후, 그 안에서 특징적인 패턴을 발견하는 것이다. 혼자 있을 때 기쁘다든지, 혹은 여럿이 함께 어떤 일을 할 때 기쁘다든지, 무엇인가를 만들고 조직하고 일을 이루어내는 것이 기쁘다든지, 혹은 나누고 돕고 봉사할 때 기쁘다든지, 아니면 낭비까지는 아니라도 과감하게 소비하고 누리고 즐길 때 기쁘다든지 하는 자신의 감정의 특징을 나타내는 패턴을 발견해 보자. 마찬가지로 나머지 다른 감정 그룹들도 그 안에 담긴 패턴들을 찾아보는 것이다.[16]

이 간단한 '정서 패턴 분석 워크숍'을 통해 확인하고자 하는 것은 '심리내적 지도intrapsychical mapping'이다. 인간 심리 구조에는 삶의 굴곡, 즉 경험으로 만들어진 '심리내적 지도'가 주름처럼 형성되어 있다. 이 지도는, 마치 비 오는 날 빗물이 흘러가는 것을 보며 지형을 가늠하듯, 내외부의 자극, 다시 말해, 어떤 외적 상황이 발생하거나 혹은 생리적이거나 심리적 변화가 생기면, 자동적으로 또 느닷없이 드러난다. 충동 조절에 실패한 '욱기impetuous impulses'와 같이 폭발적으로 발현되는데, 이때 일정한 특징적인 패턴을 보이게 된다. 그래서 며칠 전에 기뻤던 일이 오늘 당장 발생기면 또다시 기뻐하게 되고, 지난달에 화났던 일들이 생기면 또다시 화를 내게 되는 것이다.

이러한 심리내적 지도의 발현이 건강과 성숙을 유지한다면, 다시 말해, 자신과 자신을 둘러싸고 있는 사람들을 유익하게 한다면, 아니 적어도 불행하게 하지 않는다면, 문제는 없다. 하지만 기쁘다고 무분별한 소비를 통해 자신을 곤란하게 만든다면, 혹은 슬프다며 은둔형 외톨이로 살며 사람들을 힘들게 한다면, 또 화가 난다며 이웃을 때리고, 불안하다며 잠자는 가족들을 한밤중에 깨워 잠을 설치게 만든다면, 이는 자신의 감정에 대한

2차 반응을 조절하지 못하는, 즉 일종의 '충동조절장애^{impulse control disorder}'를 가진 것이다. 어떤 상황의 변화 추이에 따라 발생하는 감정에 대한 2차 반응에 문제를 갖게 된 것이다. 발생하는 감정 자체는 자연스럽다. 조절할 수도 없고, 좋고 나쁨이라는 가치판단을 할 수도 없다. 사람이기에 당연한 일이다. 그러나 감정에 대한 2차 반응은 조절할 수 있다. 가치판단을 내릴 수도 있는 것이다. 그렇기에 문제가 있다면 조절해야 하는 것이다.

그러므로 제안하는 '정서 패턴 분석'은, 감정에 대한 2차 반응을 조절하는 기능이 정상적으로 작동하는지를 살펴보는 것과 다르지 않다. 즉 '충동 조절^{impulse control, self control}'에 어떤 역기능은 없는지 자신의 '심리내적 지도'를 분석하며 '심리 도식^{schema}'을 살펴보자는 것이다. '심리 도식'을 분석하고 파악하게 되면, 결과적으로 어떤 상황이나 현상이 감지될 때, '이러면 내가 '어떤' 특징적인 감정을 느끼게 되고, 동시에 '이러이러한' 2차 반응을 나타내게 될 텐데'라며 자신의 감정의 충동적 흐름을 예측할 수 있게 된다. 이렇게 0.1초라도 예측을 하게 되면 0.1초만큼의 감정과 2차 반응 사이에 간격이 발생하게 된다. 이는 곧 '자극-반응'이라는 자동화 사고의 공식을 느슨하게 발현시켜, 충동, 즉 반응으로서 행동을 조절할 수 있게 된다. 따라서 '정서 패턴 분석'은 자신을 조절하여 자신을 건강하게 이끄는, 더 나아가 온전한 대인관계를 유지하는 중요한 작업이라고 할 수 있다.

세 번째로 제안하고자 하는 것은, 자신에게 유의미한 사람들에 대한 솔직한 느낌과 감정을 기술하는 '정서 중심-자서전적 글쓰기^{emotion-focused au-tobiographical journal writing}'이다. 노트를 펴고 각 장의 맨 위에 자신의 '주 양육자^{아버지, 어머니, 혹은 할아버지, 할머니, 삼촌 이모, 형, 언니 등 누구든 상관없다}'와 자신이 가장 중요하게 여기며 자신에게 가장 큰 영향을 끼친 사람 가운데, '긍정적인 인물' 한 사람과 '부정적인 인물' 한 사람을 선택하여 적은 후, 그 세 사람에 대한 경험과 정

서, 느낌을 각각의 장에 가감 없이 솔직하게 적는 것이다.[17]

특히 이 세 사람 가운데 부정적인, 심지어 병리적인 감정을 불러오는 사람에 관해 과거를 회상하며, 그 경험과 느낌, 감정과 생각을 기술한다는 것은 무척 어려운 일일 것이다. 그러나 자신을 발견하고 자신의 마음을 정리한다는 생각으로 각 사람에 대한 '정서중심-자서전적 글쓰기'를 A4용지 두세 페이지 분량으로 작성해 보자. 작성 후 자신이 작성한 글쓰기를 찬찬히 또 천천히 읽어 보며, 그 글에 담긴 자기 자신, 다시 말해 그 사람의 모습이나 성격, 특징적인 성향이나 성품에서 자신과 유사한 부분을 찾아보는 것이다. 글 속에 담긴 자신과 비슷한 이미지나 자기 자신이라고 말해도 괜찮을 부분들을 살펴보는 것이다.

이를 통해 자신을 불현듯 발견하는 '아하!'의 경험은 때로 경이롭다. 심지어 자신과 전혀 상관없다며 일말의 관계마저 부정해 온 부정적인 대상에게서도 의식적이거나 무의식적으로 투사와 내사, 동일시라는 심리내적 역학을 통해 어느덧 자신이 되어버린 대상의 모습을 발견하게 되면 놀라움을 금치 못하게 될 것이다. 이 작업은 자신도 모르는 사이에 경험하게 되는 현실 왜곡과 자기방어, 관계적 긴장을 불러오는 병리적 투사를 방지한다는 점에서 대단히 중요하다. '나는 온전한데 다른 사람이 문제'라며 히스테리적 양상과 강박적 사고로 인간관계를 무너지게 하는 심리 역동을 예방하거나 방지할 수 있기 때문이다.[18]

지금까지 제안한 정서적인 자기관리를 요약하면, 자신에 대한 왜곡되거나 부정적인 '자기상自己像'이 있는지를 살펴보자는 것이다. 부정적인 자기상은 경험으로 빚어진 자신의 심리내적 구조를 병리적으로 촉진하여 외상을 심화시키거나 콤플렉스를 파괴적으로 발현시키는 등, 역기능을 양산할 개연성이 크기에, '정서 분석emotion analysis'을 통해 자신을 분명하게 파악해 보자는 것이다. 예를 들어, '무의식의 의식화aufhebung des unbewussten'를 정신분석에서는 '치료'라고 정의한다. 무의식적인 상태에서 느닷없이 발현되는 폭발적이며 혼란한 현상과 증상을 예방하기 위해, 무의식 내부의 역학을 자유연상이나 꿈 분석 등을 통해 의식 수준으로 끌어올려야 한다고 생각하기 때문이다.[19] 이처럼 정서와 감정에 대한 분석은 '왜 그런 감정을 느끼는지' '또 어디에서 그 감정이 초래되었는지'를 살펴보며 부정적이며 파괴적인 자기구조의 역기능을 예방하고 자신은 물론 대인관계에 안정성을 확보하는 것으로 기능한다고 말할 수 있다.

여기에 더해, '자기-인정진술서'를 작성해 보자.[20] 이를 통해 영적인 자기관리처럼 자신의 정서와 감정에 임재하시고 섭리하고 계신 하나님을 믿음으로 고백해 보는 것이다.

이는 대단히 중요하다. '나는 왜 ○○ 경험을 해서 ○○ 감정을 경험하고 있는 것일까?' '다른 사람은 그렇지 않은데 왜 나는 ○○ 순간 ○○ 감정으로 힘들어할까?'라며 자신에 대한 자책과 비난에서 벗어나게 하기 때문이다. '정서 분석'을 통해 드러난 자신의 감정 패턴과 특징을 회피하거나 부정하는 것이 아니라, 오히려 수용하며 '나는 ○○ 감정에 독특한 패턴, 즉 색채를 가진 사람이다'를 고백하는 것이다. 이는 자신을 수정하거나 고칠 필요가 없다는 말이 아니다. 이런 자신임에도 자신과 동행하며 이끄신 하나님을 고백하자는 것이다. 이렇게 되면 새로운 길을 찾게 된다. 역기능성을 나타내는 자신의 콤플렉스와 상처, 아픔과 외상마저 순기능으로 작동하는 신비를 경험할 수 있기 때문이다. 물론 이전의 역기능을 수정하고 조절하기도 하기에 '치료'라고 말할 수 있겠으나, 이전의 역기능을 순기능으로 활용한다는 측면에서 '치유'라고 말할 수 있다. '치유'를 통해 이 세상 똑같은 사람 하나 없는 이유를 찾게 된다. 그렇게 하나님의 창조 섭리를 깨

[표 8] 자기-인정 진술서

자기-인정진술서	
* 위 칸의 내용을 아래 칸에 적어봅시다	확인 (☑ 표시해 주세요)
1. 나는 하나님의 은혜로 나 자신을 완전히 사랑하고 수용한다.	☐
2. 예수님께서 나를 받아들이셨듯 나는 아무 조건 없이 자신을 수용한다.	☐
3. 하나님이 창조하신 나를 나는 인정한다.	☐
4. 나는 현재의 내 모습 그대로를 받아들인다.	☐
5. 나는 현재의 내 모습 그대로를 사랑한다.	☐
6. 나는 특별한 사람이다.	☐
7. 나는 누구와도 나를 바꾸지 않을 것이다.	☐
8. 당신의 이름, 나는 지금 그대로의 너를 수용한다.	☐
9. 당신의 이름, 나는 지금 그대로의 너를 사랑한다.	☐
10. 당신의 이름, 나는 지금 그대로의 너를 인정한다.	☐
11. 나는 이미 나 자신이 가치 있는 사람임을 하나님께서 입증해 주셨다.	☐
12. 나는 사랑받을 만하다.	☐
13. 나는 사랑받을 만한 가치가 있다.	☐
14. 나는 나를 인정하기 위해서 하나님 외에 그 누구도 필요치 않다	☐

닿는 것이다. 그리고 자신만이 가진 독특한 색채를 사용해 세상을 채색할 줄 아는 것이다. 정호승의 시, "내가 사랑하는 사람"을 읽으며 고개를 끄덕일 수 있게 되는 것이다.

나는 그늘이 없는 사람을 사랑하지 않는다
나는 그늘을 사랑하지 않는 사람을
사랑하지 않는다
나는 한 그루의 그늘이 된 사람을 사랑한다

햇빛도 그늘이 있어야 맑고 눈이 부시다
나무 그늘에 앉아
나뭇잎 사이로 반짝이는 햇살을 바라보면
세상은 그 얼마나 아름다운가

나는 눈물이 없는 사람을 사랑하지 않는다
나는 눈물을 사랑하지 않는 사람을
사랑하지 않는다
나는 한 방울 눈물이 된 사람을 사랑한다

기쁨도 눈물이 없으면 기쁨이 아니다
사랑도 눈물 없는 사랑이 어디 있는가
나무 그늘에 앉아
다른 사람의 눈물을 닦아주는 사람의 모습은

그 얼마나 고요한 아름다움인가[21]

마지막으로 제안하고자 하는 자기 사랑을 위한 자기관리 방법은 '몸에 대한 자기돌봄'이다. 몸에 대한 자기돌봄의 관리 방법은 다양하고 무궁무진하다. 각종 운동기법과 다양한 식이요법, 그리고 자연과 반려 동식물을 이용한 다양한 방법 등 넘쳐나는 자기관리 방법 가운데 자신에게 가장 적절한 방법을 가려내 찾는 것은 정말 중요할 것이다.

하지만 본서에서는 몸에 대한 자기돌봄의 방안으로 두 가지를 제안하고자 한다. 먼저는 자기 자신의 몸을 어루만지거나 사랑스럽게 주무르며, "미안해, 힘들지, 고마워, 사랑해"를 따뜻하게 고백해 보는 것이다. 어느 누구에게도 듣지 못했다며 섭섭해할 필요가 없다. 자신이 자신에게 사과와 공감, 감사와 사랑을 전하는 것이다. 놀랍게도 진심으로 행하는 '자기 어루만짐'은 자신이 느끼는 통증과 아픔을 경감시키는 현상을 경험하게 한다.[22] 또 자기 주도적 삶을 살아내게 하는 용기를 고취하여 자신에 대한 패배적 생각에서 벗어나게 한다. 자기에 대한 감각, 즉 자기 집중력을 갖기 때문이다.

두 번째는 에드문드 제이콥슨Edmund Jacobson의 수정된 "점진적 근육 긴장-이완 기법progressive muscular tension-relaxation method"을 소파에 기대거나 침대에 누워 실시하는 것이다.[23] 스트레스의 상황이 극에 달해 탈진하게 되면 신체화 장애나 불안장애, 우울장애나 기분장애 등의 증상을 경험할 개연성이 커진다. 이때 "점진적 근육 긴장-이완 기법"은 '두근거림palpitations'이나 불면, 전율과 떨림 등의 증상이나 통증 등을 완화해 준다. '스트레스-증상발현-예기불안-스트레스심화-증상심화-스트레스…'라는 무한반복과 같은 악순환의 고리에 제동을 걸어 신체 항상성에 도움을 줄 수 있을 것이다.

실행 방법은 먼저 자신이 살면서 그동안 가본 곳 가운데 자신의 마음을 가장 편안하게 했던 장소를 떠올려 보자. 그리고 거기에 상상이지만 편안한 소파나 침대를 두자. 그리고 온몸에 힘을 모두 빼고 자신을 앉히거나 눕혀 보는 것이다. 실제로는 의자에 앉거나 바닥이나 침대에 누워 온몸에 힘을 빼는 것이다. 그리고 숨을 깊게 내뱉는다. 입을 열어 '후우~' 하고 숨을 2회 내뱉는다. 그런 다음 들여 마실 때는 코로, 내뱉을 때는 혀를 윗니 아랫부분에 대며 입으로 파도 소리를 내는 방식으로, 배꼽 아래를 불룩하게 했다가 집어넣는 복식호흡을 5에서 7회 실시한다. 복식호흡 후, 손을 가볍게 털며 긴장을 완화 시킨다. 또 발을 가볍게 털어 긴장을 완화 시킨다. 여기까지가 준비 단계이다. 이제 본격적인 근육 '긴장-이완'을 실시해 보자.

편안하게 눕거나 앉은 상태에서 먼저 오른손으로 주먹을 만들며 서서히 힘을 준다. 하나에서 여덟을 1초 간격으로 천천히 세며 주먹이 부르르 떨릴 때까지 꼭 쥔다. 약 2초 정도 유지한 후, 다시 여덟에서 하나까지 세며 천천히 힘을 빼 근육을 이완시킨다. 이때 굳이 주먹을 활짝 펼 필요는 없으나, 또 펴지 않을 이유도 없다. 자유롭게 하면 된다. 동일한 방법으로 왼손의 근육을 긴장-이완 시킨다. 그다음에는 오른쪽 팔 전체에 힘을 서서히 주었다가 빼며 근육을 긴장-이완 시킨다. 마찬가지로 왼손 전체에 시행한다. 그리고 오른발의 근육을 긴장-이완시키는데, 이때는 발가락을 오므리는 방식으로 진행한다. 동일한 방법으로 왼발의 근육을 긴장-이완 시킨다. 그런 다음 오른 다리 전체에 시행한 후, 왼 다리 전체에도 긴장-이완을 실시한다.

이렇게 사지四肢를 긴장-이완 기법으로 실행했다면 이제는 괄약근肛門筋肉에 힘을 줬다 빼는 방식으로 긴장-이완 기법을 천천히 실시한다. 모든 근육 긴장-이완은 하나에서 여덟을 세는데 그 속도를 빠르게 해서는 안 된다. 특히 이완시킬 때는 급작스럽게 힘을 빼지 않도록 노력해야 한다. 마찬가지 방식으로 하복부의 근육을 긴장-이완시킨다. 동일한 방법으로 가슴을 긴장-이완시킨다. 그런 다음 목과 어깨를 움츠리며 근육을 긴장-이완하는 방식으로 진행한다. 그리고 나서는 얼굴인데, 얼굴은 코를 중심으로 안면의 근육을 모으는 방식으로 한 번, 그리고 코를 중심으로 안면의 근육을 활짝 펴는 방식으로 또 한 번 긴장-이완 기법을 실행한다. 마지막으로는 머리부터 발끝까지 온몸 전체의 근육을 긴장-이완시킨다. 이렇게 실시하면, 한 세트를 완성하는 것이다.

한 세트를 마친 후, 자신의 몸과 마음의 변화 추이를 살펴보아야 한다. 가볍게 복식호흡을 하며 온몸의 힘을 뺀다. 그리고 마음속으로 이해할 수 없는 현 상황에 대해, 혹은 혼란스러운 자신의 처지에 대해, 혹 '왜?'라며 원인을 찾고자 하거나 억울한 생각에 몸서리치는 마음을 떨치고, '내가 어떤 상황에 있건, 혹은 내가 무엇을 경험하건 그럴 수 있는 거야. 그럴 수 있어'라고 되뇌자. 하나님께 모든 것을 맡기며 완전히 기대는 마음을 가져보는 것이다. '하나님께서 살리시면 살고, 죽이시면 죽지 뭐. 하나님께서는 인간과 만물의 생사화복을 그의 계획하심 아래 두셨으니, 하나님께서 알아서 하시겠지.' 믿음을 고백하는 것이다.

이와 같은 방법으로 오른손부터 시작하는 "점진적 근육 긴장-이완 기법"을 두 세트 더 실시하자. 총 세 세트를 진행한다. 모든 호흡은 코로 하는데, 특히 근육을 긴장시킬 때 호흡을 잊어서는 안 된다. 할 수 있는 한 부드럽게 복식호흡을 하려고 노력한다. 이렇게 "점진적 근육 긴장-이완 기법"을 준비부터 전체 세 세트를 진행하는데 드는 소요 시간은 대략 22-27분 정도이다.

긴장 상태에 있거나 스트레스 상황에 있을 때, 혹은 불면증으로 밤잠을 설칠 때, DSM-5에서 말하는 병리적인 우울장애나 범불안장애, 공황장애를 경험할 때, "점진적 근육 긴장-이완 기법"은 처방 약이 없는 상황에서 약물을 대신할 수 있는 효과적인 대처방식이라 할 수 있다. 특히 대략 30여 분간 지속되는 공황발작^{panic attack}의 순간, 약 25분 정도 진행하는 "점진적 근육 긴장-이완 기법"은 지혜로운 대처 방안이다. 하지만 공황발작 에피소드가 발생하는 순간 이를 실시한다는 것은 쉽지 않은 일이다. 그렇기에 예방적 차원에서 이를 일상적인 반복적 실천으로 수행하는 것은 중요하다. 위기의 순간, 몸이 기억하고 있기에 이 기법을 실행하자마자 즉각적 효과마저 경험할 수 있기 때문이다. 특히 이전에 공황발작 에피소드를 경험했기에 예기불안을 갖고 있다면, 아니 더 적극적으로 말한다면, 자신에게 다른 사람보다 불안기질이 좀 더 발달해 있다고 생각하거나, 혹은 스트레스 상황에서 불안이 느껴진다면 이를 적극적으로 활용하는 것은 좋은 대처라고 할 수 있다.

3. 한 사람의 변화, 공동체의 변화

목회상담가는 사람이다. 이를 잊어서는 안 된다. 모든 것을 할 수 없고 모든 이를 도울 수도 없다. 또한 인생 여정의 순간순간 경험하는 것들을 통해 상처받을 수밖에 없고, 그 상처에 심하게 앓기도 하고, 때로 탈진을 경험하기도 하는, 어찌 보면 무력한 존재이다. 특히 사람인 목회상담가는 죄악과 탐욕의 종노릇을 할 수도 있기에 이를 언제나 경계해야 한다^{롬 6:6; 갈 5:1; 유 1:21}.

하나님께서 이끄시는 목회상담이라 말하면서도 자신이 중심이 된 목회상담을 하는 것은 아닌지, 또 상담을 하면서 자신의 대단함을 드러내고자 노력한 적은 없는지, 내담자를 위한다고 하면서 실상은 자기 자존심과 욕심을 채우며 자신만의 바벨탑을 쌓고자 애쓴 것은 아닌지를 돌아보아야 한다. 물론 첫 마음과 첫사랑은 그렇지 않을 것이다. 바울처럼, 하나님과 내담자를 위해 고통과 고난을 자신에게 채우기까지 하려 노력했을 것이다[골 1:24]. 그러나 다른 이를 구원시키고자 시작한 일을 통해 자신을 되레 버림받게 할 수는 없기에[고전 9:26-27], 또 하나님의 성전으로서 자신을 지키는 일은 무엇보다 중요하기에[고전 3:16-17], 순식간에 빠질 수 있는 죄악과 탐욕으로부터 목회상담가인 자신을 지키는 일은 아무리 강조해도 부족하다.

그렇기에 제안한 자기 사랑에 기초한 영과 혼과 몸을 위한 전인적 자기관리의 방법론이 정답이 아닌 하나의 제안에 불과하지만, 이를 활용하여 자기돌봄을 성실하게 이루어 간다면, 목회상담가로서 보다 온전하고 건강한 목회상담을 이끌어 갈 수 있을 것이다. 한 사람이 건강해지면 그가 속한 공동체가 건강해진다. 마찬가지로 한 사람의 목회상담가가 건강하다면 그가 만나는 내담자와 공동체가 건강해질 것이다. 더 나아가 그가 속한 사회와 국가가 건강해질 것이다. 결국 목회상담가로서 자신의 온전성을 지키는 일은 이 땅에 하나님의 나라 구현을 위해 힘쓰는 일과 다름 아니다. 래리 그래함[Larry Kent Graham]의 책 제목처럼 "사람을 돌보는 것은 곧 세상을 돌보는 것"이다.[24] 시인 윤동주는 그의 시, "나무"에서 이렇게 노래했다.

> 나무가 춤을 추면
> 바람이 불고
>
> 나무가 잠잠하면
> 바람도 자오[25]

자연의 이치와 법칙을 무시하는 듯 시인의 시구는 이상하다. 그러나

시는 읽는 이의 뼈를 때리듯 심금을 울리기까지 한다. 그렇다. 나무가 춤을 추니 바람이 부는 것이다. 나무가 잠잠하니 바람이 자는 것이다. 한 사람의 변화가 공동체의 변화를 넘어 우주 삼라만상의 변화를 가능하게 하는 것임을 윤동주는 말하고 싶었던 것이다.

이는 결국 인간의 모습으로 이 땅에 오신 예수 그리스도께서 직접 보여주신 구원의 역사와 일맥상통한다롬5:12-19. 그러니 목회상담가, 그 한 사람이 중요하다. 달걀로 바위 치는 격이라며 아무 것도 아닐 것이라고, 또 아무 일도 일어나지 않을 것이라고 섣불리 실망하거나 절망해서는 안 된다. 예수 그리스도, 한 사람의 죽으심으로 모든 인생이 나음을 얻고 생명을 얻었기 때문이다사 53:4-5; 롬 5:18.

물론 목회상담가를 그리스도와 동격이라 할 수 없다. 그러나 예수의 얼을 지닌 목회상담가이기에 예수를 믿는 믿음이 그에게 있다면, 그래서 변화의 촉진자로 진실하고 건강한 온전성을 유지한다면, 어떤 이도 생각할 수 없는 일을 하나님께서 이루실 것이다눅17:6. 그러니 한 사람의 변화는 곧 공동체의 변화라 말할 수 있다. 그렇다면 목회상담가로서 자신을 건강하게 지키는 것은 우주적 사명과도 같은 것이다.

내담자의 치유, 아니 우주적 치유와 회복이라는 사명 수행을 위해 지키고 가꾸어야 할 목회상담가의 삶의 모습이 있다. 앞선 2장에서 목회상담가의 자세에 대해 자세히 논했기에 자기 사랑에 기초한 자기돌봄이라는 관점에서 살아내야 할 목회상담가의 삶의 모습에 대해 잠시 생각하고자 한다.

가. 낭만을 살다

앞선 4장에서 언급했던 단어, '학문에 대한 열망'을 일컫는 '면학심'

이라는 뜻의 '스튜디오시타스studiositas'는 중세 철학자들과 신학자들 사이에서 주목받았던 라틴어였다. 이를 분명하게 설명하기 위해 학자들은 '호기심'이라는 뜻의 단어, '큐리오시타스curiositas'와 비교했다. 쉽게 말해, '성경을 한 번 읽었기에 성경을 다 알게 되었다'라며 성경에 관한 관심을 거두어들인다면, '큐리오시타스' 즉 '호기심'이라고 생각했다. 그러나 반면 '읽고 또 읽지만 날마다 새롭다'라며 성경을 지속하여 묵상하며 하나님의 뜻에 대한 깨달음의 깊이와 넓이를 더해갈 줄 안다면, 이를 '큐리오시타스'가 아닌 '스튜디오시타스' 즉 '면학심'이라고 말해야 한다고 보았던 것이다. 그래서 '호기심'은 욕구 충족을 이루면 자신의 관심을 급격하게 거두어들이는 자기 욕심에 기인한 마음이지만, 이에 반해 '면학심'은 '사랑에 기초한 마음'이어서 연구하고자 하는 대상과 타자에 대한 지속적이며 끊임없는 관심과 애정을 갖는 마음이라고 생각했다.[26]

이러한 관점에서 본다면, 예수 그리스도의 삶과 사역은 인간에 대한 하나님의 지속적이며 끊임없는 사랑의 표현이기에 하나님의 '스튜디오시타스'가 이 세상에 드러난 것이라고 할 수 있다. 예수 그리스도는 가난과 질병, 실존의 삶에 지칠 대로 지친 사람들에게 "복되다Μακάριοι!"라고 선언하셨다마 5:3-12. 그리고 그들을 꼭 필요한 "소금"이라며, 또 세상을 비추는 "빛"이라며 어느 누구도 생각하지 못했던 새로운 해석을 내놓으셨다마 5:13-16. 목자 없는 양과 같이 고생하며 기진하는 사람들에게 "추수할 것이 많다"라고 말씀하시며 하나님을 "추수할 주인"이라고, 하나님께서 찾는 사람들을 "추수할 일꾼들"이라고 명명했다마 9:36-38. 그리고 세상이 죄인이라 말하는 사람들을 위해 십자가에서 단번에 죽으심으로 인류 구원의 길을 여셨다히 9:28, 10:10. 이처럼 그리스도는 먹는 것, 입는 것 등 인간적 욕구에 매몰된 사람들에게 시선의 확장을 권면했다. 공중의 새를 보라고, 들의 백합화를 보며, 그동안 간과해 왔던, 그러면서 아무것도 아니라고 말해왔던 것들에게 하나님의 역사하심을 발견하는 지평의 확장, 즉 미학적 해석의 장場을 여셨다^{마 6:26-34}. 이렇게 예수 그리스도는 '스튜디오시타스'를 살아내셨다.

현재는 분명 괴로울 수밖에 없다. 잠시 잠깐의 기쁨과 희열, 충족감이야 맛보겠지만, 한계를 지닌 인생이 부딪혀야 할 현실과 실존의 높은 장벽은 엄연하다. 그러니 흔들리지 않는 실존이 어디에 있겠는가. 힘겨운 발걸음 내딛지 않는 사람이 어디에 있겠는가 말이다. 문제가 없다면 그는 산 목숨이 아니다.

하지만 이러한 실존의 모습이라 할지라도, 즉 부정하고 싶은 오늘이라 할지라도 '현재'를 살아야 한다. 그리고 하나님을 '발견'할 수 있어야 한다. "하나님을 믿는 자는 반드시 그가 계신 것과 또한 그가 자기를 찾는 자들에게 상주시는 이심을 믿어야 할지니라^{히 11:6}." 이 믿음의 고백 위에, 상처 입고 모자란 자신이지만 자신을 수용하며 자신에게 주어진 현재를 사는 것이다. 그것도 씩씩하고 당당하게 말이다.

그러므로 현재를 산다는 것은 과거와 미래를 포함한 모든 시간을 용기 있게 통합하며 살아가는 '지혜σοφία'를 말한다. 과거와 현재, 미래라는 시간에 임재하시는 하나님을 인정하며, 한낱 한 그루 나무에 불과한 실존이지만 춤을 추는 것이다. 춤을 멈추면 바람이 불지 않을 것이라 여기며, '품위와 품격으로 가득한 낭만'을 사는 것이다.[27]

나. 하늘을 살다

그리스도인은 노발리스의 일상에서 숭고함을 발견한다는 낭만에서 한 걸음 더 나간다. 예수께서 병들고 연약하기에 당시 죄인이라 불렸던 사람들을 향해, 오히려 '추수할 것이 많다'라고 명명하셨던 것처럼, 고통에서 하나님의 뜻을, 연약함에서 하나님의 '지혜σοφία'를 발견할 줄 알기 때문이다고전 1:18-31. 그리스도인은 '낭만'을 넘어 '하늘'을 산다.

현실은 물론 고통에서 거룩과 숭고를 발견할 줄 아는 '하늘을 사는 사람'이 되려면 '면학심'과 같은 시선의 확장은 필수적이다. 성경은 이 시선의 확장을 '믿음πίστις'이라 말한다. 현재에서 발견할 수 없는 미래의 일임에도 사실이라 여기고, 보지 않고도 증언하겠다는, 다시 말해 하나님의 마음에 이르려는 '지혜'를 갖기 때문이다히 11:1. 그런데 이 믿음은 철저하게 자신을 해체하며 스스로 죄인이라 고백하지 못하면 경험하기 어렵다. 하나님을 발견할 수 있는 구원의 통로가 '회개'이기 때문이다고후 7:10; 벧후 3:9.

시인 이수경의 시, "미안한 마음"은 누군가의 마음에 이르는 인간 정서를 '미안함'이라고 말한다. 이 '미안함'은 '회개'와 좋은 유비analogy를 이룬다.

시골 할머니는
아버지에게
자꾸 미안하다 하신다

고생시켜 미안하고
돈 없어서 미안하고
줄 게 없어 미안하고
못해 줘서 미안하고
못 먹인 것 미안하고
어린것에게 일만 시켜

다 미안하다는 할머니는

꾸부렁한 허리

자꾸만

굽죄인다[28]

　"굽죄인다"는 시구에 담긴 두 글자, '죄인.' 스스로 죄인이라 여기며 '미안한 마음'을 갖지 못하면 사람을 볼 수 없다. 누군가를 헤아릴 수 없기 때문이다. '헤아림'은 외부로 표현되거나 드러난 모습에 마음을 빼앗기지 않는 것을 뜻한다. 섣불리 진단하거나 판단하지 않는 마음이다. 모가 난 듯 누군가를 아프게 하는 사람의 모습을 바라보며, 오히려 그 사람을 긍휼과 선대로 대할 줄 안다. 심지어 '나도 마찬가지가 아닐까'라며 자신도 발견한다.

　그렇기에 '헤아림'은 곧 지평의 확장이며 심미적 해석이 가능한 상태이다. 그래서 미안한 마음에 기초한 '헤아림'이 없다면 사람을 제대로 만날 수 없고 그 만남을 통해 성장과 성숙을 도모할 수도 없다.

　부연하자면, 때로 미안한 마음은 누군가를 망치는 것으로 작동하기도 한다. 미안하기에 모든 것을 허락하고 수용하다 보면, 그 미안한 마음을 악용해 더 많은 것을 요구하려는 못된 습성을 사람은 가지고 있기 때문이다. 심지어 요구를 넘어선 요구를 권리라 여기며 자신의 이익을 취하는 무례를 범하기까지 한다. 그러나 여기에서 말하는 '미안한 마음'은 단지 감정적 미안함이 아니다. 누군가의 상처를 치유하고 회복시키려는 의지이며, 끊임없는 '스튜디오시타스'로 사랑을 잇겠다는 결단이기 때문이다. 그래서 시인 이수경의 '미안한 마음'은 애틋한 긍휼의 마음이며, 그 마음으로 대하는 사람을 헤아리기에 '나'와 '너' 모두의 성숙과 성장을 촉진하는 것이다.

　2015년 10월 안타깝게 세상을 떠난 시인 홍윤숙은 그의 마지막 시집 마지막 부분에 담은 수필에서 '고통의 미학'에 관해 말했다. "고통, 네 덕에 여태 살았다!” 그의 말은 울림 깊은 지혜로 다가온다.[29] 가난이란 고통 덕에 더 가난한 이를 위해 자신의 가난한 지갑을 열 줄 알게 되었고, 몸이 많이 아팠기에 더 아픈 사람을 찾아가 살뜰히 보살필 줄 아는 “참사람”이 되었다는 시인의 말에서, 고통은 없애야 하는, 그래서 제거해야 하는 것이기보다는, 새로운 깨달음과 지혜를 열어주는 통로임을 깨달을 수 있다. 그런데 어떻게 고통이 지혜를 여는 열쇠로 시인에게 작동했던 것일까? 바로 시인이 가졌던 ‘미안한 마음’ 덕분이었다. 고통 전에는 보지 못했던, 아니, 보려고도 하지 않았던 자신의 냉랭함에 대한 성찰 덕분이었다. 즉 미안한 마음이 열어준 ‘헤아림’이라는 ‘지혜’는 이전에 거들떠보지 않던 사람들을 만나게 했고, 더불어 자신의 고통에 담긴 하나님의 뜻도 깨닫게 했다는 것이다. 쉽게 말해 하늘을 살게 되었다는 말이다.

　‘하늘을 산다’는 것은 ‘지금 여기’를 ‘지금 당장’ 하나님의 나라로 살 줄 아는 것을 뜻한다. 미래에 임할 하나님의 나라를 잔치하듯 살며[참15:15] 기적을 바라는 삶에서 기적을 사는 삶을 사는 것이다. 부족하고 모자라지만, 또 불편하고 눈물 나는 인생이지만 ‘자족할 줄 아는 지혜’로 ‘감사를 고백’하며 사는 것이다.

　인간은 만족을 지향한다. 그러나 만족은 염원하던 것이 채워지는 순간 느끼는 찰나적 쾌감인 충족감에 불과하다. 그것이 지속되거나 유지되는 일은 사람인 이상 절대 불가능하다. 하지만 자족은 만족과 다르다. 채워지지 않았음에도 갖게 되는 어떤 마음의 풍요를 말하기 때문이다. 따라서 성경이 말하는 ‘평안shalom’은, 무엇인가가 충족되었기에, 혹은 자신을 괴롭히던 것들이 제거 되어졌을 때 느낄 수 있는 어떤 여유로움과는 전혀 다르다. 채워지지 않더라도, 혹은 고통으로 몸부림칠 때도, 그럼에도 불구하고, 누리고 느낄 수 있는 너그러운 평강의 마음이기 때문이다. 이를 ‘자족’이라 말한다. 자족은 곧 감사의 마음이다. 하늘을 사는 듯 어떤 상황에서도 풍요

롭다. '감사해요' '고마워요'를 고백할 줄 안다. 그래서 나눌 수 있는 따뜻
함이 있다. 작은 것도 나누며 누군가의 아픔과 상처를 헤아릴 줄 안다. 지
혜에 이른 것이다. 시인 서정홍의 "동무 생각"은 '헤아림'이라는 '지혜'를
이렇게 삶으로 또 순전하게 표현했다.

아아, 이런 시원한 해물탕은
지난달에 이사 간
민영이 아버지가 좋아하는 건데

여보, 무김치 드셔 봐요
맛도 들고 맵싸한 게 정말 맛있어요
순동이 엄마가 옆에 있으면
잘 먹을 텐데

맛있는 음식을 먹을 때마다
동무 생각 저절로 난다는
아버지, 어머니 말씀을 듣고
나도 문득 동무 생각이 납니다

지난 여름 교통사고로
어머니 돌아가시고 난 뒤
오늘도 동생 슬기와
둘이서 저녁밥 먹고 있을
내 짝 슬찬이 생각이 납니다[30]

다. 작은 기쁨과 친해지다

현대 문명 세계를 사는 사람들이 마치 신기루를 좇듯 추종하는 원칙 한 가지는 어떤 '분명한 답'을 찾기 위해 목숨 걸듯 매달려야 한다고 생각하는 것이다. 자신의 인생에 대해서는 물론 우주에 존재하는 모든 것, 즉 삼라만상森羅萬象에 대해 '왜?'라는 질문에 확실한 정답을 찾지 못한다면 분명 실패하고 퇴보한다고 생각하기 때문이다. 이러한 인식에 기초해 문화를 만들고 문명을 발전시킨다. 심지어 종교 역시 그렇게 접근한다. 확실한 답, 정확한 분석, 분명한 제안 등 모든 것이 불확실한 과거와 현재, 미래에 대한 해법을 추구한다.

하지만 '분명한 정답 추구'에 매달린 현대 문명에 의문을 표하는 학문이 '신학'이다. 신학은 믿음과 기독 신앙이라는 형이상학적이며 추상적 특성 위에 세워진 논리적이며 지성적인 학문체계이며, 동시에 지성적 학문체계임을 자부하는 과학과 또 그 과학을 추종하는 문명 세계에서 '신적 진리'라는 신비를 탐구하는 역동적이며 창조적인 학문이다. 딱딱함을 추종하는 세상에서 말랑말랑함을 외치는 학문이다. 따라서 신학은 과학적으로 또 통계적으로 구체적이며 분명한 것을 지향하는 학문만은 아니다. 오히려 보이지 않는 것으로 드러나지 않은 진리를 말하는 학문이다히 11:1-3. 그래서 신학은 일견 '모호함의 학문the study of obfuscation'이다. 그러나 바로 이러한 점에서 신학이야말로 모호한 인간의 인생에 가장 적합한 학문이라고 역설적으로 말할 수 있다. 사람의 삶은 모호하고 신비하다. 가늠할 수 없고 예측할 수도 없다고전 10:2; 전 1:2-18. 그렇다면 모호한 인생, 그래서 신비한 삶에 신비한 신앙의 기반 위에 세워진 신학은 안성맞춤의 학문이다.

목회상담도 마찬가지이다. 목회상담은 하나님을 구한다. 그래서 혼돈과 어두움을 지향한다. 어디에서나 일하실 무소부재無所不在의 하나님이시지만, 사람의 관점에서 그곳이 하나님을 더욱 분명하게 발견할 수 있는 시공^{時空}이기에, 혼돈과 어둠에서 조화와 질서, 빛과 생명을 빚으시는 창조주 하나님을 찾고자 한다. 목회상담이 불안을 지향하고 혼란함과 모호함을 당연하게 여기는 이유이다. 과학적인 판단과 객관과 합리를 추종하려는 생각을 내려놓고 하나님의 이끄심과 일하심을 구한다.

일견 이러한 목회상담을 뜬구름을 잡고자 하는 것이라고, 또 환상을 좇고 신기루를 향해 뛰어가는 것과 같다고 비판할 수 있다. 그러나 이는 인간 실존에 대한 더욱 안성맞춤인, 또 보다 현실적인 접근 방법론이라고 할 수 있다. 이 땅에 두 다리를 디디고 사는 인간 실존이지만 동시에 하늘을 디디며 살 줄 아는 현존재라는 인식으로 사람을 만나기 때문이다. 그러므로 목회상담은 현실을 신적 신비와 잇대어 실존의 삶을 더욱 현실적으로 살아내도록 이끄는 학문이다. 살아계신 하나님께서 어제를 이끄셨듯 오늘도 내일도 반드시 잘해주실 것이라는 믿음으로 평범과 일상을 감탄하며, 더 나아가 심지어 고통과 상처를 데리고도 살 줄 알며 경이와 경탄을 멈추지 않는, 그래서 지혜의 학문이다.

우리의 삶에 지장을 주는 심리적 외상과 병리적 증상은 단기간에 이루어진 어떤 충격의 여파이기도 하지만, 상당 부분 오랜 세월에 걸쳐 형성된 심리적 결과물들일 때가 많다. 이 때문에 방어기제의 활동과 함께 숨겨진 심리적 상처의 움직임을 조급한 마음으로 해소하거나 해결하려 애써서는 안 된다. 오히려 치유를 향한 느긋하며 넉넉한 자세가 필요하다. 이를 위해 목회상담을 하는 것이다. 치유에 대해 느긋해지거나 넉넉해지라는 말은 치유를 염원하지 말라는 말이 아니다. 그 염원을 조급함으로 채우지 말고, 앞이 보이지 않는 염원을 그냥 살자는 말이다. 그리고 일상을 기적이라 명명하며 고통을 '인식^{appreciation}'하며 살자는 말이다. 젖은 눈으로 더욱 또렷해지는 하나님을 발견할 줄 아는 지혜를 살아내자는 말이다. 그러므로 목회상담은 단순하게 문제 해결로서 치유를 추종하는 학문이 아니다. 일상과 평범, 심지어 고통에 대해 감동하자는 학문이다. 시인 이해인의 시처럼, "작은 기쁨들과 친해"지고자 하는 학문이다.

사랑의 먼 길을 가려면
작은 기쁨들과 친해야 하네

아침에 눈을 뜨면
작은 기쁨을 부르고
밤에 눈을 감으며
작은 기쁨을 부르고

자꾸만 부르다 보니
작은 기쁨들은
이제 큰 빛이 되어
나의 내면을 밝히고
커다란 강물이 되어
내 혼을 적시네

내 일생 동안
작은 기쁨이 지어준
비단 옷을 차려입고
어디든지 가고 싶어
누구라도 만나고 싶어

고맙다고 말하면서

즐겁다고 말하면서

자꾸만 웃어야지[31]

여전히 문제에 휘둘리는 자신을 발견할 수도 있고, 극복했다고 여겼음에도 이전과 똑같은 아픔과 고통을 쓰나미처럼 또다시 경험할 수도 있다. 사람이 그러하며 인생이 그러하다. 그러나 생각해 보라. 0.1도의 차이라 할지라도 수천 킬로미터를 날아가는 비행기는 전혀 다른 목적지를 향해 날아간다. 마찬가지로 인생의 먼 길을 걸어가야 하는 실존으로서 필연적으로 만나야 하는 일상과 자신의 의지와 상관없이 마주하게 되는 고통 속에서 아주 작은 것에도 감사를 발견하고 그 경이로움에 감동할 줄 안다면 치유는 이미 이루어진 것은 아닐까? 하루에 한 번도 하나님께서 살아계심을 생각하지 못했던 삶에서 던 한 번이라도 하나님의 살아계심을 느낄 수 있다면 삶의 문제가 여실하더라도 치유는 이미 임한 것이다.

그러므로 목회상담가, 그는 0.1도의 미미한 변화지만, 아니 어쩌면 조금도 변화가 없다고 여겨지는 삶이지만, '인식appreciation'과 '상상envision'의 눈으로 내담자를 만나고 세상을 사는 사람이어야 한다. 그렇게 살아내기로 했기에 젖은 눈과 한숨 가득한 입으로 '우와!' '이야!' '사랑합니다!'를 고백하는 치유를, 지금 여기에서, 지금 당장, 살아내는 사람이어야 한다.

4. 읽어 볼 책과 논문

이상억. 『백번의 위로, 사랑합니다』. 대전: MCI, 2021.

_____. "불안한 시대를 위한 지혜로서 노년에 대한 목회신학적 고찰." 『교회와 신

학』81 (2017. 2), 244-64.

_____. "목회자의 탈진 예방을 위한 자기 돌봄의 목회상담방법론 제언."『장신논단』50-5 (2018. 12), 195-222.

_____. "뉴노멀(New Normal) 시대의 불안정서 돌봄을 위한 제언."『목회와 상담』35 (2020), 108-35.

이해인.『작은 기쁨』. 파주: 열림원, 2008.

장영희.『내 생애 단 한 번』. 서울: 샘터, 2005.

전미정.『상처가 꽃이 되는 순서』. 고양: 위즈덤하우스, 2009.

정연득. "추방된 타자의 회복을 위한 목회신학."『장신논단』49-4 (2017. 12), 251-81.

최인철.『나를 바꾸는 심리학의 지혜: 프레임』. 파주: 21세기북스, 2007.

Capps, Donald. *Deadly Sins and Saving Virtues*. 김진영 역.『대죄와 구원의 덕』. 서울: 한국장로교출판사, 2008.

_____. *The Decades of Life: A Guide to Human Development*. 오은규, 김상만, 김태형, 오원웅 역.『열 번의 성장』. 서울: 학지사, 2021.

Frankl, Viktor E. *Man's Search for Meaning*. 이시형 역.『죽음의 수용소에서』. 파주: 청아출판사, 2007.

Gilbert, Daniel. *Stumbling on Happiness*. 서은국, 최인철, 김미정 역.『행복에 걸려 비틀거리다』. 파주: 김영사, 2006.

Kübler-Ross, Elisabeth, and David Kessler. *Life Lessons: Two Experts on Death and Dying Teach Us About the Mysteries of Life and Living*. 류시화 역.『인생 수업』. 파주: 이레, 2006.

Yalom, Irvin D. *Staring at the Sun: Overcoming the Terror of Death*. 임경수 역.『태양을 직면하기』. 서울: 학지사, 2016.

Yancey, Philip, and Paul Brand. *Fearfully and Wonderfully Made*. Grand Rapids: Zondervan, 1997.

けんぞう, みずの. 感謝はご飯です. 박소금 역.『감사는 밥이다』. 서울: 선한청지기, 2014.

樹, 内田. 寝ながら学べる構造主義. 이경덕 역.『푸코, 바르트, 레비스트로스, 라캉 쉽게 읽기』. 서울: 갈라파고스, 2010.

에필로그

　　책을 열린 상태로 마무리했습니다. 아무래도 해야할 말이, 또 하고 싶은 말들이 참 많이 있어 아무래도 책을 나누어야겠다고 생각했기 때문입니다. 책을 통해 많은 말을 했는데도 더 자세하게 더 많은 말로 표현했어야 했다는 아쉬움이 큰 것을 보니 소위 '꼰대'가 되어가나 봅니다. '꼰대'는 원래 말뜻과 상관없이 권위주의적인 사고방식을 가진 사람을 뜻하게 되었지만, '선생님을 뜻하는 은어이자 별칭'인 본말 뜻을 따라 '꼰대 예찬'을 하자면, 아무래도 목회상담 선생으로 이것도 말하고 싶고 저것도 말하고 싶었던가 봅니다. 그래서 이곳에 담지 못한 많은 말들은 다음 책에 담아야겠다고 생각했습니다.

　　게다가 이대로 좋다고 생각한 데에는 몇 가지 이유가 있었습니다. 먼저는 목회상담이 무엇인지 정의하고, 목회상담가의 자세에 대해 논했으니 이만하면 되었다 싶었습니다. 둘째는 목회상담학의 정체성을 세우는 학제성interdisciplinarity에 관해 설명하며 제가 가진 학제성을 제시하고 이 책을 읽는 전공생들도 저처럼 해 보라고 권면했으니 또 이것으로 되었다 생각했습니다. 그리고 마지막으로는 목회상담가로서 자신을 관리한다는 것이 무엇인지 또 그 방향성은 어떠해야 할지에 대해 제안했으니 이것으로 족하다 싶었습니다. 그래서 여기에서 멈추었습니다.

이 책의 초반에 밝히기도 했지만, 제게는 '아름다움'이 참 중요한 주제입니다. 하나님께서 아름답게 지으신 세상, 그리고 아름답게 여기시는 사람! 그 세상과 사람을 아름답게 만나야 한다고 생각했기에, 상황과 처지와 상관없이 아름다움이란 가치를 가진 세상이며 존재임을 선포해야 한다고 생각했기에, '목회상담하기^{doing pastoral counseling}'를 하고 삽니다. 그래서 제게 '아름다움' 곧 '미학'이라는 말은 "하나님이 세상을 이처럼 사랑하사 독생자를 주셨으니 이는 그를 믿는 자마다 멸망하지 않고 영생을 얻으리로다^{요3:16}"라는 말씀에 담긴 '하나님의 시선'과 다름이 아닙니다. 하나님의 시선으로 세상과 사람을 바라보고 기뻐하고 즐거워하는 것, 그것을 '미학'이라는 말에 담아 '미학적 목회상담학' 혹은 '미목'이라고 부르고 싶었던 것입니다.

추함과 비극미, 비장미 등을 모두 포함한 미학의 태도로 하나님께서 우리를 또 세상을 사랑하고 계시니, 목회상담의 현장에서 마음 무너지는 일을 경험하더라도 미학의 자세를 잃지도 잊어버리지도 않아야겠다고 생각했습니다. 그러니 앞으로 이어지는 책들도 아름다움 곧 미학적 관점에서 상담목회, 정신역동이론, 정신병리 등의 주제들을 살펴보면 어떨까를 생각해 봅니다. 힘들겠지만 하나님께서 이 일을 이루게 하실 줄 믿습니다.

한 가지 밝히는 것은 이 책에서 소개된 그림들은 Olga's Gallery 웹사이트의 "Terms of Use"를 따라 소개되었으며, www.abcgallery.com의 그림 사진들을 사용했다는 사실입니다. 또 제가 쓴 논문의 내용들을 발췌 및 대폭 수정하여 일관성 있게 책을 새롭게 구성하였다는 사실을 밝힙니다. 책의 가독성을 위해 일일이 출처를 미주에 담지 못하는 실수가 있을 수 있습니다. 하지만 각 장의 마지막 부분에 읽어 보면 좋겠다며 소개한 제 논문과 참고문헌을 밝히는 것으로 대신하고자 합니다.

이 책이 나오기까지 제 삶의 여정을 돌아봅니다. '목회상담 나라'를 세운다며 돌아다닌 보잘것없는 인생이지만, 보석 같은 사람인 듯 언제나 환한 얼굴로 환대하는 사랑하는 아내와 두 아들, 그리고 늘 눈물로 기도해 주시는 부모님과 애틋하고 든든한 대전과 일산의 가족들, 또 현시대와 한국교회, 우리나라를 위해 함께 고민하며 기도하는 또 다른 가족인 교수 및 직원 선생님들과 제자들께 마음 깊은 감사를 드리고 싶습니다. 또한 한마음으로 목회상담과 목회신학을 바르게 세우고자 애쓰고 있는 각 신학대학교와 기독교대학에서 일하고 계신 동료들께도 감사를 드리고 싶습니다. 참 고맙습니다. 여러분 덕에 저라는 사람이 존재합니다. 그리고 마지막으로 저를 지으시고 이끄시고 동행하시며 언제나 잘해주시는 하나님께 감사와 영광을 올려드립니다. 사랑합니다.

2025년 3월 4일
광나루 선지동산 연구실에서
美牧 이 상 억 올림

미주

제 I 장. 목회상담에 대한 사유(pensées)

1 이상억, 『꽃보다 아름다운 사람이야기』(서울: 생명의 말씀사, 2009), 11.

2 Jürgen Moltmann, *The Trinity and the Kingdom*, trans. Margaret Kohl (Minneapolis: Fortress Press, 1993), 209-212.

3 Donald Capps, "A Sympathetic World: William James' Significance for Pastoral Theology," *International Journal of Practical Theology* 4 (2000), 62-89.

4 James N. Poling, *The Abuse of Power: A Theological Problem* (Nashville: Abingdon Press, 1991)을 읽어 볼 것을 추천한다.

5 이철환, 『반성문』(서울: 랜덤하우스, 2007), 32.

6 미의 유형에 대하여는 조요한, 『예술철학』(서울: 미술문화, 2003), 113-130의 내용을 읽어 볼 것을 제안한다.

7 한 가지 점에서 분명히 해야 할 것이 있다. 철학적 탐구로서 미학은 인간 사고와 인식의 확장이라는 깨달음을 향한 학문적 활동이지만, 기독교 미학은 인간을 지으신 창조주 하나님(창1:31; 시149:4; 전3:11)으로부터 출발하기에 그 의미와 양상이 다르다. 하지만 아름다움 그 자체에 대한 인식적 맥락은 일반 미학이나 기독교 미학 모두 하나의 인식으로 귀결되기에 어떤 통일성을 가진다고 볼 수 있다. 아름다움을 단순한 오감(五感)이라는 감각적 차원과 연결 짓는 것이 아니라, '추함'으로 표현할 수 있는 실존의 고뇌와 아픔, 비극적 현실과 슬픔, 절망적 죄악을 포함하여 우주적 삼라만상의 행태가 무엇이든 그 안에서 발견할 수 있는 정수(精髓)로서 아름다움으로 이해하고 있기 때문이다.

8 사람 자체가 아름답기에, 혹은 인간에 대한 막연한 희망을 갖기에 아름답다고 말하는 것이 아니다. 기독교 신학은 아름다움의 모체(matrix)인 하나님께서 인간에 대해 희망하고 계시기에 아름다운 존재라고 말한다. 희망의 대리인으로서 목회자가 인식해야 할 희망의 본질에 대하여는 Donald Capps, *Agents of Hope: A Pastoral Psychology* (Eugene: Wipf and Stock Publishers, 1995), 1-7을 읽어 볼 것을 제안한다.

9 '향유'와 '인식'을 구분한다는 것은 쉽지 않다. 모두 상징계와 실제 사이의 긴장 속에서 주체가 경험하는 강렬한 만족과 고통의 역설적인 혼합으로 이해할 수 있기 때문이다. 그러나 필자의 용어인 '인식'은 이에 더해 주체의 '감상'과 '감사'를 통한 인식의 확장으로서 '누림'과 '깨달음'의 의미를 담고 있기에 영어 단어 'appreciation'으로 표현하고자 한다. 따라서 '향유'가 상담심리학에 있어 라캉(Jacques Lacan)의 'jouissance'의 개념으로 번역되고 있기에 독자의 혼동을 방지하는 차원에서, 이후로는 모두 '인식'으로 표기하고자 한다. 그러므로 '인식' 즉 'appreciation'이란 정신분석적 용어로서 라캉의 인식과 결이 비슷하지만, 더 나아가 정화(catharsis)와 누림, 혹은 깨달음을 통한 수용의 상태와 연결되는 감사의 의미를 담는 개념이라고 말할 수 있다. 'appreciation'에 대해서는 특히 4장(章)에서 자세하게 설명하고자 한다.

10　이지훈,『존재의 미학』(서울: 이학사, 2009), 123.

11　"mitmenschlichkeit"는 칼 바르트(Karl Barth)의 용어로서 '인간다움' 또는 '타인에 대한 인간적인 배려'를 의미한다. 타인에 대한 공감, 연대, 인격적 친절함, 도덕적인 책임감 등을 나타내는 단어인데, 이 책에서는 '내담자 혹은 타자에 대한 성숙한 함께함'의 뜻으로 사용하고자 한다. 이에 대해 자세한 내용은 Karl Barth, *Die Menschlichkeit Gottes*, 신준호 역,『하나님의 인간성』(서울: 새물결플러스, 2017)을 탐독할 것을 제안한다.

12　정연복, (2011년 3월 14일), "바보에 관한 시모음," [On-line], http://www.dangdangnews. com/news/quickViewArticleView.html?idxno=16902, [2024. 12. 31. 접속].

13　정현종,『사랑할 시간이 많지 않다』(서울: 문학과 지성사, 2018), 9.

14　정현종, "작은 국화분 하나,"『갈증이며 샘물인』(서울: 문학과 지성사, 2004), 75.

15　"실존적인 인간 이해의 관점에서 미학적 목회상담학은 인간이 가진 한계를 긍정한다. 그러나 이는 단순한 긍정이 아니다. 인간의 한계가 폐부 깊숙이 느껴지는 가슴 아픔임을 부정하지 않기 때문이다. 그러나 이때 느껴지는 아픔은 단순한 통증만은 아니다. 초월이라는 인간의 또 다른 인간성에 대한 희망을 잉태하고 출산하게 하기 때문이다. 초월이라는 희망은 그러나 망상이나 환상이 아니다. 철저히 존재론적 실존임을 부정하지 않는 인식 위에서 갖는 희망이기 때문이다 [이상억, 김태형, 유영순, "미학적 목회상담학의 가능성에 대한 연구,"『목회와 상담』17 (2011. 11), 183].

16　Rollo May, *The Courage to Create*, 안병무 역,『창조성의 정신분석적 접근: 창조와 용기』(서울: 범우사, 1999), 133.

17　"만남의 체험은 그것과 함께 불안이 따라오게 되어있다… 나는 '놀고 있는' 때를 제외하고 시를 쓸 때에는 언제나 불안을 체험한다. 이 노는 것이란 불안이 일반적으로 괄호 속에 넣어진 만남이라고 정의될 수 있을지도 모른다. 성숙한 창조성의 경우에는 만약 그 예술가가 창조적인 작업 속에서 즐거움을 체험하려고 생각한다면 불안에 직면하지 않으면 안 되는 것이다" [Rollo May,『창조성의 정신분석적 접근: 창조와 용기』, 131]. 작가 이철환 역시 그의 책,『보물찾기』에서 이렇게 말했다. "저는 문학을 잘 모릅니다. 문학에 전부를 걸었지만, 문학은 아직도 제게로 오지 않았습니다. 집중력이 떨어질까 봐, 글을 쓸 때는 아무것도 먹지 않았습니다. 물만 몇 통씩 마시며 온종일 글을 썼습니다. 해가 지고 어둠이 내릴 때, 아침을 먹은 적도 여러 번 있었습니다" [이철환,『보물찾기』(서울: 꽃삽, 2006), 15-16].

18　Paul Tillich, *The Courage to Be*, 차성구 역,『존재의 용기』(서울: 예영커뮤니케이션, 2004), 179.

19　류시화,『사랑하라 한 번도 상처받지 않은 것처럼』(서울: 오래된 미래, 2005), 143.

20　위의 책, 138.

21　이상억, "상담관계 형성을 위한 목회상담가의 자세 연구"『목회와 상담』39 (2022.11), 84-87.

22　데보라 헌싱어(Deborah van Deusen Hunsinger)는 451년 칼케돈공의회에서 결정된 예수 그리스도의 인성과 신성의 조화를 담은 칼케돈 양식(Chalcedonian patterns)을 신학과 심리학의 학문 간 대화의 특징으로 규정하였다 [Deborah van Deusen Hunsinger, *Theology and Pastoral Counseling: A New Interdisciplinary Approach*, 이재훈, 신현복 역,『신학과 목회상담: 새로운 상호학문적 접근』(서울: 한국심리치료연구소, 2000), 3장].

23　Martin Buber, *Ich und Du*, 김천배 역,『나와 너』(서울: 대한기독교서회, 2020), 11-21.

24　기쁨, 환희, 희열, 황홀감, 사랑과 같은 감정들이 혼재된 개념으로서 행복에 관해 연구한 책,『행복』에서 리즈 호가드(Liz Hoggard)는 행복이 쾌락과 다름을 분명하게 구별했다. 도파민 생성을 위해 쾌락에 의지하는 젊음의 세월이 지나고 나이가 들면, 오히려 행복이 무엇인지 또 어떤 것인지를 분명히 알게 된다고 보았다. 결론적으로 호가드에 의하면, 행복이란 함

께 하지만 독립적인, 독자적 자유를 누리지만 서로를 인정하고 존중하는, 다름의 집합 속에서 조화와 질서를 누리는 공동체를 형성할 때 가능하다고 보았다 [Liz Hoggard, *How to be Happy: Lessons from Making Slough Happy*, 이경아 역, 『행복』(서울: 예담, 2006), 34].

25 Peter N. Novalis, Stephen J. Rojcewicz, and Roger Peele, *Clinical Manual of Supportive Psychotherapy*, 박민철 역, 『지지 정신치료』(서울: 하나 의학사, 1999), 44.

26 이현주, "설명할 수 없는 나의 인생은," 『뿌리가 나무에게』(서울: 종로서적, 1989), 78.

제 II 장. 목회상담가의 정체성

1 융합을 통섭으로도 표현할 수 있는데, 연구자가 의미하는 융합의 개념은 Edward O. Wilson, *Consilience: The Unity of Knowledge*, 최재천, 장대익 역, 『지식의 대통합, 통섭』(서울: 사이언스북스, 2012)에 잘 드러나 있다.

2 Tricia McCary Rhodes, *Sacred Chaos*, 최규택 역, 『거룩한 혼돈』(서울: 그루터기 하우스, 2009), 75.

3 필자의 생각을 정답과 같은 진리라고 말할 수는 없으나, 많은 경우 인간 실존의 존재론적 양상을 나타낸다고 여기기에 가끔 언급하는 말이 있다. "마른 눈으로는 세상은 잘 보이지만 하나님은 잘 안 보인다. 하지만 젖은 눈으로는 세상은 흐리게 보이지만 하나님은 또렷하게 보인다." 물론 하나님은 전지전능하시고 무소 부재하시기에 어디에서나 역사하시고 일하실 테지만, 인간인 우리의 관점에서 하나님께서 좀 더 활발하게 일하시는 것처럼 보이는 공간과 환경은 아무래도 혼돈과 어둠이다. 그래서 성경 창세기서의 창조 기사에도 창조 직전의 세상이 어둠과 혼돈이었다며 은유적으로 표현하고 있는 것이다. 인간 실존의 관점이 그러하다면 목회상담의 전 과정을 통해, 하나님을 더욱 확실하게 경험할 수 있는 장(場)으로서 불안과 어둠의 장(場)을 조성한다는 것은 당연하다.

4 Bill Turpie, *The Great Preachers*, 김대웅 역, 『위대한 설교자 10인을 만나다』(서울: 브니엘, 2009), 232.

5 책을 읽는 독자로서 '도대체 어떻게? 왜?'라는 질문이 떠오르며, 신비하게까지 여겨지는 현상에 대한 풀이를 요구하려는 마음을 잠시 그대로 둘 수 있기를 바라는 것은, 이어지는 이 책의 내용에서 분명히 발견하고 찾을 수 있을 것이기 때문이다. 또 잠시 책을 읽는 독자로서 자신을 혼란함에 내버려두는 용기를 가져보는 것이 어떨까 싶은 필자의 의도가 내포되어 있기에 추가 설명을 중단하는 것이 더 좋겠다고 생각한다. 독자 입장에서 이러한 필자의 태도가 불친절하게 느껴질 테지만 말이다.

6 최일만, "존재와 후설의 현상학: 존재에 대한 지향의 독립성 문제를 중심으로," 『철학논구』 36 (2008), 179.

7 이러한 심리내적 역학에 대하여는 지그문트 프로이트의 "두려운 낯설음(Das Unheimliche)" 을 읽어 볼 것을 추천한다. Sigmund Freud, *Kunst und Literatur: Ein Psychoanalytischer Versuch*, 정장진 역, 『예술, 문학, 정신분석』(서울: 열린책들, 2003), 401-52.

8 해체를 위한 자기분석을 이해하기 위해, Donald Capps, *Pastoral Care and Hermeneutics*, 김태형 역, 『목회돌봄과 해석학』(청주: MCI, 2018)과 김용민, 『해석학적 목회상담』(대전: 엘도론, 2011)을 읽어 볼 것을 제안한다. 특히 독자와 텍스트 관계에 대한 장르와 은유, 상징을 전형상화, 형상화, 재형상화의 과정으로 이해하고자 한 리쾨르의 해석학을 이해하고자 한다면, Karl Simms, *Paul Ricoeur*, 김창환 역, 『해석의 영혼, 폴 리쾨르』(서울: 앨피, 2009)를 읽어 볼 것을 추천한다.

9 Rollo May, 『창조성의 정신분석적 접근: 창조와 용기』, 59.

10 Christopher Bollas, *The Evocative Object World*, 이재훈 역, 『환기적 대상세계』(서울: 한국심리치료연구소, 2010)을 읽어 볼 것을 제안한다.

11 Howard Clinebell, *Basic Types of Pastoral Care and Counseling* (Nashville: Abingdon Press, 1984)를 읽어 볼 것을 추천한다.

12 Archie Smith Jr., "Look and See If There Is Any Sorrow Like My Sorrow: Systemic Metaphor for Pastoral Theology and Pastoral Care," *Word and World* 21 (2001), 5-15를 탐독할 것을 제안한다.

13 이 부분과 묵상가로서 목회상담가에 대한 자세한 이해를 위해, 이상억, "도파밍 시대에서 '목회상담하기'를 위한 미학적 자세," 『목회와 상담』 43 (2024.11), 119-23의 내용을 읽어 볼 것을 제안한다.

14 언급한 심리역학은, Sigmund Freud, *Hemmung, Symptom und Angst*, 황보석 역, 『정신병리학의 문제들』(서울: 열린책들, 2003), 207-306: "억압, 증상, 그리고 불안"이 잘 설명하고 있다.

15 Rollo May, 『창조성의 정신분석적 접근: 창조와 용기』, 76.

16 정현종, "방문객," 『섬』(서울: 문학판, 2015), 33.

17 Jacques Derrida, *De l'hospitalité*, 남수인 역, 『환대에 대하여』(서울: 동문선, 2004), 28, 103.

18 Gilles Deleuze, *Difference et Repetition*, 김상환 역, 『차이와 반복』(파주: 민음사, 2004), 5-6장과 유정호, 조한, "질 들뢰즈의 '생성 혹은 되기' 개념을 통한 현대 건축의 경계에 관한 연구," 『대한건축학회 학술발표대회 논문집』 27-1 (2007.10), 364의 내용을 확인할 것을 제안한다.

19 Donald Capps and Jean Fowler, *The Pastoral Care Case: Learning About Care in Congregations*, 김태형 역, 『돌봄의 목회현장 이야기』(서울: 장로회신학대학교출판부, 2018), 18.

20 위의 책, 86-89.

21 "향유(jouissance)"의 철학적이며 정신분석학적인 의미에 대해서는 황순향, "구조와 의식의 문제: 프로이트, 라깡, 들뢰즈와 가타리, 그리고 지젝 이론을 중심으로," 『철학논총』 84-2 (2016), 396-400을 읽어 볼 것을 추천한다.

22 사유에 관한 이해를 위해 김동한, "하이데거의 존재 사유에서 '시작(Dichten)'과'사유(Denken)' 관계: 우위관계의 문제를 중심으로," 『철학연구』 169 (2024.02), 29-64를 정독할 것을 제안한다.

23 윌리엄 제임스(William James)는 "낙관주의적 성품"에 경도된 세상에서 "고뇌하는 영혼"들이 지닌 우울이 여는 세상의 특징을 단조로운 무채색이 아닌 아름다운 지혜로 가득한 것이라고 강조하였다. [William James, *The Varieties of Religious Experience*, 김재영 역, 『종교적 경험의 다양성』(파주: 한길사, 2005), 206-212]. 도널드 캡스(Donald Capps)는 더 나아가 슬픔과 우울이야말로 인간을 형성하는 중요한 기질이며 지혜에 이르게 하는 요소라고 보았다. [Donald Capps, *Men, Religion, and Melancholia: James, Otto, Jung, and Erikson* (New Haven: Yale University Press, 1997), 68-75].

24 현창학, "시편해석의 원리 II: 탄식시의 분석," 『신학정론』 37-1 (2019.6), 289.

25 필자는 이것을 예수께서 말씀하신 "네 이웃을 네 자신과 같이 사랑하라(막12:31)"라는 말씀을 실천하는 것이라고 본다. [이상억, "치유에 대한 분석적-비평적 이해의 관점에서 바라본 목회상담의 정체성 연구," 『장신논단』 30 (2007.12), 328-37].

26 John Climacus, *The Ladder of Divine Ascent*, 최대형 역, 『거룩한 등정의 사다리』(서울: 은성출판사, 2006), 49-50, 54.

27 위의 책, 325-326.

28 Robert Root-Bernstein, Michèle Root-Bernstein, *Sparks of Genius: The Thirteen Thinking Tools of the World's Most Creative People*, 박종성 역, 『생각의 탄생』(서울: 에코의 서재, 2007), 69- 71.

29 Paul Tournier, *Face à la Souffrance*, 오수미 역, 『고통보다 깊은』(서울: IVP, 2004), 98.

30 정현종, "어떤 성서," 『갈증이며 샘물인』(서울: 문학과 지성사, 2004), 15.

31 도종환, "바람이 오면," 『사람의 마을에 꽃이 진다』(서울: 문학동네, 2006), 20.

32 Jürgen Moltmann, *Theologie der Hoffnung*, 전경연, 박봉근 역, 『희망의 신학』(서울: 현대사 상사, 1973), 14.

33 위의 책, 19.

34 위의 책, 35.

35 Andrew D. Lester, *Hope in Pastoral Care and Counseling*, 신현복 역, 『희망의 목회상담』(서 울: 한국심리치료연구소, 2003), 119.

36 제임스 로더(James E. Loder) 역시, "그리스도교 신앙의 견지에서 볼 때, 한 맥락에서 다른 맥락으로 전위되어 나타나는 변형들은, 각 상황의 특성들을 유념한다면, 모두 하나의 결정 적인 변형, 즉 그것을 통해서 우리가 그리스도를 알게 되는 변형을 반영하는 인식의 한 형 태인 것이다. '로고스(요:11)'로서의 그리스도는 모든 질서의 궁극적 기반이며, 그렇기 때 문에 변형을 올바르게 이끌 수 있는 하나의 질서가 된다"라고 주장했다. [James E. Loder, *The Transforming Moment*, 이기춘, 김성민 역, 『삶이 변형되는 순간』(서울: 한국신학연구소, 1992), 109-110].

37 '카오스모스(chaosmos)'의 개념을 처음 언급한 사람은 프랑스의 철학자이며 정신분석가였 던 미셸 세르(Michel Serres)였다. 그에 의하면 카오스모스는 "비켜감" 혹은 "창조적 혼돈"의 의미로 "무질서를 야기함으로 모든 것을 창조하는" 유체 동력학과 잇대어 있는 개념이다. 이를 이해하기 위해, Gilles Deleuze, Félix Guattari, *Qu'est-ce que la Philosophie?* 이정임, 윤 정임 역, 『철학이란 무엇인가』(서울: 현대미학사, 1995), 295의 내용과 Pascal Picq, Jean-Di- dier Vincent, Michel Serres, *Qu'est-ce que l'humain?*, 배영란 역, 『인간이란 무엇인가』(서울: 알마, 2009), 3장의 내용을 읽어 볼 것을 제안한다.

38 이병철, 『당신이 있어』(서울: 민들레 출판사, 2007), 86.

39 Dietrich Bonhoeffer, *Freiheit zum Leben*, 정현숙 역, 『정말 기독교는 비겁할까?』(서울: 국제 제자훈련원, 2011), 72-73.

40 Donald Capps, *The Decades of Life: A Guide to Human Development*, 오은규, 김상만, 김태 형, 오원웅 역, 『열 번의 성장』(서울: 학지사, 2021), 19-24.

41 위의 책, 55.

42 위의 책, 56.

43 Andrew D. Lester, 『희망의 목회상담』, 169.

44 Dietrich Bonhoeffer, 『정말 기독교는 비겁할까?』, 18-19.

45 Martin Seligman, *Authentic Happiness*, 김인자 역, 『긍정심리학』(안양: 물푸레, 2011), 167- 173.

46 "우리는 늘 어떤 시대, 어떤 지역, 어떤 사회집단에 속해 있으며 그 조건이 우리의 견해나 느 끼고 생각하는 방식을 기본적으로 결정한다. 따라서 우리는 생각만큼 자유롭거나 주체적 으로 살고 있는 것이 아니다. 오히려 대부분의 경우 자기가 속한 사회집단이 수용한 것만을

선택적으로 '보거나, 느끼거나, 생각하기' 마련이다. 그리고 그 집단이 무의식적으로 배재하고 있는 것은 애초부터 우리의 시야에 들어올 일이 없고, 우리의 감수성과 부딪히거나 우리가 하는 사색의 주제가 될 일도 없다." [內田 樹, 寝ながら学べる構造主義, 이경덕 역, 『푸코, 바르트, 레비스트로스, 라캉 쉽게 읽기』(서울: 갈라파고스, 2010), 27].

47 "되어보기"의 의미와 본질에 대한 이해를 위해서는 앞서 어급한 Gilles Deleuze, 『차이와 반복』을 정독할 것을 제안한다.

48 "우리는 필연적으로 우리 자신에게 이방인으로 남는다. 우리는 우리 자신을 이해하지 못한다. 우리는 우리 자신을 오해하고 혼동할 수밖에 없다. '모든 사람은 자기 자신에 대해서 가장 먼 존재이다'라는 명제는 우리에게 영원히 타당하다. 우리 자신에 대해서 우리는 결코 '인식하는 자'가 아닌 것이다." [Friedrich Nietzsche, *Zur Genealogie der Moral: Eine Streitschrift*, 박찬국 역, 『도덕의 계보: 하나의 논박서』(파주: 아카넷, 2021), 12-13].

49 "세기"를 뜻하는 "강도(intensité)"는 차이에서 발생한다. 10층에 있는 돌멩이는 땅바닥에 있는 돌멩이보다 강도가 크다. 높고 낮음이라는 차이가 있기 때문이다. 비슷하게 콤플렉스는 자기 자신이라는 실존을 바닥에 있게 한다. 그러나 그것에 동력을 주는 행위는 콤플렉스를 인정하는 것이 아닐까. 예를 들어 "그래, 옷을 잘 못 입어"라고 자신의 콤플렉스를 수용한다면, 수용하는 콤플렉스와 부정하는 콤플렉스 사이에 차이가 발행하게 된다. 이 차이가 가진 힘을 활용해 어떤 능력을 가능하게 하는 동력을 형성하는 것이다. 결국, 자기만의 색깔을 가진 독창적인 브랜드로 형상화할 수 있는 것이다.

50 "기의"와 "기표"에 대한 보다 체계적인 설명은 김태형, "타자성으로의 접근 가능성을 시도한 상담 사례 연구: 라깡의 타자성을 중심으로," 『목회와 상담』 20 (2013), 11-12에 잘 나타나 있다.

51 內田 樹, 『푸코, 바르트, 레비스트로스, 라캉 쉽게 읽기』, 78.

52 Jerome Groopman, *The Anatomy of Hope*, 이문희 역, 『희망의 힘』(서울: 넥서스Books, 2005), 8.

53 천상병, "나무," 류시화 엮음, 『지금 알고 있는 걸 그때도 알았더라면』(서울: 열림원, 2001), 115.

제 III 장. 목회상담학의 가능성으로 학제성(interdisciplinarity)

1 이러한 주장에 대해 이해하고자 한다면, 옥성호, 『심리학에 물든 부족한 기독교』(서울: 부흥과개혁사, 2007)의 내용을 확인할 것을 제안한다.

2 Edward O. Wilson, *Consilience: The Unity of Knowledge*, 최재천, 장대익 역, 『지식의 대통합, 통섭』(서울: 사이언스북스, 2005)를 정독할 것을 추천한다.

3 Ian G. Barbour, *When Science Meets Religion* (New York: HarperCollins Publishers Inc., 2000), 11-38.

4 Richard Osmer, *Practical Theology: An Introduction* (Grand Rapids: Wm. B. Eerdmans Publishing Co., 2008), Chapters 1-4의 내용을 읽어 볼 것을 제안한다.

5 학제성의 네 가지 양태에 대한 구분의 아이디어는 프린스턴 신학대학원의 교수들인 리처드 오스머(Richard Osmer), 로버트 다익스트라(Robert Dykstra), 도널드 캡스(Donald Capps)의 수업에서 비롯되었으나, 필자의 개인적 견해로 구성 및 수정하였음을 밝힌다.

6 Paul Tillich, *Theology of Culture* (Oxford: Oxford University Press, 1959), Chapter 1의 내용

을 확인할 것을 추천한다.

7   David Tracy, *Blessed Rage for Order* (Chicago: The University of Chicago Press, 1996), Part I 을 탐독할 것을 제안한다.

8   트레이시는 신학과 인간 과학의 만남은 철학적 차원에서 가능하며, 그때에야 비로소 서로 다른 양자의 상보적 융합이 가능할 수 있다고 주장했다.

9   Don Browning, *Religious Ethics and Pastoral Care* (Minneapolis: Augsburg Fortress Publishers, 2009), Chapters 5-6의 내용을 확인할 것을 제안한다.

10 위의 책, Chapter 5.

11 공공신학의 관점에서 한국교회의 실천 담론을 살펴보고자 한다면, 임성빈, "21세기 초반 한국교회의 과제에 대한 소고 - 공공신학적 관점에서," 『장신논단』 47-2 (2015.6), 180-207을 참고할 것을 제안한다.

12 Matthew L. Lamb, *Eternity, Time and the Life of Wisdom* (Washington D.C: The Catholic University of America Press, 2007), Chapters 1-2.

13 Rebecca S. Chopp, *The Power to Speak: Feminism, Language, God* (Eugene, Oregon: Wipf & Stock Publishers), Chapter 2.

14 위의 책, Chapter 3.

15 James Loder, *The Logic of the Spirit: Human Development in Theological Perspective* (San Francisco, CA: Jossey-Bass, 1998), Part Two.

16 제임스 로더는 변형의 개념을 설명하기 위해, 자신의 경험을 가감 없이 진술했다. 자신이 경험한 교통사고의 순간에 아내가 보여준 순간적이며 놀라운 힘을 바라보며, 변형의 순간을 경험한 그는, 인간에 대해 혹은 사회와 환경에 대한 자신의 생각과 사고가 화석화된 편견이었음을 깨닫고, 변형의 과정이 인간과 환경에 대한 궁극적 의미를 이해하는 완성을 향한 과정이었음을 고백했다. [James Loder, *The Transforming Moment: Understanding Convictional Experiences* (Colorado Springs: Helmers & Howard Publishers, 1989), Chapters 2-4].

17 Deborah van Deusen Hunsinger, *Theology and Pastoral Counseling: A New Interdisciplinary Approach* (Grand Rapids: William B. Eerdmans Publishing Company, 1995), Chapter 3.

18 예를 들어, 정재현, 『신학은 인간학이다』(김천: 분도출판사, 2003)을 읽어 볼 것을 제안한다.

19 J. Wentzel van Huyssteen, "Pluralism and Interdisciplinarity: In Search of Theology's Public Voice," *American Journal of Theology and Philosophy* 22-1 (2001), 65-87.

20 Calvin O. Schrag, *The Resources of Rationality: A Response to the Postmodern Challenge* (Bloomington: Indiana University Press, 1992)의 내용을 읽어 볼 것을 제안한다.

21 J. Wentzel van Huyssteen, "Is the Postmodernist always a Postfoundationalist?" *Theology Today* 50-3 (1993), 373-386.

22 Edwin Friedman, *Generation to Generation: Family Processes in Church and Synagogue* (New York: The Guilford Press, 1994)을 자세히 읽어 볼 것을 추천한다.

23 William James, *Essays in Radical Empiricism* (New York: Longmans, Green & Co., 1996), 20-35, William James, Some Problems of Philosophy (Cambridge, MA: Harvard University Press, 1979), 31-60.

24 Donald Capps, "A Sympathetic World: William James' Significance for Practical Theology," *International Journal of Practical Theology* 4 (2000), 74-89.

25 Donald Capps, "The Lessons of Art Theory for Pastoral Counseling," *Pastoral Psychology*

47-5 (1999), 321-46.

26   위의 논문, 322-26.

27   Sang Uk Lee, "Aesthetic Interdisciplinarity in Donald Capps' Weltanschauung," *Pastoral Psychology* 58 (2009), 491-504.

28   이를 이해하기 위해 *Donald Capps, The Poet's Gift: Toward the Renewal of Pastoral Care* (Louisville: Westminster John Knox Press, 1993)을 읽어볼 것을 제안한다.

제 Ⅳ 장.   미학적 학제성과 미학적 목회상담

1   신옥수, "중심에 서는 신학, 오늘과 내일: 장신신학의 정체성 형성에 관한 소고,"『장신논단』 40 (2011. 4), 37-41.

2   위의 논문, 42-44.

3   이종성, 김명용, 윤철호, 현요한,『통전적 신학: Holistic Theology』(서울: 장로회신학대학교 출판부, 2004)를 읽어 볼 것을 제안한다.

4   김도훈 편,『21세기 아시아 태평양 신학과 실천』(서울: 장로회신학대학교출판부, 2014), 12-13.

5   위의 책, 44.

6   위의 책, 12.

7   위의 책, 45.

8   위의 책, 48-49.

9   목회상담을 해석학과 연결 짓는 것은 그리 낯선 연구가 아니다. 대표적으로 Charles V. Gerkin, *The Living Human Document: Re-Visioning Pastoral Counseling in a Hermeneutical Mode*, 안석모 역,『살아있는 인간문서 - 해석학적 목회상담학』(서울: 한국심리치료연구소, 1998)과 Donald Capps의 원서, *Pastoral Care and Hermeneutics* (Minneapolis: Fortress Press, 1984)를 정독하거나 혹은 역서인, 김태형 역,『목회돌봄과 해석학』(청주: MCI, 2018)를 탐독할 것을 제안한다.

10   Hans-Georg Gadamer, *Wahrheit und Methode Gesammelte Werke 1* (Tübingen: Mohr, 1986), 170.

11   이 때문에 필자는 인간 실존을 궁극 혹은 초월의 영역과 연결 지을 때, 비로소 '미학적'이라 부를 수 있다고 생각한다. 다만 무엇이든 궁극과 초월에 연결 짓는다고 모두 미학적이 되는 것은 아님을 분명히 하고자 한다. 이에 대해서는 이어지는 논지를 통해 보다 상세히 설명하고자 한다.

12   최내경, "프랑스적 가치 똘레랑스,"『프랑스 문화예술 연구』46 (2013), 309-36.

13   유동식,『한국신학의 광맥』(서울: 전망사, 1986), 18-20; 안수강, "개혁주의신학 관점에서의 유동식의『韓國神學의 鑛脈』(1982) 분석,"『신학과 복음』12 (2022. 5), 104-105에서 재인용.

14   유대칠, "우리 철학의 시작과 함석헌의 철학 그리고 지금 여기 나의 철학,"『씨올의 소리』 289 (2024. 5-6), 131-46.

15   Gary Thomas, *Sacred Pathways*, 윤정석 역,『영성에도 색깔이 있다』(서울: CUP, 2022), 27-

30.

16 Søren Kierkegaard, *Enten - Eller*, 임춘갑 역, 『이것이냐 저것이냐』(서울: 종로서적, 1981), 280-293.

17 Aurelius Augustinus, *Confessiones*, 김평옥 역, 『고백록』(서울: 범우사, 2002), 219-71. "진정한 고백" 부분을 읽을 것을 제안한다.

18 Erik H. Erikson, *Young Man Luther: A Study in Psychoanalysis and History*, 최연석 역, 『청년 루터』(고양시: 크리스천 다이제스트, 2000), 1-5장의 내용을 확인할 것을 제안한다.

19 이러한 관점에 대하여 깊이 이해하길 원한다면, Neil Pembroke, "A Trinitarian Perspective on the Counseling Alliance in Narrative Therapy," *Journal of Psychology and Christianity* 24-1 (2005), 13-20의 내용과 Deborah Van Deusen Hunsinger, *Theology and Pastoral Counseling: A New Interdisciplinary Approach* (Grand Rapids: Wm. B. Eerdmans Publishing, 1995)를 주의 깊게 살펴볼 것을 추천한다. 더욱이 기독교 교육의 입장에서도 성령님의 개입에 대한 적극적인 초청은 James E. Loder, *The Knight's Move*, 이규민 역, 『성령의 관계적 논리와 기독교교육 인식론: 신학과 과학의 대화』(서울: 대한기독교서회, 2009)에도 잘 나타나 있다.

20 이규보의 『동국이상국집』과 수양대군이 편찬한 『석보상절』을 살펴볼 것을 제안한다. 또한 서정범 외, "한국미는 무엇인가?" 『월간미술』 187 (2000.8), 52-100을 읽어 볼 것을 추천한다.

21 박상륭, 『죽음의 한 연구 (상)』(서울: 문학과 지성사, 2001), 14-15.

22 '면학심(studiositas)'에 대해서는 6장에서 보다 깊이 논의하며 설명하고자 한다.

23 Rollo May, 『창조성의 정신분석적 접근: 창조와 용기』, 19-20.

24 Hans-Georg Gadamer, *Truth and Method,* trans. Joel Weisheimer and Donald G. Marshall (New York: Continuum, 2004), 306-10.

25 김용민, "목회상담의 해석학적 이해와 적용: Paul Ricoeur 해석학을 중심으로" (미간행 박사학위 논문, 침례신학대학교, 2009), 28.

26 Hans-Gerog Gadamer, *Truth and Method*, 278-85.

27 위의 책, 273-74.

28 위의 책, 107.

29 가다머의 "적용"은 텍스트의 의미를 현재와 관련짓는 과정에서 해석이 행하는 기능이다. 즉 텍스트가 지닌 과거의 지평을 현재의 지평에 연결하여 그 의미를 밝히는 것이 적용의 기능인 것이다. 그러므로 이해가 과거의 재구성이 아니라 과거와 현재의 변증법적 결합 과정에서 발생한다면, 텍스트를 이해한다는 것은 이미 텍스트를 적용하는 것이다. 따라서 가다머에게 있어 적용이란 해석학적 과정을 통합하는 구성 부분으로 텍스트이해의 전 경험에 있어서 필수적이다. 그에게 있어 신학적 해석학과 법률적 해석학은 적용의 모범적 사례이며, 두 예에 있어서 해석은 언제나 현재 상황에 대한 적용으로 이루어지기 때문이다.

30 Werner G. Jeanrond, *Theological Hermeneutics: Development and Significance*, 최덕성 역, 『신학적 해석학』(서울: 본문과 현장사이, 2000), 101.

31 위의 책, 74.

32 Kurt Mueller-Vollmer, *The Hermeneutics Reader: Text of the German Tradition from the Enlightenment to the Present* (London: Blackwell, 1986), 94.

33 Friedrich Schleiermacher, *Hermeneutik und Kritik mit besonderer Beziehung auf das Neue Testament*, 최신한 역, 『해석학과 비평: 신약성서와의 특별한 관계를 중심으로』(서울: 철학과 현실사, 2000), 194-224를 탐독할 것을 제안한다.

34 장신근, 『공적 실천신학과 세계화시대의 기독교 교육』(서울: 장로회신학대학교 출판부, 2007), 38-39.

35 "되기"의 논의를 이해하기 위해서 Gilles Deleuze, *Francis Bacon: The Logic of Sensation* (Minneapolis: University of Minnesota Press, 2005)를 읽어 볼 것을 제안한다.

36 해체주의는 전통적 인식 방법을 뒤집어 보고 기존개념에 대한 의문을 던지는 등 현실의 권위주의적 획일성을 해체 시키는 강렬한 미적 비판 정신으로 플라톤 이래 견고하게 자리 잡아 존재해 온 서양철학의 중심을 허무는 작업이다.

37 Jacques Derrida, *De l'esprit: Heidegger et la Question*, 박찬국 역, 『정신에 대하여』(서울: 동문선, 2005)의 내용을 파악해 볼 것을 추천한다.

38 용어, "Appropriation"의 한글 번역에 대해 학자 간 다양한 이견이 있다. 이를 "전위(轉位)"로 해석해 "trans-location"의 의미로 이해하는 경우도 있고, "친숙화(thoroughly acquainted with)"의 의미로 생각하기도 하지만, 필자는 김용민의 견해를 따라 "자기화"로 이해하고자 한다.

39 김용민, "목회상담의 해석학적 이해와 적용: Paul Ricoeur 해석학을 중심으로," 122.

40 리쾨르에 의하면 첫 번째 미메시스는 미성숙한 스토리이며, 두 번째 미메시스는 첫 번째 미메시스의 구성(emplotment)을 통해 칸트의 선험적 상상력으로 스토리를 이해하는 것이며, 마지막 미메시스는 자기화를 통한 재형상화 혹은 재구성화를 이뤄내는 재현을 말하는 것이다. 이를 이해하기 위해, Karl Simms, 『해석의 영혼 폴 리쾨르』, 160-78을 읽어 볼 것을 제안한다.

41 Paul Ricoeur, *From Text to Action: Essays in Hermeneutics II*, trans. Kathleen Blamey and John B. Thompson (Evanston: Northwestern University Press, 2007), 86.

42 정기철, "리쾨르의 철학적 신학," 『기독교 철학』 2 (2006), 131-32.

43 Rollo May, 『창조성의 정신분석적 접근: 창조와 용기』, 38.

44 위의 책, 57-76.

45 Paul Tillich, *The Courage to Be* (New Haven: Yale University Press, 1952), 32.

46 중독의 "노예화"에 대해, Archibald Hart, *The Anxiety Cure*, 온누리회복사역본부 역, 『참을 수 없는 중독』(서울: 두란노, 2005), 18-29를 것을 추천한다.

47 이해인, "작은기쁨," 『작은 기쁨』(파주: 열림원, 2008), 48.

48 정연복 편, 『내게 기적이 일어나는 시간』(서울: 시인사, 2014)

49 김기현, "비 오는 날," 도종환 엮음, 『잊혀지는 것은 사랑이 아니다』(서울: 좋은 생각, 2005), 140.

50 G. Niederauer, "Self-Examination," *Dictionary of Pastoral Care and Counseling*, edited by Rodney Hunter et al., (Nashville: Abingdon Press, 1990), 1132.

51 Erna van de Winkle, *De l'inconscient à Dieu: Ascèse Chrétienne et Psychologie de C. G. Jung*, 김성민 역, 『융의 심리학과 기독교 영성』(서울: 다산글방, 1997), 6장을 읽을 것을 제안한다.

52 David Fontana, *Psychology, Religion, and Spirituality* (Malden, MA: BPS Blackwell, 2003), 24.

53 이에 대한 가장 분명한 자료는 현재 정신건강의학과나 심리요법에서 흔히 사용하는 정신질환에 대한 분류표나 통계진단자료인 ICD나 DSM이다.

54 James E. Dittes, "The Investigator as an Instrument of Investigation: Some Explanatory Observations on the Compleat Researcher," in *Encounter with Erikson: Historical Interpre-*

tation and Religious Biography, ed. by Donald Capps, Walter H. Capps, and M. Gerald Bradford (Missoula: Scholars Press for A. A. R and U. C. Santa Barbara, 1977), 348.

55 David Bakan은 자신의 책에서 이렇게 한탄했다. "Psychology had two possible alternatives: either to widen its investigations to take account of and to study the role of unconscious motivation on the thought processes, or to detour. Academic psychology detoured: and detoured in two ways: It detoured by way of behaviorism, completely rejecting (at least avowedly) the whole method of introspection, and it detoured by way of Gestalt psychology. The former dropped the whole concept of mind, conscious and unconscious. The latter adopted as a basic principle that whatever introspection is done should be naive introspection, with no probing and no analysis, thus preventing intrusion upon the unconscious" [David Bakan, *On Method* (San Francisco: Jossy-Bass Publishers, 1967), 97].

56 Donald Capps, "Shame, Melancholy, and the Introspective Method in Psychology of Religion," in *Taking a Step Back: Assessments of the Psychology of Religion*, eds. Jacob A. Belzen and Owe Wikstrom (Uppsala: Acta Universitatis Upsaliensis, 1997), 39.

57 David Bakan은 이렇게 표현했다. "The Watsonian noose was drawing very tight around the neck of introspection" [David Bakan, *On Method*, 98].

58 Gorden W. Allport의 용어로서 그는 이 두 가지 방법을 이렇게 표현하였다. "The human mind is capable of two modes of interest and attention, either or both of which it may employ in relation to the complex universe of surrounding events. The mind may classify its experience and contemplate the general principles that emerge (nomothetic), or it may be concerned with the individual happening or single event confronting it" [Gordon W. Allport, *The Use of Personal Documents in Psychological Science* (New York: Social Science Research Council, 1942), 53].

59 H. Newton Malony, "N=1 Methodology in the Psychology of Religion," in *Current Perspectives in the Psychology of Religion*, ed. H. N. Malony (Grand Rapids: William B. Eerdmans Publishing Company, 1977)를 자세하게 읽어 볼 것을 추천한다.

60 사실 이러한 개별적 방법을 선호했던 학자들은 여럿 있었다. 허먼 에빙하우스(Hermann Ebbinghaus), 장 피아제(Jean Piaget), 고든 알포트(Gordon Allport), 커트 르윈(Kurt Lewin) 등이 그들이다. 하지만 N=1 방법론이라는 하나의 이론 체계를 통해 개별 방법론을 설명한 사람은 뉴튼 멜로니가 처음이라고 할 수 있다.

61 H. Newton Malony, "N=1 Methodology in the Psychology of Religion," 359.

62 William James, *The Principles of Psychology* (New York: Henry Holt and Company, 1908), 295.

63 위의 책.

64 David Bakan, *On Method*, 99.

65 '면학심(studiositas)'에 대해서는 6장에서 보다 깊이 논의하고자 한다.

제 V 장. 학제성 정립을 위한 워크숍

1 최근의 경험들은 줄거리(plot)를 가진 이야기로 자세하고 체계적으로 진술할 수 있으나, 오랜 과거의 경험은 대부분 사진과 같은 '장면(still frame)'으로 남는다. 이 장면은 다양하고 복잡한 심리내적 역학을 담고 있으나 구체적인 정황도 육하원칙에 따른 설명도 불가능하다는

특징을 갖고 있다.

2 대상 12:8; 사 11:2; 사 63:11, 14 등을 읽어 볼 것을 제안한다.

3 사 63:11: "그들이 반역하여 주의 성령을 근심하게 하였으므로 그가 돌이켜 그들의 대적이 되사 친히 그들을 치셨더니"

4 마 12:31; 눅 12:10; 행 5:32; 9:31; 롬 8:26-27; 15:13; 엡 4:30; 약 4:5; 살전 1:6; 살후 2:13; 갈 5:22 등을 읽어 볼 것을 추천한다.

5 삼위일체론을 정립한 2세기의 변증가들은 리옹의 감독 이레니우스(Irenaeus)와 터툴리안 (Tertullianus) 등이며, 오리게네스(Oregenes) 이래로 주후 325년 6월 니케아 공의회에서 삼 위일체에 대한 분명한 위격이 확정되었다. 이에 대하여는 이형기, 『세계교회사 I』(서울: 한 국 장로교 출판사, 1996), 195-209의 내용과 285-87를 정독할 것을 제안한다.

6 인간의 감정과 정서가 하나님의 계시를 어느 정도까지 받아들이고 이해할 수 있는가를 연 구한 로날드 내쉬(Ronald H. Nash)는 삼위일체 하나님을 인격적으로 이해한다. "문자주의 에 빠지지 말고 문자를 넘어서 있는 인격적인 하나님을 '직접' 만나야 한다. 이는 언어를 이 해하는 능력인 이성보다는, 직관적이고 체험적인 경험을 중시해야 한다는 주장으로 이어진 다" [Ronald H. Nash, *The Word of God and the Mind of Man*, 이경직 역, 『하나님의 말씀과 인간의 마음』(서울: 기독교 문서 선교회, 2001), 10].

7 William James, 『종교적 경험의 다양성』, 141-233을 읽어 볼 것을 추천한다.

8 Viktor Frankl, *Man's Search for Meaning*, 김충선 역, 『죽음의 수용소에서』(서울: 청아출판사, 2001), 1부 "죽음의 수용소에서 실존주의로"를 읽어 볼 것을 제안한다.

9 Jürgen Moltmann, *Im Ende – der Anfang*, 곽미숙 역, 『절망의 끝에 숨어 있는 새로운 시 작』(서울: 대한기독교서회, 2006), 55-56.

10 Alain de Botton, *The Architecture of Happiness*, 정영목 역, 『행복의 건축』(파주: 이레, 2007), 24, 26.

11 이에 대하여 보다 깊이 있는 정신분석적 이해를 살펴보자 한다면, Christopher Bollas, *The Shadow of the Object: Psychoanalysis of the Unthought Known* (New York: Columbia University Press, 1987)을 읽어 볼 것을 추천한다.

12 Viktor E. Frankl, *The Will to Meaning: Foundations and Applications of Logotherapy*, 이봉우 역, 『로고테라피의 이론과 실제: 의미에의 의지』(왜관: 베네딕트, 1980), 11.

13 위의 책, 27-36을 볼 것을 제안한다.

14 Paul Tillich, *Theology of Culture*, 남정우 역, 『문화의 신학』(서울: 대한기독교서회, 2002), 16.

15 위의 책, 18.

16 Paul Tillich, *Dynamics of Faith*. (New York: Harper Torch books, 1957), 55-98을 읽어 볼 것 을 제안한다.

17 사도행전 8장 26-40절을 읽어 보자. 성령께서 빌립에게 전도의 마음도 주시고 감동도 주신 다. 또 에스겔 11장 19절은 "내가 그들에게 한마음을 주고 그 속에서 새 영을 주며 그 몸에 서 돌 같은 마음을 제거하고 살처럼 부드러운 마음을 주어"라고 밝힌다. 더불어 사무엘상 18장 10절도 확인해 보자. "그 이튿날 하나님께서 부리시는 악령이 사울에게 힘 있게 내리 매 그가 집 안에서 정신없이 떠들어 대므로…"

18 김명용, 『칼 바르트의 신학』(서울: 이레서원, 2007), 220.

19 위의 책, 218-21.

20 Jürgen Moltmann, *Die Kirche in der Kraft des Geistes*, 박봉랑외 4인 역, 『성령의 능력 안에

있는 교회』(서울: 한국신학연구소, 1980), 132-33.

21 나사로의 죽음을 함께 슬퍼한 예수님에 대해 요한복음 11장 33-35절을 읽어 볼 것을 제안한다.

22 이외에도 많은 신학자들이 우리가 일상적으로 느끼는 감성들의 가치에 대해 언급하고 있다. 다음의 책들을 살펴보라. Erich Fromm, *The Art of Loving: An Inquiry into the Nature of Love* (New York: Harper Colophon Books, 1956); Reinhold Niebuhr, *The Nature and Destiny of Man* (New York: Charles Scribner's Son, 1951); Martin Buber, *I and Thou* (New York: Charles Scribner's Son, 1979).

23 해체주의는 전통적인 인식의 방법들을 뒤집어 기존개념에 대해 의문의 던지는 등 현실의 권위주의적 획일성을 해체 시키고자 하는 강렬한 미적 비판 정신이다. 정확하게는 플라톤 이래 견고하게 자리 잡아 온 서양철학의 중심을 허무는 작업이라고 할 수 있다.

24 Jacques Derrida, *De l'esprit*, 박찬국 역, 『정신에 대하여』(서울: 동문선, 2005)를 살펴볼 것을 제안한다.

25 "되기"의 논의를 이해하기 위해서 Gilles Deleuze, *Francis Bacon: The Logic of Sensation* (Minneapolis: University of Minnesota Press, 2005)를 읽어 볼 것을 추천한다.

26 행복 추구가 왜 행복에 대한 걸림돌인지를 이해하고자 한다면, Daniel Gilbert, *Stumbling on Happiness*, 서은국, 최인철, 김미정 역, 『행복에 걸려 비틀거리다』(파주: 김영사, 2006), 27-93의 내용을 확인해 볼 것을 제안한다.

27 이러한 관점에 대하여 Neil Pembroke, "A Trinitarian Perspective on the Counseling Alliance in Narrative Therapy," *Journal of Psychology and Christianity* 24(2005), 13-20; Catherine Mowry LaCugna, *God for Us: The Trinity and Christian Life* (New York: Harper Collins, 1993); Deborah Van Deusen Hunsinger, *Theology and Pastoral Counseling: A New Interdisciplinary Approach* (Grand Rapids: Wm. B. Eerdmans Publishing, 1995)를 살펴볼 것을 추천한다.

28 "분자교정의학"에 대해서는 Abram Hoffer and Andrew W. Saul, *Orthomolecular Medicine For Everyone: Megavitamin Therapeutics for Families and Physicians* (Laguna Beach: Basic Health Publications, 2008)을 참고할 것을 제안한다.

29 발레리의 이 말은 1919년 그의 에세이 "La Crise de l'esprit"에 나온다. Paul Valéry, *La Crise de l'esprit*, 임재철 역, 『정신의 위기』(서울: 이모션북스, 2021)를 읽어 볼 것을 제안한다.

30 엄두섭, 『예수의 얼』(서울: 은성, 1988), 27-28.

제 Ⅵ 장. 목회상담가를 위한 자기관리

1 유해룡, "영적수련의 매뉴얼로서 영신수련의 역동성 연구," 『장신논단』 48-1 (2016.3), 312-13.

2 이 부분에 대한 보다 깊이 있고 구체적인 의미를 이해하고자 한다면, 이상억, "치유에 대한 분석적-비평적 이해의 관점에서 바라본 목회상담의 정체성 연구," 『장신논단』 30 (2007.11), 311-348을 읽어 볼 것을 제안한다.

3 Aurelius Augustinus, 『고백록』, 219-71. 특히 "진정한 고백" 부분을 읽어 볼 것을 제안한다.

4 Erik Erikson, *Young Man Luther: A Study in Psychoanalysis and History*, 최연석 역, 『청년 루터』(고양시: 크리스천 다이제스트, 2000), 1-5장을 읽어 볼 것을 제안한다.

5 예수님께서는 세리를 의롭다고 말씀하셨다. 이때 "의롭다"는 단어의 헬라어 원문 표기는, "디카이오쉬네(δικαιοσύνη)"이다. 성서적으로 살펴볼 때, 이 단어는 거룩과 완전이라는 개념과 혼용되어 사용되거나, 짝을 이루며 동격으로 표현될 때가 많다. 의로움과 거룩함이 동격으로 또 혼용되는 본문은 눅 1:75; 엡 4:24; 롬 3:25, 6:13, 16, 18-20; 고전 1:30; 고후 6:14; 엡 5:9; 딤후 2:22, 4:8; 벧후 2:5, 21절 등 다양하며, 의로움과 완전이 동격으로 혼용되어 나타나는 본문은 요 16:8-10; 롬 3:5; 갈 5:4; 히 11:7 등이다.

6 성경은 하나님께로 돌이키는, 다시 말해 회개하는 사람이 경험할 신적 수용과 회복에 대해 반복적으로 말하고 있다. 예를 들어, 렘 18:8; 대하 7:14; 잠 1:3; 단 10:20; 고후 3:16 등의 본문을 읽어 보라.

7 "평강의 하나님이 친히 너희를 온전히 거룩하게 하시고, 또 너희의 온 영과 혼과 몸이 우리 주 예수 그리스도께서 강림하실 때에 흠 없게 보전되기를 원하노라(살전 5:23)."

8 유재성, "목회자의 탈진 자가진단법," 『목회와 신학』 182 (2004), 102-108의 내용을 자세하게 읽어 볼 것을 추천한다.

9 Morris Rosenberg, *Society and the Adolescent Self-image* (Princeton, NJ: Princeton University Press, 1965), 3-35를 읽어 볼 것을 제안한다.

10 R. Taylor, P. F. Lovibond, M. K. Nicholas, C. Cayley, & P. H. Wilson, "The Utility of Somatic Items in the Assessment of Depression in Patients With Chronic Pain: A Comparison of the Zung Self-Rating Depression Scale and the Depression Anxiety Stress Scales in Chronic Pain and Clinical and Community Samples," *The Clinical Journal of Pain* 21-1 (2005), 91-100의 내용을 확인할 것을 제안한다.

11 Charles Donald Spielberger, *Manual for the State-Trait Anxiety Inventory* (Palo Alto: Consulting Psychologist Press, 1970), 10-24의 내용을 읽어 볼 것을 제안한다.

12 박현순, 『공황장애』 (서울: 학지사, 2000), 51-60의 내용을 읽어 볼 것을 추천한다.

13 말씀 묵상의 단계에 관한 영성 신학의 의미를 이해하고자 한다면, 유해룡, 『영성의 발자취』 (서울: 장로회신학대학교출판부, 2011), 제2장 부분을 참고할 것을 제안한다.

14 "이 세상이나 세상에 있는 것들을 사랑하지 말라. 누구든지 세상을 사랑하면 아버지의 사랑이 그 안에 있지 아니하니, 이는 세상에 있는 모든 것이 육신의 정욕과 안목의 정욕과 이생의 자랑이니 다 아버지께로부터 온 것이 아니요, 세상으로부터 온 것이라(요일 2:15-16)."

15 민병배, 이한주, 『강박성 성격장애』 (서울: 학지사, 2002), 157-71.

16 이용승, 『범불안장애』 (서울: 학지사, 2002), 130-152.

17 권석만, 한수정, 『자기애성 성격장애』 (서울: 학지사, 2002), 140-47.

18 글쓰기의 치료적 효과에 대해서는, James W. Pennebaker, *Writing to Heal: A Guided Journal for Recovering from Trauma and Emotional Upheaval* (Oakland: New Harbinger Publications, Inc., 2004)를 읽어 볼 것을 제안한다.

19 Sigmund Freud, *Jenseits des Lustprinzips*, 윤희기, 박찬부 역, 『정신분석학의 근본 개념』 (서울: 열린책들, 2004), 162-201.

20 권석만, 『우울증』 (서울: 학지사, 2002), 162-99의 내용을 필자의 임상 경험에 따라 재수정하였음을 밝힌다.

21 정호승, 『외로우니까 사람이다』 (서울: 창비, 2021), 13.

22 Marjolein Kammers, "Cognitive Neuroscience: How Self-Touch Relieves Pain," *Nature* 467-7315 (2010), 503.

23 Edmund Jacobson, *Progressive Relaxation* (Chicago: University of Chicago Press, 1938),

Chapters 2-3과 박현순, 『공황장애』, 151-55를 참고하여 필자의 임상 경험에 따라 재수정하였음을 밝힌다.

24 Larry Kent Graham, *Care of Persons, Care of Worlds* (Nashville: Abingdon, 1992), 43-48.

25 윤동주, 『하늘과 바람과 별과 시』(서울: 스타북스, 2022), 144.

26 이종태, 『경이라는 세계』(서울: 복있는 사람, 2023), 104-10.

27 이지훈, 『존재의 미학』(서울: 이학사, 2009), 123.

28 이수경, "미안한 마음," 『소원을 말해봐』(서울: 책고래출판사, 2021), 52.

29 홍윤숙, 『그 소식』(서울: 서정시학, 2012), 157.

30 서정홍, "동무 생각," 『닳지 않는 손』(서울: 우리교육, 2008), 71-72.

31 이해인, "작은 기쁨," 『작은 기쁨』(서울: 열림원, 2018), "시인의 말."